dtv

Galizien um 1900: Im Armenhaus der Habsburger-Monarchie träumen Hunderttausende von einem besseren Leben in Amerika. Den unwissenden und verzweifelten Menschen kann man leicht einreden, dass die Freiheitsstatue in New York die Jungfrau Maria darstelle und der Kaiser von Amerika die armen Menschen aus Osteuropa in sein Reich rufe. Schlepper, Agenten und Mädchenhändler schlagen Kapital aus dem Elend. Eindringlich und anschaulich erzählt Martin Pollack von den Schattenseiten der Auswanderung, die beklemmende Parallelen zur Situation vieler heutiger Migranten aufweist.

Martin Pollack, geboren 1944 in Bad Hall (Oberösterreich), studierte Slawistik und Osteuropäische Geschichte. Bis 1998 war er für den ›Spiegel‹ tätig, u.a. als Korrespondent in Wien und Warschau. 2007 erhielt er den Ehrenpreis des österreichischen Buchhandels für Toleranz in Denken und Handeln, 2010 wurde er mit dem Georg-Dehio-Buchpreis ausgezeichnet. 2011 erhielt er den Leipziger Buchpreis zur Europäischen Verständigung und 2012 den Stanisław-Vincenz-Preis. Martin Pollack arbeitet als freier Schriftsteller und Übersetzer, u.a. von Ryszard Kapuściński, Mariusz Wilk und Daniel Odija.

Martin Pollack

Kaiser von Amerika

Die große Flucht aus Galizien

Deutscher Taschenbuch Verlag

Von Martin Pollack
ist im Deutschen Taschenbuch Verlag erschienen:
Der Tote im Bunker (13528)

Der Autor wurde im Rahmen des Grenzgänger-Programms
der Robert-Bosch-Stiftung gefördert.

MIX
Papier aus verantwortungsvollen Quellen
FSC® C019821
FSC
www.fsc.org

2013 Deutscher Taschenbuch Verlag GmbH & Co. KG,
München
Lizenzausgabe mit Genehmigung des
Paul Zsolnay Verlags Wien

Die Bilder stammen aus dem Privatarchiv von Martin Pollack.
Umschlagkonzept: Balk & Brumshagen
Umschlaggestaltung Wildes Blut, Atelier für Gestaltung,
Stephanie Weischer unter Verwendung eines Fotos
von Corbis/Bettmann
Druck und Bindung: Druckerei C.H.Beck, Nördlingen
Gedruckt auf säurefreiem, chlorfrei gebleichtem Papier
Printed in Germany · ISBN 978-3-423-14265-6

Kaiser von Amerika

Zur Auswanderung verführt

Am 27. März des Jahres 1888 werden in Stare Stawy, einer kleinen Ortschaft in Westgalizien, vier Slowaken von einer Gendarmeriepatrouille aufgegriffen. Stare Stawy liegt in der Nähe von Oświęcim, zu deutsch Auschwitz, nur wenige Kilometer von der preußischen Grenze entfernt.

Die Slowaken sind zu Fuß unterwegs. Anfangs schweigen sie auf alle Fragen und tun so, als verstünden sie kein Wort Polnisch, sie zucken bloß mit den Achseln und schütteln die Köpfe. Erst als ein Gendarm dem Jüngsten von ihnen, ein halbes Kind noch, ein paar Knüffe versetzt, rücken sie mit ihrer Geschichte heraus. Sie sagen, sie kommen aus dem Ungarischen, aus dem Weiler Brutovce im Komitat Zips, und wollen nach Amerika auswandern. Weil die vier außer dieser mageren Erklärung gemeinsam nur ein paar Gulden vorweisen können, werden sie nach Stare Stawy eskortiert und dort dem Gemeindevorsteher übergeben; er soll sie mit einem Schubpass an ihren Wohnort zurückschaffen lassen.

Doch ehe die Behörden den Rücktransport der mittellosen Schüblinge, wie solche Pechvögel in der Amtssprache heißen, in die Wege leiten können, gelingt es Mathias Komara, dreißig, Pál Popovic, achtzehn, Jan Virosztek, sechzehn, und Jakob Komara, vierzehn Jahre alt, sich aus dem Staub zu machen. Die sofort eingeleitete Suche bleibt erfolglos.

Das Aufgreifen und die anschließende Flucht der vier jungen Männer lösen hektische Aktivitäten und eine umfangreiche Korrespondenz zwischen den galizischen und ungarischen Behörden aus, als handle es sich nicht um harmlose Auswanderer, sondern um gefährliche Schwerverbrecher, die es unter allen Umständen dingfest zu machen gilt.

Zunächst meldet der Gemeindevorsteher von Stare Stawy den Vorfall an die vorgesetzte Behörde, die Bezirkshauptmannschaft in Biała. Die Slowaken haben nichts zurückgelassen außer drei Gulden, die dem Ältesten des Quartetts von den Gendarmen abgenommen wurden, die drei anderen hatten überhaupt kein Geld dabei. Das wenige Gepäck, das sie mit sich führten, einen mit einem Vorhängeschloss versperrten Holzkoffer und ein paar Bündel, haben sie auf der Flucht mitgenommen, doch darüber findet sich in der Meldung des Gemeindevorstehers nichts, als befürchte er, das könne ihm als Nachlässigkeit ausgelegt werden; schließlich hätte er zumindest die Gepäckstücke sicher verwahren müssen.

Einen Monat später richtet der Bezirkshauptmann von Biała ein Schreiben an das löbliche Stuhlrichteramt der Stadt Leutschau mit der Frage, ob die vier abgängigen Individuen in der Zwischenzeit wieder in ihrem Heimatort eingetroffen seien. Im amtlichen Schreiben wird der offizielle, ungarische, Name des Weilers, Brutócz, verwendet. Darüber hinaus werden die ungarischen Behörden ersucht zu klären, wer Mathias Komara und seinen jugendlichen Begleitern dabei geholfen habe, von Brutócz bis an die preußische Grenze zu gelangen. Allein wären die unerfahrenen Dörfler wohl kaum in der Lage gewesen, eine solche Reise zu unternehmen.

Die Behörden in Galizien haben den Vertreter einer

Hamburger Emigrationsagentur in Oświęcim, einen gewissen Simon Herz, im Verdacht, hinter der Sache zu stecken. Er soll die Slowaken zur Auswanderung verführt haben, um ihnen Schiffskarten nach Amerika verkaufen zu können. Vielleicht hat Herz die vier nach ihrer Flucht aus Stare Stawy irgendwo getroffen und im Schutz der Dunkelheit über die nahe Grenze nach Preußen gebracht? Vom preußischen Grenzbahnhof Myslowitz ist es ein Leichtes, mit dem Zug nach Berlin zu fahren und von dort weiter nach Hamburg oder Bremen, in die beiden großen deutschen Auswandererhäfen.

Der Stuhlrichter von Leutschau beauftragt den Gemeindevorstand von Brutócz mit der Untersuchung der Angelegenheit; er soll die Angehörigen der Auswanderer befragen. Diese geben an, die Verwandten seien von einem Zipser Fuhrmann bis in die Nähe der preußischen Grenze gebracht worden, wo sie der k. k. Gendarmeriepatrouille in die Arme liefen, die Mathias Komara fünf Gulden abnahm. Zwei Gulden gaben ihm die Ordnungshüter zurück, drei lieferten sie in der Gemeinde ab. Das sind die drei Gulden, die später an die Bezirkshauptmannschaft in Biała geschickt wurden. So weit scheint alles seine Ordnung zu haben.

»Von weiterem ist nichts bekannt, nur so viel ist festgestellt, dass die Vorgenannten alle gegenwärtig in Amerika sind. An der preußischen Grenze selbst soll ein Herr Simon Herz diese Leute übernommen und über die Grenze mit einem Wagen expedirt haben«, heißt es im Protokoll abschließend.

Die Aussage scheint den Verdacht gegen den Auswanderungsagenten zu bestätigen. Aber wie hat er sich mit den Slowaken in Verbindung gesetzt? Hat er sie in Stare Stawy abgeholt? Wie hat er von ihrer Festnahme erfahren?

Diese Fragen bleiben ungeklärt. Jedenfalls steht der Verdacht im Raum, dass Simon Herz aus Oświęcim über auffallend gute Beziehungen zu gewissen Behörden verfügt.

Die Niederschrift der Vernehmung der Angehörigen wird von Komara Maria, Gattin des Komara Mathias, Virosztek Maria, Mutter des Virosztek Johann, Komara Maria, Mutter des Komara Jakob, und Popovic Johann, Vater des Popovic Paul, unterzeichnet. Einzig die Gattin des Komara Mathias unterschreibt eigenhändig, wenn auch etwas unsicher und zittrig, die anderen können bloß Kreuze unter das Protokoll setzen.

Die Schreibung der Namen variiert von einem Dokument zum anderen. Einmal heißt es Paul Popowicz, dann Paul, Pál oder Pavol Popovic, Popovič, später auch Popovich oder Popovics, Mathias Komara und Maciej Komar, Jan Virosztek und Johann Virosztak oder auch Wirostak, das ist alles sehr irritierend für die Beamten, die sich redlich bemühen, den Überblick zu bewahren.

Die Verwirrung beginnt schon beim Ort, aus dem die vier Auswanderer stammen. Bis 1899 heißt er ungarisch Brutócz, danach, immer noch ungarisch, Szepesszentlöring, deutsch wird er Brutowetz, aber auch Stenzelau oder Stenzelhaus genannt, die slowakischen Auswanderer nennen ihren Heimatort Brutovce, und ruthenisch – in dem Weiler sind auch Ruthenen, also Ukrainer, zu Hause – heißt er Brutivcy. Viele Namen für ein Kirchspiel mit rund 150 Seelen, überwiegend Slowaken katholischen Glaubens. Eine weiße, gemauerte Kirche mit einem gedrungenen Zwiebelturm, aus der ersten Hälfte des 14. Jahrhunderts stammend und dem heiligen Vavrinec, Laurentius, geweiht, dem Patron der Gemeinde, ein paar feste Steinhäuser, doch die meisten Gebäude bestehen aus Holz, man könnte sie eher Hütten nennen; sanfte

Hügel, Wiesen, schmale Felder. Die Bauern von Brutovce leben nicht in Armut, doch sie müssen von früh bis spät ordentlich schaffen, auf den Feldern, bei der Grünarbeit, im Wald, im Stall, das Vieh kennt keinen Sonn- und Feiertag.

Zum Beispiel die Familie jenes Pál Popovic, eines der vier Männer, die im März 1888 vor der preußischen Grenze aufgegriffen werden. Als er zur Welt kommt, wohnen seine Eltern, János und Anna Popovic, geborene Milcsak, noch im Haus der Großeltern. Das Haus mit der Konskriptionsnummer 65 verfügt über zwei Schlafräume und eine Küche, zwei Keller, drei Ställe und eine Tenne, genügend Platz für die beiden im Haus wohnenden Familien, insgesamt sechs Personen, und das Vieh. Páls Großvater, Mihály Popovic, nennt laut Zensus vom Dezember 1869 zwei Pferde, Wallache, zwei Ochsen und eine Kuh der ungarischen Rasse sowie eine Schweizer Kuh, zehn gewöhnliche sowie zwei Zuchtschafe und dazu noch zwei Esel sein eigen – Hühner, Enten und Gänse werden im Zensus nicht eigens gezählt. Für die Schweizer Kühe gibt es bei der Volkszählung eine eigene Rubrik, die sind etwas Besonderes, die geben mehr Milch als die ungarischen. Wer eine Schweizer Kuh im Stall stehen hat, gilt was im Dorf. Natürlich hat Mihály Popovic auch Felder, Weiden, Heuwiesen, eine Streuobstwiese ums Haus, einen Küchengarten – ein ansehnlicher Besitz, doch eine große Wirtschaft macht auch viel Arbeit.

Vielleicht ist die tägliche Plackerei der Grund, weshalb sich Pál, zu Hause wird er natürlich, slowakisch, Pavol, gerufen, mit achtzehn Jahren zur Auswanderung entschließt, zusammen mit anderen Bauern und Bauernsöhnen aus seinem Dorf. Wie die meisten Kinder hat Pavol sehr früh zu arbeiten begonnen, mit fünf Jahren; zu seinen ersten Pflichten gehörte es, die Hühner und Gänse zu hüten, etwas später wurden ihm die Schweine anvertraut, mit acht Jahren die Kühe. Hühner, Gänse und Schweine hütete er rund ums Haus, erst mit den Kühen zog er auf die weit vor dem Dorf liegenden Weiden, so dass er den ganzen Tag und manchmal auch mehrere Tage außer Haus verbrachte; dann nächtigte er in einer aus Reisig errichteten provisorischen Hütte. Die Kinderarbeit ist in der bäuerlichen Großfamilie genau geregelt, jedem wird eine bestimmte Aufgabe zugeteilt.

Möglicherweise haben auch die Eltern entschieden, Pavol nach Amerika zu schicken, damit er dort ein paar Dollar verdient. Viele Auswanderer fahren mit der Absicht über das Meer, für ein paar Jahre drüben zu bleiben und dann wieder nach Hause zurückzukehren, um mit dem ersparten Geld ein Feld, ein Stück Wald oder lebendes Inventar zu kaufen, Miterben auszubezahlen oder Schulden und Steuerrückstände zu tilgen. Vor allem unter slowakischen Auswanderern finden sich zahlreiche »Amerikagänger«, wie die Verdienstemigranten auf Zeit genannt werden; auch Pavol Popovic und seine Begleiter haben nicht die Absicht, ihrem Heimatdorf für immer den Rücken zu kehren.

Doch wer hat die einfachen Leute aus Brutovce überhaupt auf die Idee gebracht, nach Amerika zu gehen, um dort ihr Glück zu suchen? Die slowakischen Kleinbauern und Tagelöhner in der Zips sind, wie die Landbevölkerung im benachbarten Galizien, mehrheitlich Analphabeten, Pavol Popovic und die anderen bilden keine Ausnahme. Aus Zeitungen oder Broschüren können sie daher kaum vom Gelobten Land jenseits des Ozeans erfahren haben. Eine wichtige Rolle spielen Briefe schreibkundiger Auswanderer, in denen sie das Leben in der Fremde in verlockenden Farben schildern, manchmal schicken sie auch kleine Beträge nach Hause, einen Dollar oder zwei, obwohl die Scheine aus einem Brief leicht gestohlen werden können. Die Empfänger bitten dann den Lehrer oder den Pfarrer, ihnen das Schreiben vorzulesen. Die Briefe beginnen gewöhnlich mit einer Anrufung Gottes: Gelobt sei Jesus Christus und die Heiligste Jungfrau Maria, Seine Mutter! Oft läuft das halbe Dorf zusammen, um gespannt zu hören, was die Nachbarn aus dem fernen Amerika zu berichten haben.

Ein alter Auswanderer aus Brutovce, ein katholischer Priester, erzählt in den USA kurz vor seinem Tod, Agenten seien ins Dorf gekommen, um Leute für die Fahrt nach Amerika anzuwerben. Eine alltägliche Geschichte. Auch in anderen Dörfern der Zips tauchen fremde Agenten auf und erzählen den staunenden Bewohnern wunderbare Geschichten vom reichen Kontinent, in dem das Gold auf der Straße liegt, man brauche sich nur zu bücken und es aufzuklauben. Und die Agenten wissen auch, wie man dorthin gelangt, mit einem Schiff, größer als die Kirche von Brutovce, und weil sie gute Menschen sind, nehmen sie Anzahlungen für die Schiffskarten entgegen, mit denen man einen Platz auf dem Dampfer bekommt, der einen nach Amerika bringt.

Wenn der königlich-ungarische Gendarm im Dorf auftaucht, was selten der Fall ist, verstummen die Agenten und setzen eine unschuldige Miene auf. Sie sind nur zufällig in den Weiler gekommen, sie befinden sich auf der Durchreise.

Die Emigration aus der österreichisch-ungarischen Monarchie ist zwar nicht verboten, doch sehr wohl das Anwerben von Auswanderern. Es ist strafbar, Auswanderungspropaganda zu betreiben und unbefugt, das heißt ohne staatliche Konzession, Auswanderer zu befördern oder ihnen Schiffskarten zu verkaufen. Besonders hart wird bestraft, wer Männer im wehrfähigen Alter, die kein Entlassungszeugnis aus dem Militärverband vorweisen können, zur Auswanderung überredet oder in dieser Absicht unterstützt. Das wird als Beihilfe zur Desertion gewertet und entsprechend scharf geahndet. Pavol Popovic und Jan Virosztek sind noch militärpflichtig, ein Entlassungszeugnis können sie jedenfalls nicht vorlegen.

Alles deutet darauf hin, dass Simon Herz die beiden jungen Slowaken dabei unterstützt oder gar angestiftet hat, sich dem Militärdienst zu entziehen. Die galizischen Behörden haben den Auswanderungsagenten seit langem im Visier; jetzt hoffen sie, ihm endlich etwas nachweisen zu können.

Der Bezirkshauptmann von Biała fordert die Behörden in Oświęcim auf, Herz in der Sache zu vernehmen. Dieser weist alle Anschuldigungen von sich und erklärt schriftlich: »Diese Leute sind von mir als concessionirtem Agenten der Hamburg-Amerikanischen-Packetfahrt-Actien-Gesellschaft zu Hamburg nicht expedirt worden und haben dieselben auch keine Schiffskarten bei mir gekauft. Die von mir engagierten Passagiere werden zu Bahn befördert und nicht zu Wagen.«

Simon Herz leitet die Auswanderungsagentur der Hamburg-Amerika-Linie in Oświęcim, doch er hat die Firma bloß gepachtet, eingetragen ist sie auf einen Josef Klausner aus Brody. Klausner betreibt in der ostgalizischen Grenzstadt noch eine zweite Agentur für die Cunard Steamship Company in Liverpool und ist auch sonst eifrig im Auswanderungsgeschäft tätig. Er erscheint den Behörden ebenfalls verdächtig. Auf eine Vorladung der Bezirkshauptmannschaft Biała reagiert er ungehalten; er schickt ein Memorandum an den k.k. Statthalter in Lemberg, in dem er sich empört gegen alle Vorwürfe verwahrt: Er sei, führt Klausner aus, von der Hohen k.k. Statthalterei konzessioniert, Amerikaauswanderer in Brody mit Schiffskarten für die Cunard Line und in Oświęcim mit Karten für die Hamburg-Amerika-Linie zu versorgen und habe in seinen Geschäften stets peinlich genau alle geltenden Vorschriften beachtet. Allerdings komme es immer wieder vor, dass er und seine Mitarbeiter von Neidern angeschwärzt würden. Er wisse genau, wer hinter diesen Denunziationen stecke, mit denen man die Behörden molestiere: niemand anderer als die Vertreter des Bremer Norddeutschen Lloyd in Oświęcim. Eine durchsichtige Methode, um sich der lästigen Konkurrenz zu entledigen.

Klausners Memorandum wird zu den Akten genommen, eine Abschrift an die Bezirkshauptmannschaft Biała weitergeleitet. Die Akte zum Fall des abgängigen slowakischen Auswandererquartetts wird immer umfangreicher, Protokolle werden aufgesetzt, Briefe zwischen Ungarn und Galizien hin und her geschickt, Erhebungen in Auftrag gegeben, Befragungen durchgeführt.

Die Betroffenen ahnen nichts von den behördlichen Aktivitäten, sie befinden sich längst im Land der Verheißung. Sie sind am 1. April 1888, nur vier Tage, nachdem sie in der Nähe von Stare Stawy von den Gendarmen abgefangen wurden, in Hamburg an Bord der »Rugia« gegangen, eines Liniendampfers der »Hamburg-Amerikanischen Packetfahrt-Actien-Gesellschaft«, kurz Hapag genannt, der die Route von Hamburg über Le Havre nach New York befährt. Sie reisen in der billigsten Klasse, im Zwischendeck, zusammen mit vier weiteren Männern aus Brutovce, deren Reise nach Hamburg ohne unvorhergesehenen Aufenthalt verlief.

An diesem 1. April kommen acht Bewohner des kleinen Ortes nach New York, lauter Männer, alle gesund und kräftig: Mihály Popovic, 39, Mihály Malinyak, 33, Janko Hockicko, dreißig, Mathias Komara, dreißig, Pál Popovic, achtzehn, Jan Virosztek, sechzehn, Pál Korhnyak, sechzehn, und Jakob Komara, vierzehn. Es ist nicht bloß der Wunsch, nach Amerika zu gehen, der die Männer aus Brutovce vereint. Mihály Popovic ist der jüngere Bruder von Páls Vater János, er soll auf den achtzehnjährigen Neffen ein Auge haben; Páls Eltern, János und Anna Popovic, sind wiederum die Taufpaten Pál Korhnyaks, während der, über seine Mutter, mit Mädchennamen Hockicko, mit Janko Hockicko verwandt ist. Blutsverwandt, verschwägert, benachbart, miteinander aufgewachsen, es ist eine eng verbundene Gruppe, die sich da nach Amerika aufmacht.

Für die Ortschaft bedeutet das einen schmerzlichen Aderlass, die Männer fehlen bei der Arbeit, die Jüngeren auch als Heiratskandidaten, obwohl sie den Eltern und den Mädchen versprochen haben, wiederzukommen. Die Männer machen sich allein auf die weite Reise, ohne Frauen, Verlobte und Schwestern, die bleiben zu Hause, bei den Feldern, den Gärten, beim Vieh. Im Zwischendeck der »Rugia« drängen sich fast ausschließlich Männer zusammen, die meisten sind zwischen zwanzig und vierzig Jahre alt, im besten Alter; nur wenige Familien, Eltern mit Kindern, manchmal Säuglingen, wagen die große Überfahrt.

Mihály Popovic, geboren 1849, ist der Älteste der Partie. Mit seinen 39 Jahren ist er, zieht man die harten Arbeits- und Lebensbedingungen der bäuerlichen Bevölkerung in Betracht, nicht mehr jung für einen Auswanderer. Und er lässt in Brutovce eine Frau und eine Schar Kinder zurück. Er ist zum zweiten Mal verheiratet, seine erste Frau, Maria Korhnyak, ist 1884 gestorben, mit 31 Jahren, sie hat ihn mit vier Kindern zurückgelassen, der Jüngste war zum Zeitpunkt ihres Todes gerade vier. Das war der Grund, weshalb

Mihály Popovic schon einen Monat nach ihrem Tod erneut geheiratet hat. Auch mit Anna hat er bereits Nachwuchs, Joannius, Georgius, Katherine und Agatha. Es ist gar nicht daran zu denken, dass die Frau mitkommt, sie muss sich um den Hof und das Haus voller Kinder kümmern.

Mihálys Vater war einer der Reichsten in der kleinen Ortschaft. Neben der großen Landwirtschaft betrieb er die Dorfschenke, in der er auch Kleinigkeiten des täglichen Bedarfs wie Salz, Zucker oder Nähnadeln verkaufte, und er verlieh Geld. Doch als Drittältester konnte Mihály kein großes Erbe erwarten, der Hof ging an den Ältesten. Vermutlich geht er mit der Absicht nach Amerika, dort genug Geld zu verdienen, um in Brutovce Äcker oder Weideland erwerben zu können.

Die Passagierliste verrät nichts über den Grund der Auswanderung, sie enthält nur spärliche Informationen, den Namen, das Geburtsjahr (ungefähr), das Datum der Aufnahme in den Vereinigten Staaten, den Beruf. Bei allen acht Auswanderern, die mit der »Rugia« nach New York kommen, steht in der Rubrik *occupation: workman*, auch bei Jakob Komara, obwohl er erst vierzehn ist. *Workman*, das klingt in ihren Ohren großartig. Dabei sind sie keine Arbeiter, sondern Bauern, Söhne von Bauern, Häusler; doch sie träumen nicht davon, Farmer zu werden, sie wollen sich nicht in einer dünn besiedelten Region auf einem freien Stück Land niederlassen, um es nach ein paar Jahren für eine geringe Summe vom Staat zu erwerben. Sie wollen keine Rinder oder Schafe züchten, keinen Mais anbauen, nein, sie wollen in einer Fabrik arbeiten, im Bergbau, beim Eisenbahnbau.

Viele Slowaken finden Beschäftigung in Gruben und Hüttenwerken in Pennsylvania, wo sie für niedrige Löhne und unter gefährlichen Bedingungen malochen. Sie werden in Massenquartiere gepfercht, dunkle, stickige Löcher, die Arbeitsbedingungen sind hart und unfallsträchtig, der Lohn für einen zwölfstündigen Arbeitstag beträgt in der Regel einen Dollar. Das erscheint ihnen anfangs ein Vermögen im Vergleich zu dem, was sie zu Hause verdienen oder hin und wieder von den Eltern zugesteckt bekommen. Die Überfahrt von Hamburg nach New York kostet im Zwischendeck rund 34 Dollar.

In Brutovce haben Mihály Popovic und die anderen nur selten Bargeld gesehen. Die Bauern sind überwiegend Selbstversorger und kaufen kaum etwas ein, manchmal ein Kleidungsstück oder ein Paar Stiefel im nächsten größeren Ort, oder Petroleum für die Lampe. Im Dorf, auch am Markt in Leutschau, slowakisch Levoča, funktioniert vieles noch auf der Basis der Tauschwirtschaft. Für ein Schock Eier bekommt man vom Händler nach einigem Feilschen eine bunte Bluse und ein paar Bänder.

Sie träumen von einem besseren Leben in Amerika, von gutem Lohn, sie sind gewillt, hart zu arbeiten, das haben sie zu Hause gelernt, sie wollen Geld an die Daheimgebliebenen schicken, und wenn sie wieder nach Brutovce kommen, wollen sie eine schöne Summe mitbringen, Dollars, große, knisternde Scheine. Sie sind sparsam, sie wissen, was sie wollen. Wer die Arbeit nicht scheut, findet in Amerika die Straßen mit Gold gepflastert, hat der Agent gesagt, als er ins Dorf kam. Und er hat, als Beweis, ein paar Goldmünzen aus der Tasche gezogen und verlockend damit geklimpert. Dann hat er Bilder gezeigt, von einem Schiff, das stolz durch die Wellen pflügt, von einer riesigen Stadt mit hohen Häusern, wie man sie in Brutovce noch nicht gesehen hat, von einer großen Fabrik, vor der fröhlich lachende Arbeiter stehen.

Die Fabrik, so hat der Agent gesagt, gehört einem slowakischen Auswanderer, der vor ein paar Jahren hinübergegangen ist. Der Agent wusste sogar seinen Namen und las aus einem Brief des reichen Slowaken vor, darin war von der glücklichen Vorsehung und Gottes Gnade die Rede, die ihn nach Amerika geführt hat.

Simon Herz aus Oświęcim hat die wundersamen Geschichten über Amerika bestätigt, als er ihnen hinter der preußischen Grenze die Schiffskarten für die Überfahrt von Hamburg nach New York überreichte. Sie haben ihm ergeben gedankt, und später hat er, ohne ihr Wissen, Dankschreiben in ihrem Namen an sich selber schicken lassen, um mit Hilfe dieser Briefe in Brutovce und anderen von Slowaken bewohnten Orten wieder neue Auswanderer anzuwerben. Ein ebenso einfacher wie beliebter Trick von Auswanderungsagenten.

Bezahlt haben die Slowaken die Reise im voraus. Die Familien mussten das Geld mühselig zusammenkratzen, sie haben ein paar Stück Vieh verkauft, ein Feld, eine Wiese, vielleicht liehen sie sich Geld, von einem reichen Bauern wie Mihály Popovic senior einer war, doch für solche Darlehen werden hohe Zinsen berechnet, möglicherweise haben sie auch dem Agenten ein Grundstück in Zahlung gegeben.

Beim Abschied weinten Eltern und Geschwister, doch die Freunde und Bekannten beneideten sie, als sie auf den Wagen des Zipser Fuhrmannes stiegen, um die weite Reise anzutreten. Die Dorfleute standen auf dem Platz vor der Kirche und beobachteten schweigend, wie sich das Gefährt in Bewegung setzte, unter ihnen die siebenjährige Anna Pavliková. Sie winkte schüchtern, die Augen auf Pavol Popovic geheftet, für den sie kindlich schwärmte, seit er sie beim vorjährigen Kirtag zum Spaß hochgewirbelt und geküsst hatte. Die vier Reisenden winkten zurück und riefen Abschiedsworte, bis die Leute vor der Kirche hinter einer Kuppe verschwanden, dann hüllten sie sich in die streng riechenden Pferdekotzen und gruben sich in das auf den Wagen gebreitete Stroh. Die Wiesen und Felder neben der schmalen, unbefestigten Straße lagen noch im tiefen Schnee. Doch auf den sonnseitigen Sturzäckern zeigten sich bereits große braune Flecken. Das letzte, was sie von ihrem Dorf sahen, war der gedrungene Turm der Kirche des heiligen Vavrinec.

Unerwünschte Fremde

Von diesem Moment hat Mendel Beck seit Jahren geträumt. Er hat Pläne geschmiedet und wieder verworfen, er hat die Annoncen von Schifffahrtsbüros in den Zeitungen studiert, er hat sich mit Freunden und Bekannten beraten, er hat die Ohren gespitzt und sich alles eingeprägt, wenn ein Rückkehrer in der Schul von Amerika erzählte, vom Leben in New York, von den hohen Häusern, von denen eines so viele Menschen beherbergt wie in Galizien ein ganzes Dorf Einwohner hat, so dass man nicht einmal die Namen der nächsten Nachbarn kennt. Die Straßen sind so lang, dass man ihr Ende nicht sieht. Und immer sind sie voller Menschen, die drängen und in verschiedenen Sprachen rufen, manche sind schwarz wie die Nacht, das Gesicht, die Hände, und alle rennen und hasten scheinbar ziellos herum. Mendel Beck hat diese Geschichten in sich aufgesogen, er hat eifrig gespart, hat Kreuzer zu Kreuzer gelegt, sich vieles versagt, bis er endlich das Geld für die Überfahrt beisammen hatte. Zusammen mit seinem Freund Abraham Feld und drei anderen jungen Männern ist er mit der Eisenbahn Vierter Klasse nach Przemyśl gefahren, von Przemyśl nach Krakau und von dort nach Oświęcim. Einen ganzen Tag dauerte die Reise mit Umsteigen und Warten. Unterwegs erzählten sie keinem von ihren Plänen, wenn sie jemand nach dem Ziel ihrer Reise fragte, gaben sie ausweichende, nichtssagende Antworten. Am Bahnhof von Krakau hielten sie Ausschau nach Polizisten und machten dann einen weiten Bogen um sie.

Die Schiffskarten kauften sie in Oświęcim, in der Hamburger Agentur im Hotel de Zator, gegenüber dem Bahnhof. Ein stämmiger junger Mann wies ihnen den Weg dorthin, er begleitete sie vom Bahnhof bis zur Tür, wobei er sie nicht aus den Augen ließ, als sei er in Sorge, die fünf jungen Männer könnten sich am Weg über den Bahnhofsvorplatz verlaufen.

Im Büro der Agentur hing der kaiserliche Adler, das flößte ihnen Vertrauen ein. Ein Angestellter fragte sie aus, wohin sie wollten, wie viel Geld sie dabeihätten, ob das ihre erste Reise nach Amerika sei. 66 Gulden musste jeder für die Schiffskarte erlegen. Sie versuchten den Preis herunterzuhandeln, doch da wurde der Mann grob und meinte, sie hätten noch Glück, am nächsten Tag würde die Passage noch mehr kosten, außerdem sei damit alles bezahlt, der Aufenthalt in Hamburg bis zur Abfahrt des Schiffes, Kost und Logis, alles erstklassig und das Essen natürlich koscher, er schnalzte dabei mit der Zunge. Dann gab er ihnen einen Zettel mit der Adresse: Louis Fries, Allgemeines Auswanderer-Haus, Neumannstraße 22.

Als sie in der Neumannstraße die Schiffskarten vorwiesen und nach einem Zimmer fragten, für Übernachtung und Essen hätten sie schon bezahlt, lachte der Inhaber der Herberge bloß und schüttelte den Kopf. Für einen Schlafplatz in einer stickigen Kammer mit einem einzigen schmalen Bett, auf dem zur Not zwei von ihnen Platz fanden, die anderen mussten mit einem Strohsack auf dem Fußboden vorlieb nehmen, knöpfte er jedem sechs Gulden ab, fürs Essen wollte er extra kassieren, darauf verzichteten sie.

Das ist also New York. Mendel Beck steht mit seinen Begleitern auf dem Deck des Liniendampfers »Suevia« der Hapag, mit dem sie aus Hamburg gekommen sind. Es nieselt. Kreischende Möwen stoßen ins trübe Wasser. Er sieht eine riesige Frauengestalt aus dem Nebel ragen, ein Mann neben ihnen, ein älterer Jude aus Lemberg, sagt, das sei die Freiheitsstatue. Beck sieht undeutlich die Umrisse der Hafengebäude und die hohen, bis an den Horizont reichenden Häuser, von denen er zu Hause so viel gehört hat. Er ist angekommen. Es ist Montag, der 14. Mai 1888.

Mendel Beck ist 25 Jahre alt und kommt aus Lisko am San. Die kleine Bezirksstadt in den Waldkarpaten zählt rund 4000 Einwohner, etwa sechzig Prozent von ihnen sind Juden. Beck ist von Beruf Schuster, eigentlich Flickschuster. Er hat noch nie ein Paar neuer Schuhe angefertigt, immer nur alte, zerfallene repariert, gedoppelt, genäht, zusammengeflickt. Die meisten Bewohner der Kleinstadt sind arm und können sich kein neues Schuhwerk leisten.

Abraham Feld ist ebenfalls aus Lisko gebürtig, von Beruf ist er Schneider. Die anderen Begleiter Becks, Hersch Springler, Hersch Lockspeiser und Jossel Rabock, stammen aus dem südlich von Lisko gelegenen Städtchen Baligród, sie haben sich auf der Fahrt nach Przemyśl kennengelernt und beschlossen, zusammenzubleiben. Viele Auswanderer sind in Gruppen unterwegs, das gibt ihnen während der langen, beschwerlichen Reise das Gefühl einer gewissen Sicherheit. Auch in Amerika bleiben sie gern beisammen, in gemeinsamen Wohnvierteln und am Arbeitsplatz, Polen, Ukrainer, Slowaken, Juden …

Jossel Rabock ist mit sechzehn Jahren der Jüngste der Gruppe, die anderen sind Mitte zwanzig. Jeder von ihnen hat bloß ein größeres Bündel dabei, nicht viel für jemanden, der die Heimat vielleicht für immer verlässt. Als Beruf steht bei ihnen, wie bei den acht Slowaken, die ein paar Wochen vor ihnen nach New York gekommen sind, *workman* in der Passagierliste der »Suevia«, die Kapitän Heinrich Barends bei der Ankunft den amerikanischen Einwanderungsbehörden übergibt:

District of New York, Port of New York
I, H. Barends, Master of the German S.S. Suevia do solemnly, sincerely and truly swear that the following List or Manifest subscribed by me, and now delivered by me to the Collector of the Customs of the Collection District of New York, is a full and perfect list of all the passengers taken on Board of the said S.S. Suevia at Hamburg from which port said S.S. Suevia has now arrived: and that on said list is truly designated the age, the sex and the occupation of each of said passengers, the part of the vessel occupied by each during the passage, the country to which each belongs, and also the country of which it is intended by each to become an inhabitant: and that said List or Manifest truly sets forth the number of said passengers who have died on said voyage, and the names and ages of those who died. So help me God.
Heinrich Barends

Mendel Beck und seine Begleiter haben die Überfahrt gut überstanden, wenn man von der Seekrankheit absieht, unter der sie alle litten. Die Reise hat vierzehn Tage gedauert, sie haben am 30. April Hamburg verlassen, in Richtung Le Havre, wo das Schiff noch weitere Passagiere aufnahm, bevor es die Fahrt nach New York antrat. Die »Suevia«, ein schon reichlich in die Jahre gekommener, rostiger Dampfer mit einem Schornstein und zwei Masten, war bei ihrem Stapellauf im Jahre 1874 dafür eingerichtet, hundert Personen in der Ersten, siebzig in der Zweiten und 600 in der Dritten Klasse, im sogenannten *steerage* oder Zwischendeck, zu befördern. Als sie im Mai 1888 im Hafen von New York einläuft, hat sie, laut Schiffsmanifest, wie die Passagierliste auch heißt, über tausend Zwischendeckpassagiere an Bord, Auswanderer aus ganz Europa, aus Deutschland und Dänemark, Schweden und Norwegen, aus Russland und Österreich. Viele Österreicher kommen aus Galizien und Ungarn.

Die Tatsache, dass die »Suevia« statt 600 Zwischendeckpassagieren, wie beim Stapellauf vorgesehen, fast doppelt so viele befördert, lässt die Zustände erahnen, die Mendel Beck und seine Begleiter im Zwischendeck vorfinden. Menschen verschiedenster Nationen, Religionen und Sprachen, die sich untereinander nur mit Mühe verständigen können, auf engstem Raum zusammengepfercht, Frauen, Männer, Kinder bunt durcheinander, lediglich Waschräume und Toiletten sind getrennt. Nach kurzer Zeit befinden sie sich in einem unbeschreiblichen Zustand. Beck muss sich überwinden, das Essen hinunterzuwürgen, das ein Mitglied der Besatzung aus einem riesigen Kessel in seine blecherne Menageschale schöpft, die er vor der Abfahrt in Hamburg gekauft hat; Hersch Springler und Jossel Rabock, gläubige Juden, rühren das Essen gar nicht erst an, es ist nicht koscher. Sie rollen bloß die Augen, wenn sie den Freunden zuschauen, wie sie in dem undefinierbaren Brei stochern, und ernähren sich ausschließlich von selber mitgebrachten Lebensmitteln: Zwieback, Brot, Zwiebeln, Tee, heißem Wasser mit einem Schuss Branntwein und ein wenig Zucker, um ihm etwas Geschmack zu verleihen. Die meiste Zeit sind sie ohnehin seekrank und kaum imstande, etwas zu sich zu nehmen. Mendel Beck hat in Hamburg, zusammen mit dem blechernen Essgeschirr, eine kleine Flasche mit einer dunkelbraunen Flüssigkeit gekauft, angeblich ein todsicheres Mittel gegen die Seekrankheit; es erweist sich als Rum der billigsten Sorte, den er beim besten Willen nicht über die Lippen bringt. Ein Pritschennachbar, ein ukrainischer Bauer, ist weniger wählerisch. Vor der Seekrankheit kann das dubiose Getränk allerdings auch ihn nicht bewahren.

In den niedrigen, schlecht beleuchteten Räumen, voll gestellt mit Stockbetten, zwischen denen nur schmale Gänge frei bleiben, stinkt es nach menschlichen Ausdünstungen, ungewaschenen Kleidern und Körpern, verdorbenen Lebensmitteln, Erbrochenem, Urin und Exkrementen.

Bevor man die fünf Galizianer in New York an Land gehen lässt, müssen sie die Einwanderungsstation Castle Garden passieren, um befragt und untersucht zu werden. Wie Vieh werden die Zwischendeckpassagiere von Bord getrieben, *quick!*, *run!*, *szybko!*, *schneller!*, in verschiedenen Sprachen hageln Befehle auf sie nieder, Mendel Beck und Abraham Feld versuchen einander nicht aus den Augen zu verlieren, auch die anderen weichen ihnen nicht von der Seite. So gelangen sie in einen großen Saal mit Unterteilungen, an Rinderpferche erinnernd. Dort werden sie, abermals, *quick*, *szybko*, *schneller!*, in Gruppen geteilt und müssen, einer nach dem anderen, mit einem Mal langsam, im Gänsemarsch, an Uniformierten vorbeimarschieren, von denen sie genau gemustert werden. Wie bei einer Viehauktion. Ein klein gewachsener älterer Mann stellt Mendel Beck auf Jiddisch ein paar Fragen, von wo er kommt, wie viel Geld er dabei hat, ob er schon einen Arbeitsplatz in Aussicht hat (erfahrene Reisende auf dem Schiff haben ihm eingebleut, die Frage unbedingt zu verneinen). Er kann vor Aufregung nur den Kopf schütteln.

Amerika nimmt nicht jeden auf, der an seine Tür klopft.

Von der Zulassung in die Vereinigten Staaten sind ausgeschlossen: Kranke und Bresthafte; idiotische und irrsinnige Personen sowie Epileptiker; Mittellose und Bedürftige, von denen zu erwarten ist, dass sie der öffentlichen Hand zur Last fallen könnten; Personen, die eines Verbrechens überführt wurden oder einen unmoralischen Lebenswandel pflegen, Prostituierte oder Personen, die Frauen zum Zweck der Prostitution anwerben beziehungsweise ins Land bringen wollen; Personen, die Vielweiberei treiben; Anarchisten oder Individuen, die sich zum gewaltsamen Umsturz der Regierung der Vereinigten Staaten oder der Regierung eines anderen Landes oder zur Ermordung öffentlicher Beamter bekennen; schließlich Personen, die auf Antrag, Ersuchen, Versprechen oder Vereinbarung irgendeine Arbeit oder bezahlten Dienst in den Vereinigten Staaten (Kontraktarbeit) übernehmen wollen.

In Wahrheit sind die Auswahlkriterien nicht ganz so streng, wie sie klingen, unter den Immigranten befinden sich zahlreiche Habenichtse, bitterarme Leute mit nicht mehr als einem Bündel voll schäbiger Kleider und ein paar Töpfen. Auch Mendel Beck führt nur ein Reservehemd, ein zweites Paar Schuhe (die hat er vor der Abreise eigenhändig neu besohlt), ein paar persönliche Kleinigkeiten wie einen Gebetsschal und Tefillin, Gebetsriemen, mit sich. Deshalb ist er ja nach Amerika gekommen – weil er arm ist und nichts hat.

Besonders genau werden die Ankömmlinge auf ansteckende Krankheiten untersucht, keine leichte Aufgabe angesichts der mit einem einzigen Schiff ankommenden Massen: Genickstarre, Pocken, Trachom, Typhus und Fleckfieber, Tuberkulose oder Schwindsucht, auch als *jewish disease*, jüdische Krankheit, bezeichnet. Die Zwischendeckpassa-

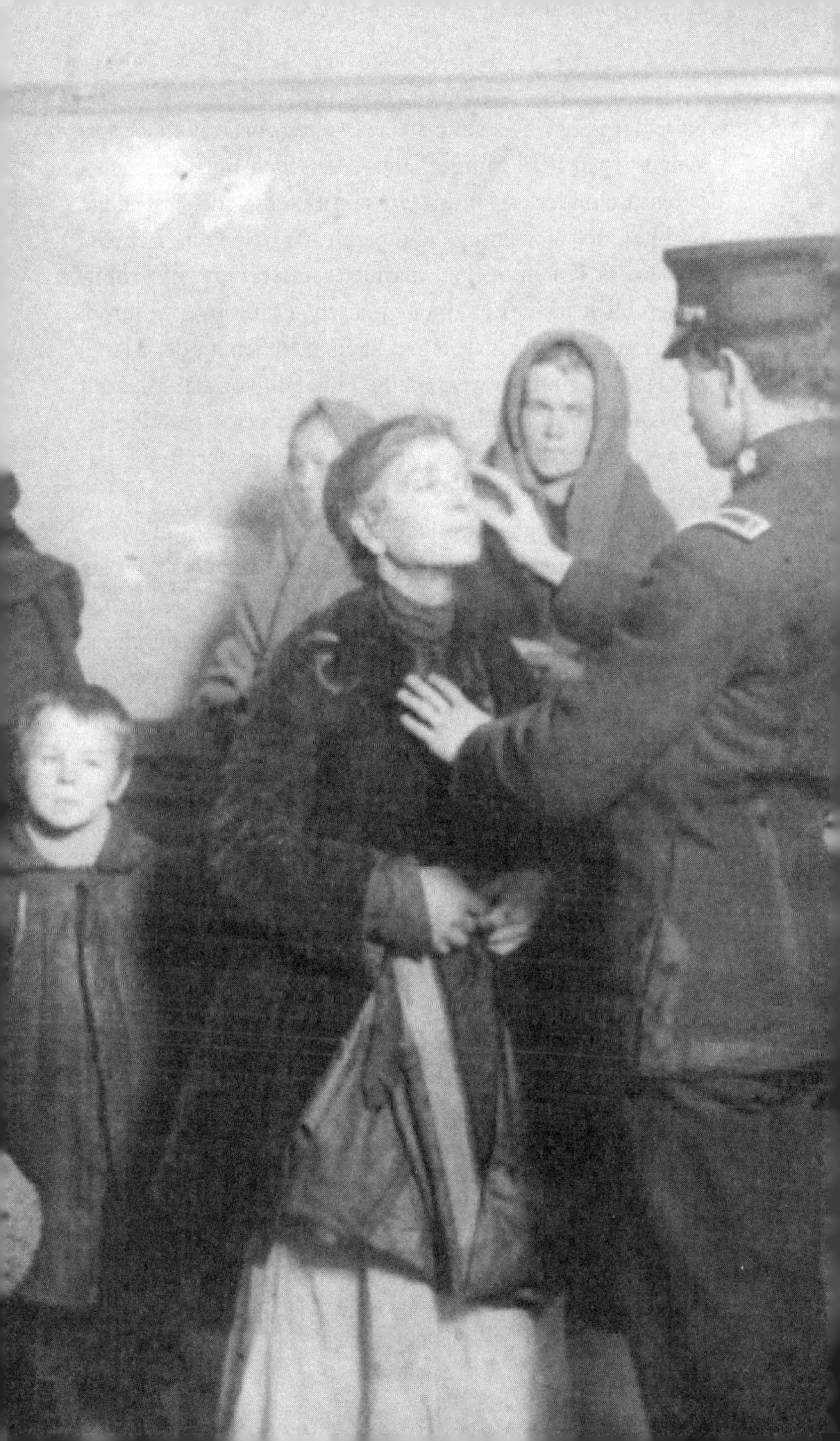

giere der »Suevia« ziehen an den Ärzten vorbei, von Zeit zu Zeit werden verdächtige Fälle, Menschen mit offensichtlichen Behinderungen und ernsten Beschwerden, Bucklige und Lahme, Blödsinnige und Senile, Krätzige und Lepröse mit einem Kreidezeichen markiert. Aussortiert zur gründlichen Inspektion. Eine junge jüdische Frau wird von ihrem Mann getrennt, er hält einen kleinen Buben an der Hand, das Kind beginnt zu weinen, die Frau fällt vor dem Arzt auf die Knie, ringt die Hände, er macht bloß eine Handbewegung, *weiter*, *schneller*, *szybko*. Sie wird aus der Reihe gezerrt.

Hat jemand geschwollene Augen, wird das Lid hochgeschoben, mit dem Finger oder einem *buttonhook*, einem Knopfhaken, für gewöhnlich ein Accessoire der weiblichen Toilette, um schwer zugängliche Knöpfe leichter durch die Knopflöcher zu bekommen. So soll festgestellt werden, ob die Person unter einem Trachom leidet, ein ansteckendes Augenleiden, eine häufige Plage in den Schtetln und Elendsvierteln Galiziens und Russlands. Abraham Feld hat auf dem Schiff kaum geschlafen, seine Augen sind rot und geschwollen vor Erschöpfung; er zuckt erschrocken zurück, als ihm der Arzt mit dem Knopfhaken ans Auge fährt, um das Lid hochzuschieben. Er habe gemeint, er wolle ihm das Aug ausstechen, sagt er später, als er die Prozedur glücklich überstanden hat.

Endlich dürfen sie in die Fähre steigen, die sie aufs Festland bringen soll.

Ausländer, denen aufgrund der genannten Bestimmungen die Einreise verweigert wird, werden nach Möglichkeit unverzüglich in die Länder, aus denen sie stammen, zurückgeschickt. Am besten auf demselben Schiff, mit dem sie gekommen sind. Wenn der Abgewiesene nicht genug Geld hat, geht die Rückreise zu Lasten der Schifffahrtsgesellschaft. Auch von den Zwischendeckpassagieren der »Suevia« werden nicht alle sofort aufgenommen. *Detained*, zurückgehalten, steht über ihren Namen in der Passagierliste gestempelt. Einige dürfen nach ein paar Tagen an Land gehen, bei genauerer Untersuchung hat sich herausgestellt, dass sie an keiner gefährlichen Krankheit leiden, bloß an Erschöpfung, oder Verwandte haben sich in Castle Garden gemeldet, um für sie zu bürgen. Hauptsache, sie fallen der amerikanischen Öffentlichkeit nicht zur Last. Ein paar werden zurückgeschickt nach Europa, sie waren so unvorsichtig, auf Befragen anzugeben, sie hätten bereits einen Arbeitsplatz.

Die *Alien Contract Labor Laws* von 1885, 1887, 1888 und 1891, denen zufolge jede Kontraktarbeit verboten ist, wurden nicht zuletzt auf Betreiben der amerikanischen Gewerkschaften eingeführt; damit soll die gängige Praxis unterbunden werden, dass amerikanische Unternehmer aus Europa billige Arbeitskräfte holen, die bereit sind, für Löhne weit unter dem amerikanischen Niveau zu arbeiten, bei Bedarf auch als Streikbrecher. Galizische und slowakische Bauern haben keine Ahnung, was ein Streik ist, von *Labor Unions*, gewerkschaftlichen Organisationen, haben sie noch nie gehört. Die Bestimmungen gegen Kontraktarbeiter werden äußerst rigoros gehandhabt, manchmal genügt es, dass ein Einwanderer den Brief eines Verwandten mit sich führt, in dem ihn dieser auf einen konkreten Betrieb hinweist, um abgewiesen zu werden.

Auch Angehörige der amerikanischen Oberschicht sehen im ungehinderten Zustrom von Einwanderern aus den ärmeren Regionen Europas eine Gefahr, einmal für die Demokratie in den Vereinigten Staaten im Allgemeinen, insbesondere aber für ihren eigenen Wohlstand und ihre Sicherheit. Angesichts der sprunghaft zunehmenden Einwanderung organisieren sich die sogenannten *nativists*, Nativisten, angelsächsische, in Amerika geborene Protestanten, in Vereinigungen, die es als ihre Aufgabe betrachten, den Zustrom unerwünschter Elemente aus Europa, Fremder, einzudämmen. Unerwünschte Fremde sind für sie alle, die anders sind als sie, andere Sitten mitbringen, anders denken, anders beten, anders reden, anders fluchen. Iren und Italiener, Katholiken und Juden – manche *nativists* sind davon überzeugt, dass der Papst in Rom ein Komplott schmiedet, um Amerika zu übernehmen. Später richten sich ihre Vorurteile auch gegen die meist ungebildeten und mittellosen Zuwanderer aus Osteuropa, egal welcher Nationalität oder Religion sie angehören. Amerika den Amerikanern. Weitere Nahrung erhalten solche Ressentiments durch die Befürchtung, mit den Immigranten aus Europa könnten Anarchisten, Sozialisten und andere Unruhestifter ins Land kommen, mit radikalen politischen Ideen im Gepäck und der Absicht, die amerikanischen Arbeiter zu organisieren und zu Streiks aufzuwiegeln.

Am 4. Mai 1886 wirft ein Unbekannter bei einer Protestkundgebung revolutionärer Arbeiter – in der Mehrzahl deutsche Immigranten – am Haymarket Square in Chicago eine Rohrbombe in die Reihen der Polizei, die versucht, das Treffen gewaltsam aufzulösen. Sieben Polizisten werden getötet, zahlreiche verletzt. Als die Polizei darauf in die Masse der Demonstranten feuert, gibt es auch unter den Arbeitern Tote. Acht führende Anarchisten, sieben von ihnen Einwanderer, werden wegen des Bombenattentats vor Gericht gestellt, bis auf einen werden alle zum Tode verurteilt, obwohl sich ihre Täter- oder Komplizenschaft nicht nachweisen lässt. Doch die toten Polizisten schreien nach Rache. Vier der Verurteilten werden im November 1887 hingerichtet, einer begeht im Gefängnis Selbstmord, bei zweien wird das Todesurteil in lebenslänglich umgewandelt.

Einer der zum Tode Verurteilten, der aus Hessen stammende Sozialrevolutionär und Anarchist August Spies, Chefredakteur der in Chicago erscheinenden deutschsprachigen *Arbeiter-Zeitung* und für seine radikale Rhetorik ebenso bewundert wie gefürchtet, sagt vor seiner Hinrichtung im Cook County Jail: »Der Tag wird kommen, da unser Schweigen mächtiger sein wird als die Stimmen, die ihr heute abwürgt.«

Die Ausschreitungen von Chicago, als Haymarket-Massaker in die Geschichte eingegangen, schüren in weiten Teilen der amerikanischen Gesellschaft, jedenfalls in den besitzenden Kreisen, die ohnehin virulenten Ängste vor einer Überfremdung des Landes. In der Folge werden die Kontrollen in Castle Garden noch weiter verschärft.

Castle Garden, eine alte Befestigungsanlage auf einer kleinen Insel am südlichen Zipfel von Manhattan, wo sich heute der Battery Park befindet, wurde 1855 als Einwanderungsstation eingerichtet. Allerdings erwies sich die Anlage schon bald als zu klein, um den Ansturm aufzunehmen, weshalb sie im April 1890 geschlossen wurde. Im Jänner 1892 wird dann das großzügiger angelegte, moderner eingerichtete Immigration Center in Ellis Island eröffnet. Die Prozedur bleibt im Prinzip die gleiche.

Auch Mathias Komara, Jakob Komara, Pál Popovic, Jan Virosztek und die anderen slowakischen Auswanderer aus

Brutovce, drei Wochen vor Mendel Beck in New York eingetroffen, haben Castle Garden passiert. Auch sie haben alle Untersuchungen und Befragungen über sich ergehen lassen, um schließlich für gesund und kräftig genug befunden zu werden, in Amerika als ungelernte Arbeitskräfte zu schuften. In Erz- oder Kohlegruben, in Eisenwerken, beim Bau von Eisenbahnlinien, mit deren Hilfe der Kontinent erschlossen wird, die junge amerikanische Industrie hat ständig Bedarf nach Arbeitern, die nicht viel fragen und keine hohen Ansprüche stellen. Die slowakischen Bauern bringen auch keine radikalen Ideen und keine Umsturzpläne mit. Davon haben sie in Brutovce noch nie gehört. In der Zips schimpft man, wie überall in den Dörfern, auf die Obrigkeit, auf die Beamten, die die Steuern vorschreiben, auf den Gendarmen, der einem eine Strafe aufbrummt, wenn man im Rausch randaliert, doch an Respekt gegenüber dem Staat haben sie es nie fehlen lassen. Sie sind jeden Sonntag eifrig in die Kirche gegangen und haben brav die Fasttage befolgt, um nicht den Zorn des Pfarrers auf sich zu ziehen und den Eltern keine Schande zu machen. So wollen sie es auch in Amerika halten.

1888 wandern knapp 540000 Menschen von Europa in die Vereinigten Staaten aus. Der größte Anteil entfällt mit 110000 Personen auf Deutschland, dann kommen England, Schottland, Schweden, Italien, erst an sechster Stelle folgt Österreich-Ungarn mit rund 46000 Personen. Die überwiegende Zahl der Emigranten sind Männer, auch auf der »Suevia« sind Familien die Ausnahme, einzeln reisende Mädchen und Frauen sind in diesen frühen Jahren überhaupt selten, wie die Passagierlisten zeigen. Erst später werden die Frauen nachgeholt, oft mit den Kindern. Dann gibt es Schiffe, die mehrheitlich Frauen im Zwischendeck nach Amerika bringen.

Der männliche Überhang bei der frühen Auswanderung bringt das Gleichgewicht der Geschlechter in den Dörfern der Herkunftsländer durcheinander, die Männer fehlen. In den Städten wird ihr Abgang durch den Zuzug vom Land ausgeglichen. Andererseits herrscht in Amerika ein Überschuss an jungen Männern, dort mangelt es wiederum an Frauen.

In Galizien macht sich dieses Ungleichgewicht noch kaum bemerkbar, höchstens in einzelnen, von der Auswanderung besonders betroffenen Dörfern. Im östlichsten Kronland der Monarchie hat die Emigration eben erst begonnen, von einer Massenauswanderung aus den österreichischen Gebieten kann man in diesen Jahren noch nicht sprechen, die setzt erst nach 1890 mit vollem Schwung ein, verhältnismäßig spät, gemessen an anderen europäischen Ländern.

Mendel Beck, Hersch Springler, Abraham Feld, Mathias Komara und die anderen sind Vorboten einer riesigen Welle, die am Ende ganz Osteuropa erfassen wird.

Albert Ballin

Für Albert Ballin sind Mendel Beck und seine Begleiter in erster Linie willkommenes Frachtgut, das es gilt, möglichst rasch und billig über den Atlantik zu befördern, um die Kosten der Reederei niedrig zu halten. In dieser Kalkulation ist kein Platz für sentimentale Erwägungen, die Atlantikschifffahrt ist ein beinhartes Geschäft.

Albert Ballin wurde 1857 als dreizehntes und letztes Kind des dänisch-jüdischen Kaufmanns Samuel Joel Ballin geboren, der in Hamburg eine kleine Auswandereragentur, Morris & Co., betrieb. Als Samuel Ballin 1874 stirbt, übernimmt Albert, erst siebzehn, die Firma. Trotz seiner Jugend und der jüdischen Herkunft kann sich der klein gewachsene, quirlige Mann im rauhen Klima des Hamburger Hafens glänzend behaupten, dabei helfen ihm sein Humor, seine umgängliche Art und nicht zuletzt sein perfektes Plattdeutsch. Ein waschechter Hamburger, wenn auch jüdischen Glaubens.

Morris & Co. besitzt eine Konzession für die Vermittlung von Auswanderern aus Schleswig-Holstein, Mecklenburg und dem Ausland an Schifffahrtslinien. Die Auswanderer werden von eigens dafür bestellten Agenten angeworben und von Hamburg nach Großbritannien gebracht, von wo sie mit britischen Linienschiffen nach Übersee fahren. Die deutschen Reedereien schauen dabei durch die Finger, sieht man einmal vom verhältnismäßig billigen Transport von Hamburg nach England ab.

Der junge Chef von Morris & Co. erkennt sehr früh die Bedeutung des Passagegeschäfts mit Auswanderern. Doch die großen Hamburger Reedereien, voran die Hamburg-Amerikanische Packetfahrt-Actien-Gesellschaft (Hapag), zögern lange, sich auf den lukrativen Massentransport von Emigranten einzulassen, das Geschäft wird unter seriösen Hanseaten, nicht zuletzt wegen der rüden Geschäftsmethoden von Auswandererexpedienten wie Morris & Co., als anrüchig angesehen. Die Passageagenten gelten, nicht ganz zu Unrecht, als skrupellose Menschenhändler, die die Auswanderer wie Vieh behandeln, das dorthin getrieben wird, wo der größte Profit winkt. In Hamburg gibt es zahlreiche Firmen, die Reedereien mit menschlicher Fracht versorgen: Harry Cohen und Albert Hirschmann, Rudolf Falck, Moritz Morawetz, Louis Scharlach & Co., Spiro & Co. und wie sie alle heißen.

Seit dem Einsetzen der Auswanderung aus Osteuropa sehen sich die großen Hamburger Expedienten wie Louis Scharlach & Co. oder Moritz Morawetz zunehmend gezwungen, auf die Dienste von Agenten in Galizien und Oberungarn zurückzugreifen, die mit den lokalen Gegebenheiten und Behörden vertraut sind – für Außenstehende gibt es da wenig zu holen. Die lokalen Agenten wiederum beschäftigen zahlreiche Unteragenten und andere Helfer, so dass schließlich ein dichtes, bis in die kleinsten Weiler abgelegener Karpatentäler reichendes Netzwerk entsteht, mit dessen Hilfe ständig neue Auswanderer nach Hamburg gelenkt werden sollen, um mit ihnen die Schiffe zu füllen.

Gleichzeitig zwingt die rapide wachsende Auswanderungsbewegung die Reedereien, immer größere und schnellere Dampfer in Dienst zu stellen, wenn sie im Geschäft mit den Emigranten mithalten wollen. Die wichtigsten europäischen Atlantikhäfen, Hamburg, Bremen, Le Havre, Rotterdam, Antwerpen und Liverpool, kämpfen mit allen erdenklichen Mitteln um die Emigranten. Die Zwischendeckpassagiere sind in der Regel arme Schlucker, doch im Frachtgeschäft über den Nordatlantik erlangen sie als so genannte Ausfracht zunehmende Bedeutung. Die Schiffe transportieren Rohstoffe von Amerika nach Europa, für die Fahrt in die andere Richtung finden sie jedoch nur selten genügend Ladung. Da kommen die Auswanderer gerade recht. Sie gestatten eine bessere Auslastung der Dampfer und bescheren den Schiffseignern zusätzliche Einnahmen. Die Masse macht den Profit. Mit dem rasanten Ansteigen der Auswanderung wird die Beförderung von Zwischendeckpassagieren bald zum Hauptgeschäft der großen Schifffahrtslinien. Um möglichst viele Emigranten über den Atlantik verfrachten zu können, werden auch ältere Schiffe wie die »Suevia« für den Massentransport umgerüstet.

Die reservierte Haltung der »Packetfahrt« gegenüber dem profitablen Geschäft mit der menschlichen Fracht ändert sich, als Albert Ballin im Jahre 1886 die Passageabteilung der traditionsreichen Reederei übernimmt. Da ist er 29. Er hat das Auswanderungsgeschäft in der väterlichen Firma von der Pike auf kennen gelernt, mit allen Schattenseiten. Zwei Jahre später avanciert der ehrgeizige Aufsteiger zum jüngsten Direktor der Hapag. Ein Selfmademan und Kosmopolit, dessen Karriere sogar in der Wirtschaftswunderzeit der Belle Époque ihresgleichen sucht. Albert Ballin ist seiner Zeit und seinen Zeitgenossen stets voraus, er besitzt eine unglaubliche Weitsicht, was die Entwicklung der Schifffahrt angeht, und entwirft weitreichende Pläne. Er ist ein blendender Geschäftsmann und ein kühner Visionär. Er pflegt beinahe freundschaftliche Beziehungen zum deut-

schen Kaiser, gleichzeitig kritisiert er unnachsichtig den großmäuligen deutschen Chauvinismus, wie ihn Wilhelm II. repräsentiert. Ballin ist kein frommer Jude, doch es würde ihm nie einfallen, sein Judentum aufzugeben oder zu verleugnen. Deshalb schmerzt es ihn, wenn ihn deutsche jüdische Kreise verächtlich »Kaiserjude« nennen.

Albert Ballin hat ein unnachahmliches Gespür für neue Entwicklungen und für das, was man später Werbung oder Public Relations nennen wird. 1888, im selben Jahr, als sich die Slowaken aus Brutovce nach Amerika aufmachen, stellt die Hapag auf Ballins Betreiben den bisher größten und modernsten Schnelldampfer der Atlantikschifffahrt in Dienst. Der junge Direktor weiß um die Begeisterung des deutschen Kaisers für die Schifffahrt, deshalb beschließt er, den prächtigen neuen Dampfer nach dessen Gemahlin zu benennen. Eine werbewirksame Geste, die obendrein nichts kostet. Das Schiff wird auf den Namen »Augusta Victoria« getauft, ein kleiner Lapsus; in der allgemeinen Begeisterung haben die Hamburger offenbar übersehen, dass die Kaiserin Auguste Victoria heißt.

Wilhelm II. kümmert der Verschreiber wenig, er bleibt dem strahlenden Erfolgsmenschen weiter gewogen. Der Kaiser träumt von einer starken deutschen Flotte, die wichtigste Voraussetzung für sein großes Ziel: deutsche Kolonien. Albert Ballin scheint ihm den Weg dorthin zu weisen, obwohl der Direktor der Hapag alles andere als ein Militarist ist.

Unter ihrem dynamischen jungen Direktor Ballin gelingt es der Hapag in den späten achtziger Jahren, sich einen bedeutenden Anteil am Zwischendeckverkehr von Deutschland nach Amerika zu sichern und ihren schärfsten Konkurrenten, den in Bremen beheimateten Norddeutschen Lloyd, lange Jahre die unangefochtene Nummer eins in der deutschen Schifffahrt, zu überflügeln.

Albert Ballin nützt jede erdenkliche Möglichkeit, Werbung für die Schiffe der Hapag zu betreiben, der Glanz der von ihm geleiteten Reederei soll alle anderen überstrahlen. Dazu ist ihm kein Anlass zu gering. Und er versteht es auch geschickt, seine Angestellten in Szene zu setzen, wenn es dem Ruhm der Hapag dienlich ist. Als 1894 Kapitän Heinrich Barends, derselbe, unter dessen Kommando sechs Jahre zuvor der alte Dampfer »Suevia« mit Mendel Beck, Abraham Feld und den anderen nach New York kam, seine hundertste Hin- und Retourfahrt über den Nordatlantik absolviert, sorgt Albert Ballin dafür, dass dieses Ereignis nicht unbemerkt bleibt. Das außergewöhnliche Jubiläum wird von der *New York Times* am 5. Mai 1894 mit einem ausführlichen Beitrag gewürdigt: *A hundred Atlantic round trips.* Kapitän Barends hat dem Bericht zufolge mit vierzehn Jahren als Schiffsjunge auf einem Segelschiff angeheuert und sich beharrlich und zielstrebig zu seiner jetzigen Position emporgearbeitet, beinahe eine amerikanische Karriere.

Besonders stolz ist Kapitän Barends auf die Tatsache, dass er die hundert Fahrten von Hamburg nach New York und wieder zurück ohne Havarie geschafft hat; alle von ihm gesteuerten Schiffe, die »Cimbria«, »Halsatia«, »Cyclops«, »Suevia«, »Lotharingia«, »Silesia«, »Westphalia«, »Wieland«, »Dania«, »Augusta Victoria« und schließlich die »Normannia« erreichten sicher ihren Bestimmungshafen.

Albert Ballin ist nicht nur ein Freund des deutschen Kaisers, er ist auch bei den Angestellten der Hapag beliebt, vom Kapitän bis hinunter zum frisch angeheuerten Schiffsjungen; er redet mit den Seeleuten in ihrer Sprache, ohne sich anzubiedern, er stammt selber aus kleinen Verhältnissen und weiß, wie es dort zugeht. Auch in Osteuropa kennt man seinen Namen, Albert Ballin, der Herrscher über die von Hamburg nach Amerika dampfenden Schiffe, die wichtigste Verbindung mit der neuen Welt, in der es goldene Berge und grenzenlose Freiheit gibt.

Wir fahren mit Ballin. Das klingt in den Ohren der Auswanderer wie ein großartiges Versprechen.

Handel mit delikatem Fleisch

Krencia Salter kämpft lange mit sich, ob sie zur Polizei gehen soll. Bisher hat sie in ihrem Leben keine guten Erfahrungen mit den Ordnungshütern gemacht, mehr als einmal hat einer sie grob angeschnauzt, wenn sie ihre Ware, Gemüse und Obst, mit einem Handwagen zum Markt am Rudolfsplatz brachte und dabei den Gehsteig benützte. Und sie könnte jedes Mal zerspringen vor Wut, wenn ein Polizist bei ihrem Stand stehen bleibt, sich in aller Ruhe den schönsten Apfel aussucht, ihn an der Uniformjacke blank reibt und dann herzhaft hineinbeißt – vor ihren Augen, ohne zu bezahlen natürlich oder auch nur ein Wort des Dankes zu verlieren. Jedes Mal schluckt sie ihre Wut hinunter und lächelt ihm noch freundlich zu.

Krencia Salter hält sich nach Möglichkeit von der Polizei fern, das hat sie in ihrer Heimatstadt Borszczów gelernt, von wo sie nach Czernowitz gekommen ist; in Galizien waren die Polizisten noch brutaler und unverschämter als hier in der Bukowina.

Die jüdische Marktfrau überlegt lange, bis sie sich endlich entschließt, zur Wache neben dem Marktplatz zu gehen, um Anzeige zu erstatten. Dort hört sich ein Beamter ihre Geschichte an, dann schickt er sie zur Polizeidirektion. Er gibt ihr einen Zettel, auf den er einen Namen und ein paar Zeilen geschrieben hat, den soll sie beim Empfang vorweisen, dort wird man dafür sorgen, dass sie zum richtigen

Mann gebracht wird. Krencia Salter kennt das mächtige Gebäude der k. k. Polizeidirektion am Ferdinandsplatz, sie geht unsicher an der Wache am Tor vorbei und weist beim Portier den Zettel vor, auf dem der Name Krzywanowski steht, doppelt unterstrichen. Der Portier bringt sie in den ersten Stock und bedeutet ihr, auf einer Bank im Korridor Platz zu nehmen, dann verschwindet er hinter einer Tür.

Es wird nicht lange dauern, sagt er, als er wieder erscheint, und lässt sie allein.

Wenig später wird sie von einem Mann um die vierzig hineingerufen. Er trägt einen Zwicker und fragt sie, ob sie lieber Deutsch oder Polnisch spricht, sie zieht Deutsch vor, er nickt zustimmend. Sie soll berichten, was ihr auf dem Herzen liegt. Sie weiß zunächst nicht, wo sie anfangen soll, sie beginnt einen Satz, bricht ab, sucht einen neuen Anfang, endlich beruhigt sie sich und fängt an zu erzählen.

Sie ist sicher, dass sie die Frau, die jeden Tag über den Markt spaziert, kennt, sie hat sie in Borszczów gesehen, damals war die Frau noch jünger, schlanker, sonst hat sie sich kaum verändert. Krencia erinnert sich an die Gesichtszüge, an den Gang, an die Augen, die flink hin und her huschen, als hielten sie ständig nach etwas Ausschau. In Borszczów hat sie sich genauso benommen, tauchte plötzlich von irgendwoher auf, streifte herum, plauderte mit den Leuten, wobei sie unablässig die Menschen ihrer Umgebung musterte. Schließlich fand sie, was sie suchte. Die Tochter von Krencia Salters Nachbarn, hübsch, aber schüchtern, fünfzehn Jahre alt. Sie hieß Chana. Die Fremde, sie nannte sich damals Anna Strassberg, freundete sich mit dem Mädchen an, ersuchte es um kleine Gefälligkeiten, Botengänge, dann lud sie Chana ein, sie zu begleiten, die Eltern hatten nichts dagegen. Schließlich verdrehte sie dem Mädchen den Kopf mit dem Versprechen einer guten Anstellung im Ausland, bei einer jüdischen Familie in Konstantinopel, mit der sie befreundet sei. Angeblich suchten die Leute ein Kindermädchen, sie bezahlten gut, sagte die Frau, die sich Strassberg nannte, und sie versprach den Eltern, Chana zu begleiten und nicht aus den Augen zu lassen, als wäre sie ihre eigene Tochter. Sie legte sogar großzügig das Geld für die Reise aus und kaufte ein neues Kleid für Chana. Alle beneideten das Mädchen, nur ihre Eltern und Geschwister weinten, als sie in Begleitung von Anna Strassberg in Borszczów den Zug nach Lemberg bestieg.

Seither hörte man nichts mehr von Chana. In der ersten Woche kam noch ein Brief, in dem sie schrieb, es gehe ihr gut, der versprochene zweite Brief blieb jedoch aus. Die auf dem Kuvert angegebene Adresse erwies sich als falsch, alle Sendungen wurden retourniert – Adresse unbekannt. Schon damals meinten manche in Borszczów, das arme Ding sei gewiss in einem Freudenhaus gelandet, Anna Strassberg sei eine Händlerin, die jüdische Mädchen aus Galizien und der Bukowina an Bordelle verschachere.

Der Mann mit dem Zwicker hebt die rechte Hand, Krencia Salter hält inne. Ob es nicht denkbar sei, dass das Mädchen nicht entführt wurde, sondern die Familie aus eigenen Stücken verließ, um der Bekannten zu folgen, wendet Adam Krzywanowski ein. Vielleicht wollte sie aus der Enge der frommen Familie ausbrechen, der Kleinstadt entkommen, hat von Reisen, von fernen Ländern, von schönen Kleidern geträumt, das kommt schon vor bei jungen Mädchen.

Krencia Salter hält das für ausgeschlossen. Nicht Chana. Das hat in Borszczów keiner angenommen, am wenigsten die Eltern des Mädchens. Sie rannten zum Rabbi, um Rat einzuholen, der breitete bloß die Arme aus, was solle er tun?

Dann liefen sie zur Polizei. Dort hörte man sich ihre Geschichte an und schickte sie mit vagen Versprechungen weg, man werde sich um die Sache kümmern, doch geschehen ist nichts.

Krencia Salter ist sicher, dass Anna Strassberg nach Czernowitz gekommen ist, um neue menschliche Ware zu besorgen, sie hat sie beobachtet, wie sie junge, hübsche Dienstmädchen, die zum Einkaufen auf den Markt geschickt werden, in Gespräche verwickelt. Vor ein paar Tagen ist sie mit einem Mädchen, eingehängt, in der Karolinengasse verschwunden.

Das alles erzählt Krencia dem Mann mit dem Zwicker und der hohen Stirn. Er hört aufmerksam zu, wiegt den Kopf und macht sich Notizen in einem Heft. Wenn er den Bleistift absetzt, streicht er jedes Mal über seinen schwarzen, sorgfältig gestutzten Schnurrbart. Anna Strassberg, verehelichte Feldmann, ist dem Amt bekannt, sagt er schließlich, sie ist aus Czernowitz gebürtig, lebt jedoch seit Jahren im Ausland, einmal heißt es, in Konstantinopel, dann wieder in Bombay, in Indien. Die Polizei hat die Person schon seit langem im Auge, sie kommt von Zeit zu Zeit in die alte Heimat und fährt herum, durch die Bukowina, durch Galizien, um dann wieder zu verschwinden, meist in Begleitung von zwei, drei Mädchen, die sie angeblich bei reichen jüdischen Familien im Ausland als Dienstboten unterbringen will.

Adam Krzywanowski ist Kriminalbeamter und hat eine präzise Vorstellung, wie die Fälle tatsächlich ablaufen. Er weiß, dass die Mädchen, wenn sie einmal mit Anna Strassberg-Feldmann das Land verlassen haben, verschwunden bleiben, die Familien und Bekannten hören und sehen nichts mehr von ihnen. Anfangs erhalten sie noch die eine oder andere Nachricht, einen Brief, eine Karte, aus Varna, aus Konstantinopel, dann nichts mehr. Es handelt sich stets um jüdische Mädchen aus galizischen Schtetln, aus Chrzanów, Leszniów, Czortków, Borszczów, das die Juden Bortschow nennen, aus Lemberg, Buczacz und Czernowitz. Adam Krzywanowski beschäftigt sich seit Jahren mit Fällen von Kuppelei und Mädchenhandel, in der Bukowina und in Galizien, es ist ein weites, trostloses Feld.

Als Anna Feldmann zur Befragung vorgeladen wird, gibt sie sich indigniert. Sie ist eine weitgereiste Dame und weilt bloß zu Besuch im heimatlichen Czernowitz.

Wo sie ihren ständigen Wohnsitz hat?

Sie lebt seit neun Jahren in Indien, in Bombay, dort führt sie ein Restaurant. Für dieses Etablissement, frequentiert von der besten Gesellschaft, Maharadschas, Diplomaten, englischen Kolonialbeamten, sucht sie gegenwärtig Servierpersonal, junge, arbeitswillige Mädchen. Sie ist in der Lage, gut zu bezahlen, die Mädchen erhalten Kost und Quartier, sie sorgt für sie wie für ihre eigenen Kinder.

Die Beamten schmunzeln. Solche Geschichten haben sie schon oft gehört. Anna Feldmann wird wegen des Verdachts des Mädchenhandels verhaftet. Sie protestiert, beginnt zu zetern, plötzlich ist sie nicht mehr vornehm, sie schimpft wie ein Rohrspatz, und als das nichts hilft, lässt sie einen Anwalt rufen und erlegt die geforderte Kaution in der Höhe von fünfzig Gulden. An Geld scheint es ihr nicht zu mangeln. Sie wird von der Polizei aufgefordert, die Landeshauptstadt Czernowitz bis auf weiteres nicht zu verlassen.

In der Zwischenzeit depeschiert die Polizei an das österreichisch-ungarische Konsulat in Bombay, ob man dort eine gewisse Anna Feldmann kenne.

Die Antwort erfolgt prompt. Der Konsul telegraphiert,

die Frau sei in der indischen Hafenstadt als gefährliches Individuum, als notorische Kupplerin sattsam bekannt, sie importiere junge Mädchen aus Galizien und der Bukowina und führe sie in Bombay der Prostitution zu. Das Konsulat sei informiert über diese empörenden Vorgänge, könne jedoch nichts machen, dem Konsul seien die Hände gebunden, denn die lokalen Behörden weigerten sich, einzuschreiten. Gegenwärtig halte sich besagte Person dem Vernehmen nach in der Bukowina auf, um dort Nachschub für ihren blühenden Mädchenhandel zu besorgen. Im Interesse der öffentlichen Moral und der jungen, auf den Pfad der Sünde gelockten Opfer, so der Konsul abschließend, wäre es wünschenswert, der übel beleumundeten Weibsperson endlich das Handwerk zu legen und sie der verdienten Bestrafung zuzuführen.

Anna Feldmann wird erneut verhaftet, diesmal wird sie vor Gericht gestellt. Sie bemüht sich nach Kräften, jeden Verdacht zu zerstreuen, sie bringt Zeugen bei, die ihre Angaben und ihren tadellosen Lebenswandel bestätigen sollen. In den Zeugenstand tritt eine gewisse Chana Ruhalter aus Rarancza, gefolgt von Lejzor Hecht, Salomon Redlich und Rubin Rabinowicz aus Czernowitz. Alle sagen übereinstimmend aus, die Beschuldigte sei seit neun Jahren nicht mehr in der Stadt gewesen, zudem sei sie ihnen als anständige Person bekannt, die Anschuldigungen seien völlig aus der Luft gegriffen.

Die Zeugen klingen nicht glaubwürdig und verwickeln sich in Widersprüche. Anna Feldmann wird schließlich schuldig gesprochen und zu vier Monaten schweren Kerkers verurteilt, verschärft durch einen Fasttag pro Woche.

Ob sie wegen Mädchenhandels oder Kuppelei verurteilt wird, ist nicht überliefert.

Adam Krzywanowski weiß, dass er bloß einen kleinen Etappensieg errungen hat. Der internationale Handel mit »delikatem Fleisch« lässt sich mit einem einzigen Prozess nicht unterbinden, vier Monate Kerker wirken kaum abschreckend. Der Mädchenhandel wirft riesige Profite ab, da kann man ein solches Risiko schon auf sich nehmen.

Anna Feldmann ist nicht die einzige aus Österreich stammende Mädchenhändlerin, die in Bombay residiert. Wenn man den Meldungen des österreichischen Konsuls Glauben schenken darf, gibt es dort eine ganze Reihe Mädchenhändler aus Galizien, die »ständige Agenturen in Alexandria, Port-Said, Kalkutta, Madras und Singapur besitzen«. Doch alle Versuche, dem Einhalt zu gebieten, sind an der Lethargie der zuständigen Behörden gescheitert. Auch in Europa legen die Behörden, egal ob in Österreich oder anderswo, bei der Verfolgung dieser Delikte keinen sonderlichen Eifer an den Tag. Adam Krzywanowski hat schon zahllose Eingaben deshalb geschrieben, ohne Erfolg.

Dazu kommt, dass die Täter äußerst geschickt vorgehen. Um ihre Geschäfte vor den Nachforschungen der Behörden zu tarnen, bedienen sie sich in der Korrespondenz untereinander eines eigenen Codes. So heißt es im Brief eines polnischen Bordellwirtes an seinen Kollegen in Buenos Aires: »Erwarte ein Dutzend silberner Löffel.« Hübsche, gut gewachsene Mädchen werden in der Sprache der Händler »Silberlöffel«, »Seidenballen« oder auch »Teppiche aus Smyrna« genannt. Weniger hübsche werden als »Mehl« deklariert. In einem von der Polizei abgefangenen Brief ist von »fünf Fass Mehl« die Rede. Andere Händler bedienen sich eines Codes, der auf die Herkunft der Mädchen anspielt. Darin ist von ein paar »Fass Ungarwein«, von »drei Sack Kartoffeln« oder ebenso vielen »Landleberwürsten« die

Rede. »Leberwürste« und »Kartoffeln« bezeichnen gewöhnlich Rutheninnen oder Russinnen, mit »Ungarwein« sind natürlich Ungarinnen oder auch Kroatinnen gemeint. Unter »Kartoffeln« oder »Kartoffelsäcken« versteht man eher hässliche Mädchen, die in der Branche einen geringeren Handelswert besitzen. Solche armen »Kartoffelsäcke« werden in der Regel an billige Freudenhäuser in Indien oder Ägypten geliefert.

Die Mädchenhändler sind weltweit vernetzt. Varna und Galatz am Schwarzen Meer gelten als wichtige Umschlagplätze für galizische Mädchen, aber auch die Nordbahn-Station in Gänserndorf bei Wien ist ein wichtiger »Stapelplatz«, von wo die Mädchen weitergeschickt werden, etwa nach Konstantinopel, wo angeblich eine regelrechte Auktionsbörse für »delikates Fleisch« existiert. Zwischen dreihundert und sechshundert Gulden werden dort für »prima Ware« bezahlt – »Non-plus-ultra-Ware«, wirklich erstklassige »Silberlöffel«, geeignet für die vornehmsten Bordelle mit anspruchsvoller Kundschaft zum Beispiel in Buenos Aires, können ihrem Besitzer bei der Versteigerung bis zu 2000 Gulden einbringen.

Die Mädchen werden wie Sklavinnen gehalten, für Kost und Quartier und die nötige Kleidung müssen sie exorbitante Summen bezahlen, so dass sie, obwohl sie oft ausgezeichnet verdienen, bei ihrem Zuhälter oder dem Bordellwirt ständig schwer verschuldet sind. Mit diesen Schulden werden sie weiterverkauft, von einem Bordell zum nächsten gereicht, immer eine Stufe tiefer, bis sie, krank und völlig verbraucht, in einem letztklassigen Etablissement landen, um schließlich elend zugrunde zu gehen.

Diese übelste Form des Menschenhandels ist nicht nur in Galizien verbreitet, sondern auch in anderen Gebieten Ost-

und Südosteuropas, in Rumänien, in Russland, in Russisch-Polen und auch im Westen, in Frankreich, in England, in den Vereinigten Staaten. Das Kronland Galizien spielt dabei jedoch eine besonders düstere Rolle: als Herkunftsland vieler Mädchen, aber auch der meisten Händler. Manche Mädchenhändler sind gleichzeitig als Auswanderungsagenten tätig, die beiden Beschäftigungen sind miteinander verwandt. Das Prozedere ist im Prinzip dasselbe. Es geht darum, leichtgläubige Menschen zu überreden, dass sie, vertrauend auf märchenhafte Versprechen, ihre erbärmliche Existenz zu Hause aufgeben, um in der Fremde Wohlstand und Glück zu finden. Auf diese Weise werden Auswanderer, aber auch Mädchen und Frauen angeworben. In vielen Fällen ist der Händler gleichzeitig der Zuhälter und Bordellbesitzer, er hält alles in der Hand.

Den jungen, ungebildeten Mädchen werden phantastische Geschichten aufgetischt, von leichtem Verdienst als Kinder- und Hausmädchen, Sängerin, Tänzerin, Kassiererin in einem Kaffeehaus. Viele wissen oder ahnen vermutlich, was dahintersteckt – dass sie als Prostituierte ins Ausland vermittelt werden sollen –, doch sie lassen sich darauf ein, verblendet von der Vorstellung von einem sorglosen Leben in Saus und Braus. Wenn sie sich erst in den Händen der Zuhälter befinden, gibt es kein Zurück mehr. Um ihren Widerstand zu brechen, werden sie vergewaltigt, verprügelt, ihrer Papiere und Alltagskleidung beraubt und eingesperrt. Im übrigen können sie in vielen Ländern kaum auf die Hilfe der Behörden zählen, Polizei und Gerichte sind häufig korrupt und mit den gut organisierten Händlern im Bund.

Der Mädchenhandel ist kein neues Phänomen, den gibt es in der einen oder anderen Form seit uralten Zeiten; neu hingegen ist, dass Juden dabei eine wichtige Rolle spielen, als Händler wie als Opfer. Das ist eine Folge der Urbanisierung und Säkularisierung, die in der zweiten Hälfte des 19. Jahrhunderts breite Schichten der jüdischen Gesellschaft erfasst. Die eng gefügte Gemeinschaft des Schtetls, eine streng geordnete Welt, beherrscht von zahlreichen religiösen Gesetzen, die alles regeln, wie ein Huhn geschlachtet wird, wie man das Brot bäckt, auf welche Weise man die Feiertage begeht, eine Welt, in welcher der Rabbi die oberste Autorität darstellt und Bibel und Thora für viele die Zeitung ersetzen, befindet sich in Auflösung. Die jüdischen Massen verarmen zusehends, traditionelle Werte werden in Frage gestellt. Dazu kommen der wachsende Antisemitismus und die Judenverfolgungen, voran in Russland, die zahllose Menschen brotlos und heimatlos machen. Unsicherheit und Verzweiflung sind die Folge. Auf diesem Boden gedeihen Prostitution und Zuhälterei. Jüdische Zuhälter und Bordellbesitzer suchen ihren Nachschub verständlicherweise am liebsten im Schtetl und den Elendsvierteln der größeren Städte, dort begegnen sie dem geringsten Widerstand.

Eine beliebte Methode besteht darin, dass ein Händler, getarnt als reicher Geschäftsmann auf Brautschau, durch Dörfer und Schtetl reist, um nach hübschen, für seine Zwecke geeigneten Mädchen Ausschau zu halten. Hat er eines gefunden, hält er bei den Eltern um dessen Hand an – der reiche, elegant gekleidete Bräutigam aus Übersee macht in der ärmlichen Umgebung natürlich großen Eindruck. Unwissenheit und Armut sind seine wichtigsten Helfer. Der angebliche Brautwerber drängt auf eine rasche Hochzeit, wegen unaufschiebbarer Geschäfte müsse er rasch zurück nach Brasilien oder Argentinien, doch wolle er die lange Reise auf keinen Fall ohne die junge Braut antreten, zu groß sei die Liebe. In solchen Fällen begnügt man sich häufig mit einer *stille chuppah*, jiddisch für stille Hochzeit, weil es für die keinen Rabbiner braucht, vom offiziellen Standesamt ganz zu schweigen, zwei Zeugen genügen, das können auch Nachbarn sein. Im galizischen Schtetl sind stille Hochzeiten keine Seltenheit, vor allem in armen Familien, und solche gibt es viele, weil eine reguläre Hochzeit ihre finanziellen Möglichkeiten übersteigt. Diese Notlage wird von Zuhältern skrupellos ausgenützt.

Es kommt auch vor, dass Mädchen von der eigenen Familie bewusst an Händler verkauft werden, aus Geldgier, öfter jedoch aus schierer Not, weil sie der Meinung sind, das Schicksal einer Prostituierten in einem fernen Land sei dem erbärmlichen Leben im Schtetl ohne Aussichten auf Verbesserung allemal vorzuziehen. Manche Zeitungen in Galizien äußern sogar Verständnis für die verzweifelte Lage dieser Menschen.

»Von Amts wegen wird festgestellt, dass durch ganz Galizien zivile Händler reisen, sich Ware aussuchen und diese sogar den Verwandten und Eltern abkaufen. Dass die eigenen Eltern ihre Töchter in die Sklaverei und Hurerei verkaufen, ist wirklich erschreckend und ein Zeugnis für das entsetzliche Elend der Menschen in Galizien. Diese lebende Ware ist offenbar sehr begehrt, weil die Händler für sie oft hohe Summen bezahlen. Für ein außergewöhnlich hübsches Mädchen bekommt man auf der Stelle bis zu hundert Gulden. Für einen galizischen Notleider ein Vermögen und eine riesige Verlockung. Es ist daher nicht verwunderlich, dass der Mädchenhandel zunimmt und immer weitere Gebiete erfasst«, schreibt die Tageszeitung *Kurjer Lwowski*.

Die Tatsache, dass der Mädchenhandel in Galizien überwiegend in jüdischen Händen liegt – das gilt übrigens auch für die Abnehmer in Südamerika, sie stammen ebenfalls in vielen Fällen aus Galizien oder Russisch-Polen und werden »Kaften« genannt, eine Anspielung auf das in Osteuropa getragene Obergewand frommer Männer –, ist für Antisemiten naturgemäß ein gefundenes Fressen.

Das Klischee vom Juden als gierigem, schmierigem Mädchenhändler geistert bis weit hinein ins 20. Jahrhundert durch Literatur und Gazetten. Es wird zu einem wichtigen Topos der antisemitischen Propaganda. Warnungen vor skrupellosen Zuhältern, organisiert in über Kontinente hinweg vernetzten Banden, Berichte von unschuldigen, blühenden Mädchen, die von einem Tag auf den anderen aus einer ruhigen, sicheren Kleinstadt verschwinden, aus der Mitte ihrer Familie gerissen, um als Sklavinnen nach Konstantinopel, Bombay, Buenos Aires, Rio de Janeiro oder auch New York verschleppt zu werden, wo sie in der Regel elend zugrunde gehen, kursieren in ganz Europa. In galizischen Zeitungsberichten ist einmal vom »Handel mit delikatem Fleisch« die Rede, dann vom »Seelenhandel« oder dem »Handel mit lebender Ware«. Die Berichte erfüllen eine doppelte Funktion: Einerseits dienen sie als Mahnung für junge Frauen und Mädchen, die Sicherheit der Familie und die Obhut der religiösen Gemeinschaft nicht leichtfertig zu verlassen, weil sie sich dadurch schutzlos den Gefahren der sittenlosen Großstadt ausliefern, andererseits sollen diese Schilderungen im Leser und der Leserin einen wohligen Schauer erzeugen. Die Grenzen zwischen Tatsachenberichten und Schrecken erregenden Erzählungen sind fließend.

Schauergeschichten sind ein fixer Bestandteil des Alltags einfacher Menschen, im Dorf ebenso wie in der Stadt. Zum

Beispiel die Geschichte von Jack the Ripper, polnisch *Janko Rozpruwacz*, dem geheimnisvollen englischen Frauenschlächter, über dessen Identität ganz Europa rätselt. Ist er ein Angehöriger des englischen Königshauses, ein Prostituiertenhasser? Nachdem der Unhold jahrelang die gesamte Polizeimacht Englands an der Nase herumgeführt hat, fährt er angeblich durch Europa, auf der Suche nach immer neuen Opfern. Seine Reise führt ihn, wie könnte es anders sein, auch nach Galizien, wo er in verschiedenen Orten gesehen wird, in Lemberg, in Kolomea, in Śniatyn und Tarnopol.

»Er kam auf den Zungen der Dienstboten angereist«, heißt es in einem Zeitungsbericht aus Tarnopol, und verbreitet unter den Mädchen der kleinen Stadt Furcht und Schrecken. Weibliche Bedienstete in Tarnopol weigern sich wochenlang, abends allein das Haus zu verlassen, um irgendwelche Besorgungen für die Herrschaft zu machen, aus Angst, dem englischen Unhold in die Arme zu laufen.

Die Berichte über den Handel mit »delikatem Fleisch« haben demgegenüber einen realen Hintergrund, wobei Adam Krzywanowski nicht sicher ist, ob es sich in vielen, vielleicht sogar den meisten Fällen in Wahrheit nicht eher um Kuppelei handelt, weil sich die Mädchen mehr oder weniger freiwillig in die Prostitution begeben. Er trägt unermüdlich Material zusammen, versucht die komplizierten Verbindungen zwischen Europa und anderen Kontinenten zu entwirren, knüpft Kontakte zu Kollegen in Südamerika und in den Vereinigten Staaten, es gibt dort ein paar, die ähnlich geduldig die Szene beobachten, die kleinsten Spuren verfolgen, Aussagen wie jene von Krencia Salter zusammentragen, um dann irgendwann zuzuschlagen.

Mädchenhandel oder Kuppelei, fest steht, dass Juden dabei eine bedeutende Rolle spielen, das ist auch jüdischen

Publizisten bewusst, die jedoch davor warnen, aus falsch verstandener Solidarität vor dem Problem die Augen zu verschließen und seine Existenz zu leugnen. Als eine der ersten tritt die Sozialreformerin und Frauenaktivistin Bertha Pappenheim, geboren 1859 in einer frommen jüdischen Familie in Wien, in die Weltliteratur eingegangen als Anna O., die berühmte Patientin Josef Breuers, deren Krankengeschichte Sigmund Freud 1882 in den »Studien über Hysterie« publiziert, gegen den jüdischen Mädchenhandel auf. Sie reist im Auftrag wohltätiger jüdischer Organisationen mit der russischen Ökonomin Sara Rabinowitsch durch Galizien, um sich über die prekäre Lage der jüdischen Massen zu informieren und darüber zu berichten. Nach Abschluss der Reise publiziert sie mit Rabinowitsch eine umfangreiche Studie unter dem Titel »Zur Lage der jüdischen Bevölkerung in Galizien. Reiseeindrücke und Vorschläge zur Verbesserung der Verhältnisse«, in der die beiden auch auf den Zusammenhang zwischen Mädchenhandel und Auswanderung hinweisen:

»Das Vorkommen des Mädchenhandels steht in direktem Zusammenhange mit der Auswanderung, die in Galizien unmöglich verhindert werden kann. Aus einem Lande, das seine Bewohner nicht ernährt, muss eine starke Emigration stattfinden … Unterstützt wird die Bereitwilligkeit in der Bevölkerung, auszuwandern, durch eine unerhörte Leichtgläubigkeit, die den gewissenlosen Agenten ihr Werben ermöglicht, und durch die absolute Unwissenheit des Volkes. So fehlen den Leuten alle geographischen Begriffe. Da sie nicht wissen, ob nicht Amerika eine Stadt in der Nähe von London ist, da sie nicht wissen, in welcher Zeit irgendein Ort erreicht werden kann, da sie weder schreiben noch lesen können, also Briefe und direkte Nachrichten gar nicht erwarten und bezüglich ihrer Echtheit kontrollieren können, so ist jedes Mädchen, das auswandert, d.h. seinen Heimatort verlässt, auch noch innerhalb des Landes allen Zufällen und Böswilligkeiten preisgegeben.«

Bertha Pappenheim bemüht sich, im Rahmen verschiedener Organisationen den Mädchenhandel zu bekämpfen. Besondere Bedeutung misst sie der Beratung allein reisender junger Frauen bei, die in ihren Augen die idealen Opfer von Mädchenhändlern darstellen. Sie lässt in europäischen Häfen Broschüren verteilen und Plakate anschlagen, um die unwissenden Mädchen vor den Gefahren zu warnen. Ihre Aktivitäten können allerdings nichts daran ändern, dass der Mädchenhandel und das grenzüberschreitende Geschäft mit Prostituierten ständig zunehmen. Pappenheim beklagt, dass zahlreiche jüdische Gemeinden ihr jede Unterstützung versagen, weil sie sich scheuen, dieses peinliche Thema publik werden zu lassen, aus Sorge, damit antisemitische Ressentiments zu schüren. Doch auch die staatlichen Stellen in Europa, Lateinamerika und anderswo, die Polizei, die Staatsanwaltschaft und die Gerichte betreiben den Kampf gegen den Mädchenhandel nur halbherzig und schauen lieber weg.

Nach vorsichtigen Schätzungen werden im späten 19. und frühen 20. Jahrhundert aus Galizien pro Jahr ungefähr 10000 Mädchen als Prostituierte allein nach Südamerika gebracht, verlockt von der Aussicht, dort eine gute Anstellung oder einen braven Ehemann zu finden beziehungsweise als Tänzerin, Luxusdirne, Kokotte auf leichte und angenehme Weise einen Haufen Geld zu verdienen. Aus keinem anderen Land Europas können Mädchen und Frauen so straflos weggeschleppt und in Übersee an Freudenhäuser verkauft werden wie aus Galizien, stellt der aus Lemberg stammende polnische Ökonom Leopold Caro, ein Fachmann für die Auswanderung aus Österreich, bitter fest. In Argentinien und Brasilien sei man daher rasch mit dem kompromittierenden Urteil zur Hand, die Frauen aus Galizien seien leichtsinniger und unmoralischer als alle anderen, »dabei sind sie bloß die unglücklichsten, weil sie von keiner Seite Fürsorge und Schutz gegen die Händler mit lebender Ware erfahren«.

Zum Engelmachen untergebracht

Neben Prostitution und Mädchenhandel gibt es noch andere, nicht so spektakuläre, doch ebenso ernste Fährnisse, denen sich junge Frauen in Galizien und der Bukowina ausgesetzt sehen – häufig weitgehend schutzlos. Die Folgen der Verelendung der unteren Schichten bekommen Frauen gewöhnlich drastischer zu spüren als die Männer. In der Familie, in der Arbeitswelt, nicht zuletzt in den Beziehungen zwischen den Geschlechtern.

Sanitätsrat August Röhmer, Stadtphysikus von Czernowitz, wird von Freunden und Bekannten wegen seiner Vorliebe für Detektivgeschichten belächelt. Er bringt es zuwege, einen ganzen Abend lang von Edgar Allan Poe und seinem Meisterdetektiv Auguste Dupin oder von den spannenden Kriminalnovellen von Ludwig Habicht zu schwärmen. Doch der Stadtarzt interessiert sich auch für reale Verbrechen – als Ergebnis sozialer Umstände, von Not und wirtschaftlicher Misere, an denen es auch im Buchenland nicht mangelt. Sein kriminalistischer Spürsinn wird geweckt, als ihm erste Gerüchte von einem besorgniserregenden Anstieg der Kindersterblichkeit in Czernowitz zu Ohren kommen. Dr. Röhmer geht dem Phänomen nach und stellt auf eigene Faust Nachforschungen an, er lässt sich Totenscheine vorlegen und befragt die Ärzte, die sie unterzeichnet haben. Das Ergebnis seiner Recherchen ist tatsächlich beunruhigend. Im Juni 1887 erstattet der angesehene

Mediziner Anzeige gegen nicht weniger als 34 Frauen – wegen des Verdachts der Engelmacherei.

Die polizeilichen Ermittlungen bestätigen die Befürchtungen des Stadtphysikus. Einmal ins Rollen gebracht, fördert die Affäre bestürzende Erkenntnisse zutage. Offenbar weiß in Czernowitz jedermann, an wen sich in Notlage geratene Mädchen wenden können – nur die zuständigen Behörden scheinen davon keine Kenntnis zu nehmen. Die Kundschaft der von Dr. Röhmer ausgeforschten Engelmacherinnen stammt, wie sich herausstellt, mehrheitlich aus Galizien: Meist handelt es sich um jüdische Mädchen, die ins benachbarte Kronland reisen, um hier, fern von zu Hause und den neugierigen Blicken der Nachbarn, »den letzten Akt ihrer geheimen Romanze zu absolvieren, deren Frucht sie sich schämen«, wie ein Bericht des *Kuryer Kolomyjski* es schwülstig formuliert.

Unter einer Engelmacherin, polnisch *fabrykantka aniołów* genannt, versteht man damals, jedenfalls an den nordöstlichen Rändern der Monarchie, etwas völlig anderes als heute: Der Begriff benennt nicht eine Frau, die eine illegale Abtreibung durchführt, sondern eine, die fremde Kinder vermeintlich in Pflege nimmt, um sie in Wahrheit möglichst rasch unter die Erde zu bringen.

Alle Beteiligten wissen, worum es geht, die ledige Kindsmutter genau so wie die angebliche Amme: Das Mädchen gibt das Kind nach der Geburt bei der Frau ab, bezahlt eine oft lächerlich geringe Summe und macht sich aus dem Staub – für immer. »Die entmenschte Pflegerin lässt dann das Kind verhungern und steckt das Geld in die Tasche.«

Die Engelmacherei ist keine pathologische Besonderheit der Bukowina, auch in Galizien gehen zahlreiche Frauen diesem Gewerbe nach, vor allem in den Vorstädten und

Dörfern. Weil die Rate der Kindersterblichkeit in den ärmsten Schichten auch unter gewöhnlichen Umständen hoch ist, bleiben die Frauen oft lange Zeit unentdeckt. Das könnte allerdings auch am mangelnden Interesse der Behörden liegen, solchen Beweisen des sozialen Elends allzu energisch auf den Grund zu gehen. Wer kann schon sagen, ob ein Säugling verhungert ist, weil die Mutter oder Amme aufgrund körperlicher Entkräftung und Auszehrung nicht imstande war, das Kind ausreichend zu ernähren, oder ob die Pflegemutter in böser Absicht nachgeholfen hat?

Manche Frauen nehmen ein paar Kinder gleichzeitig auf, damit es sich finanziell rentiert, zum Beispiel Anna Kowal aus der ulica Janowska in Lemberg, Ehefrau eines bei der staatlichen Eisenbahn beschäftigten Bremsers. Als die Polizei, durch eine anonyme Anzeige auf ihre Spur gebracht, Nachschau hält, findet sie bei Frau Kowal vier Kinder, drei fremde und ein eigenes. Während ihr Sprössling prächtig gedeiht, sind die drei angeblich in Pflege genommenen Säuglinge vollkommen unterernährt und gleichen nur mehr Skeletten.

Wenn der Hunger nicht rasch genug die gewünschte Wirkung zeitigt, wird schon einmal nachgeholfen. Marjam Blum aus Lemberg etwa setzt, laut Aussagen von Nachbarn, zum Engelmachen übernommene Kinder regelmäßig nackt dem grimmigsten Frost aus, bis sie blau anlaufen, was tatsächlich stets den baldigen Tod zur Folge hat. Auch der Blum kommt die Polizei erst durch einen anonymen Hinweis auf die Schliche, der zuständige Arzt hat offenbar jedes Mal den Totenschein ausgestellt, ohne sich viel Gedanken zu machen.

In einzelnen Fällen greifen die Engelmacherinnen auch zu drastischen Methoden, wie die vierzigjährige Bäuerin Paranka Maksymischin aus dem Weiler Wielkopole bei Janów, der im Mai 1890 in Lemberg der Prozess gemacht wird. Die Frau hat sich nach Erkenntnis der Behörden seit Jahren als Engelmacherin betätigt und auf diese Weise ihren Lebensunterhalt verdient. Manche Mütter hatten kaum Geld, um ihre Dienste zu bezahlen, dann wollte Paranka nicht warten, bis das Würmchen in ihrer Obhut verhungert war, sondern kürzte den Prozess ab. Dem dreizehnmonatigen Kind einer gewissen Lea Münz stopfte sie eine Handvoll Tannennadeln, in einen Stofffetzen gewickelt, in den Rachen, so dass es elend erstickte. Dann warf sie die kleine Leiche in den nahen Fluss.

Paranka Maksymischin wird von einem Geschworenengericht zum Tod durch den Strang verurteilt und kurz darauf hingerichtet.

Die Engelmacherei ist nicht leicht auszurotten, sie hängt ursächlich mit dem galizischen Elend zusammen, das Juden wie Ruthenen gleichermaßen bedrückt. Auch Bertha Pappenheim wird auf ihrer Reise durch Galizien wiederholt mit diesem Problem konfrontiert: »Es gibt aber auch eine verhältnismäßig große Anzahl von jüdischen Mädchen geborener Kinder, die meistens bei Bäuerinnen zum Engelmachen untergebracht werden.«

Die unglücklichen Kindsmütter handeln in den meisten Fällen vermutlich nicht freiwillig, sondern werden von der Familie unter Druck gesetzt oder sogar gezwungen, das Kind zu einer fremden Frau zu geben, die sich erbötig macht, den Beweis der Schmach aus der Welt zu schaffen. Oft ist es allerdings nicht die Angst vor der Schande, die den Weg zur Engelmacherin weist, sondern die blanke Not: So manche kinderreiche Familie sieht sich außerstande, ohne Hilfe von außen, von Seiten des Staates, der Gemeinde, noch einen weiteren Esser mitzufüttern.

Ebenso häufig kommt es vor, dass unliebsame Kinder weggelegt werden. Fast jeden Tag bringen lokale Zeitungen Meldungen von Säuglingen, die irgendwo aufgefunden wurden, in einer Kirche, einem Stiegenhaus, einem Park, auf der Straße, tot oder lebendig. Auch solche Fälle verfolgt Sanitätsrat August Röhmer mit großem Interesse, besonders wenn die Mutter ausfindig gemacht werden kann. Wie alt ist sie? Welcher Volksgruppe gehört sie an? Welcher sozialen Schicht? Er kommt zum wenig überraschenden Schluss, dass die Armut der ausschlaggebende Faktor ist, der Frauen zu solchen Handlungen treibt.

Nicht immer sind es Säuglinge, die ausgesetzt werden, ein solches Schicksal widerfährt auch älteren Kindern. Am 22. November 1887 wird in der Lemberger Vorstadt Zniesienie an einer Wegkreuzung ein etwa zwei Jahre alter Junge gefunden, er hat helles Haar, hellblaue Augen und trägt weder Hemd noch Hose, nur einen blauen Kittel mit weißen Streifen, sonst hat er bloß zwei gelbe, geblümte Taschentücher bei sich. Er wird bei einem Ehepaar in Zniesienie untergebracht, das verspricht, sich um das Kind zu kümmern. Am selben Tag wird in der ulica Gródecka, der Ausfallsstraße nach Gródek und Przemyśl, eine fremde junge Frau beobachtet, wie sie mit einem Bündel in der Hand ein Haus betritt. Als der Hausmeister fragt, zu wem sie wolle, erklärt sie, sie fühle sich schwach und wolle kurz ausruhen. Wenig später verlässt die Unbekannte das Haus wieder – ohne das Bündel. Der Hausmeister schöpft Verdacht und hält die Frau fest. Im Stiegenhaus findet er einen acht Monate alten, kerngesunden Knaben. Er bringt die Frau zur Polizeiwache, wo ihre Identität festgestellt wird: Sie heißt Małgorzata Falkiewicz und wohnt in der ulica Polna in Lemberg. Sie gibt an, sie habe das Kind aus Verzweiflung weggelegt, in der

Hoffnung, es werde von mildtätigen Menschen gefunden und aufgezogen. Sie ist 32 Jahre alt, ledig, von Beruf Näherin, aber seit längerer Zeit ohne Arbeit, sie besitzt keine Familie, auf deren Unterstützung sie zählen könnte, dafür hat sie zu Hause vier Kinder, »dabei reicht das Essen nicht einmal für zwei«.

Nicht selten werden die ledigen Kindsmütter nach der Entbindung von der Verwandtschaft, um übel wollenden Gerüchten den Boden zu entziehen, weggeschickt, möglichst weit weg – ein beliebtes Ziel ist Amerika. Wenn möglich, sendet man die Mädchen zu Verwandten oder Bekannten, die drüben schon Fuß gefasst haben und ihnen dabei helfen können, ein neues Leben zu beginnen – und vielleicht auch einen Mann zu finden. Frauen sind in Auswandererkreisen nach wie vor in der Minderzahl, das erhöht ihre Chancen auf dem Heiratsmarkt. Die erzwungene Emigration wird daher von vielen als probates Mittel angesehen, die Familienehre zu wahren und dem Gespött der Umgebung zu entgehen.

Auf die Dienste von Engelmacherinnen greifen selbstverständlich auch Prostituierte zurück, um sich auf diese Weise, oft auf Drängen des Zuhälters, der hinderlichen Nachkommenschaft zu entledigen.

Das galizische Elend in Ziffern

Wie so viele Auswanderer verlässt auch Mendel Beck im Mai 1888 Galizien in der Hoffnung, der Armut und Rückständigkeit seiner Heimatstadt den Rücken zu kehren – hier sieht er keine Zukunft für sich, egal, wie viel er arbeitet, wie er sich abmüht, er kommt nicht vom Fleck. In Amerika ist das anders, dort bieten sich jedem zahllose Möglichkeiten, man muss es nur verstehen, die Chancen zu nützen. Mendel ist überzeugt, dass er es schaffen kann, an diese Erwartung klammert er sich wie der Ertrinkende an den Strohhalm.

Über seine wirtschaftliche Situation in Lisko, jiddisch Linsk oder Lisk genannt, später wird der polnische Name auf Lesko geändert, wissen wir wenig. Er ist von Beruf Schuster, doch jüdische Schuhmacher gibt es in der kleinen Stadt viele, die Konkurrenz ist groß. Mendel Beck ist das, was man in Galizien einen Flickschuster nennt. Wenn die Geschäfte schleppend gehen (und das tun sie meistens), zieht er mit dem nötigsten Werkzeug durch die Dörfer der Umgebung, um kaputtes Schuhwerk zu reparieren, obwohl viele Bauern das aus Ersparnisgründen selber besorgen. Nicht selten besteht die Bezahlung in einer bescheidenen Mahlzeit, Gerstengrütze mit Gerstenbrot, Kartoffeln mit Sauermilch sind eine Festmahlzeit. Mendel langt auch bei Polen und Ruthenen zu, wenn sie etwas vor ihn hinstellen, obwohl das Essen nicht koscher ist.

Ab und zu begegnet Mendel im Frühjahr auf seinem Weg übers Land anderen Juden mit großen Bündeln am Rücken. Sie kaufen von den Dorfbewohnern deren zerschlissene Schafpelze – wenn die Sonne zu wärmen beginnt, brauchen sie die nicht mehr, dafür benötigen sie Bargeld, um Saatgut zu kaufen, Getreide, Kartoffeln, die eigenen sind längst aufgezehrt. Bei Häuslern und Tagelöhnern besitzt oft die ganze kinderreiche Familie nur einen einzigen *kożuch*, einen primitiv zusammengenähten Schafpelz, und ein Paar warme Stiefel, so dass im Winter immer nur eine Person für längere Zeit aus dem Haus gehen kann. Viele Kinder haben noch mit zehn, zwölf Jahren keine eigenen Schuhe und keine Hosen, von einem Pelz ganz zu schweigen, sie laufen bis in den Spätherbst, wenn der erste Schnee fällt, barfuß herum und tragen bloß lange Hemden aus grober, selbstgewebter Leinwand. Die Juden bessern die eingesammelten Mäntel aus und verkaufen sie im Herbst wieder mit minimalem Gewinn, manchmal an den ursprünglichen Besitzer. Im Winter braucht selbst der ärmste Feldarbeiter einen Schafpelz, um Wasser holen und im Wald Holz sammeln zu können. Manchmal setzt auch Mendel einen Flicken auf einen zerrissenen Mantel, als Schuster besitzt er die Fertigkeit und das Werkzeug, Leder ist Leder.

Mendel Beck zählt nicht zu den Ärmsten in Lisko. Es gibt viele, die mit weniger auskommen müssen als er, Menschen ohne Beruf, Tagelöhner, Trager, die an den Ecken stehen und ihre Arbeitskraft feilbieten, Luftmenschen, die am Morgen nicht wissen, ob sie bis zum Abend etwas zu essen auftreiben werden, für sich und die Kinder. Man nennt sie Luftmenschen, weil sie scheinbar von nichts anderem leben als von der Luft. Vor allem aber ist Mendel zielstrebig, er weiß genau, dass er weg muss aus der abgelegenen Bezirksstadt, um seine Lage zu verbessern. Er hat in den vergangenen Jahren gesehen, wie in Lisko ein Schuster nach dem anderen seinen Laden schloss, in Sanok, Krosno und Jasło dasselbe, als Schuster hat man in Galizien kein Leben mehr. Schuhfabrikanten aus Wien, Böhmen und Mähren überschwemmen das Kronland mit billigen Fertigprodukten, mit deren Preisen die galizischen Schuhmacher nicht mithalten können. Handarbeit ist teuer, selbst wenn man daran kaum mehr etwas verdient. Die billigen, industriell gefertigten Schuhe werden auch in kleineren Städten angeboten, auch in Lisko, die eingeführte Massenware ruiniert das heimische Handwerk. Mendel Beck hat selber erlebt, dass ihm ein Bauer aus Rudenka, dem er jahrelang die Stiefel geflickt hat, ein neues Paar unter die Nase hielt. Aus Wien, sagte der Bauer, stolzgeschwellt. Mendel sah auf den ersten Blick, wie schleißig die Stiefel gefertigt waren, die würden keinen Winter halten, doch er hatte wieder einen Kunden verloren. Überhaupt verändert sich die Atmosphäre, immer öfter geschieht es, dass ihm Dörfler, die ihn früher freundlich begrüßten, die Tür vor der Nase zuschlagen. Wir brauchen nichts vom Juden, bekommt er dann zu hören und noch schlimmere Worte, jüdischer Blutsauger, Parasit, Krätze.

Die jüdische Gemeinde von Lisko war früher wohlhabend, Gewerbe und Handel blühten. Die Kaufleute profitierten von der Nähe der ungarischen Grenze, besonders einträglich war der Handel mit ungarischem Wein, der erfreut sich in Galizien großer Beliebtheit und wird bis nach Russisch-Polen geliefert. Die Juden sind mehrheitlich Händler und Handwerker, viele besitzen auch landwirtschaftlich genutzte Flächen, Gärten und Felder; in den sechziger Jahren wurden in Galizien alle rechtlichen Beschränkungen für Juden aufgehoben, so dass sie nun ungehindert Land erwerben und für öffentliche Ämter kandidieren können. In Lisko sitzen seit damals Juden im Stadtrat. Vom einstigen Wohlstand der jüdischen Gemeinde zeugt die mächtige, reich geschmückte Synagoge aus der Mitte des 17. Jahrhunderts in Lisko.

Doch die Stadt hat ihre besten Zeiten hinter sich. Als 1870 die Erste Ungarisch-Galizische Eisenbahn von Budapest nach Przemyśl gebaut wird, will man anfangs die Trasse direkt durch die Ortschaft führen. Der Bahnhof soll nach ersten Plänen am Stadtrand errichtet werden, in der Nähe des Schlosses des Grafen Edmund Krasicki. Der Adelige spricht sich jedoch vehement gegen den Bau eines Bahnhofs so nahe bei seinem Wohnsitz aus, er äußert die Befürchtung, »die Maschine könne in der Nähe des Schlosses pfeifen und ihm auf diese Weise den Schlaf rauben«. Der Bürgermeister und andere Honoratioren schließen sich gehorsam dem gräflichen Protest an und entsenden sogar eine Delegation nach Wien, um eine Abänderung der Pläne zu erwirken. Darauf wird die Bahnlinie in einiger Entfernung von Lisko gebaut. Der Bahnhof kommt nun ein paar Kilometer außerhalb der Stadt zu liegen, was sich in den folgenden Jahren als verhängnisvoll für die wirtschaftliche Entwicklung der kleinen Stadt erweisen soll, ein Schlag, von dem sie sich nicht mehr erholen wird. Die Kaufleute sind von der wichtigsten Verkehrsverbindung abgeschnitten, ihre einst prall gefüllten Magazine und Lager stehen bald leer.

Weitere Schläge folgen. 1878 wird die Stadt von einer Choleraepidemie heimgesucht, 1886 von einer verheerenden Feuersbrunst, in deren Verlauf die Stadt zur Hälfte niederbrennt; die Häuser sind noch durchwegs aus Holz gebaut und stehen eng aneinander. Durch die Brandkatastrophe verlieren viele Menschen ihre gesamte Existenzgrundlage.

Die wirtschaftliche Situation der überwiegenden Mehrheit der Bewohner Galiziens ist düster, geprägt von Armseligkeit und Entbehrung, das galizische Elend ist in der Habsburgermonarchie sprichwörtlich. Die Gründe dafür sind vielfältig. Die Behörden in Wien tragen daran ebenso Schuld wie die adeligen Großgrundbesitzer und die lokale Bürokratie, über die Grenzen des Landes hinaus berüchtigt für ihre Unfähigkeit und Korruption. Die galizischen Zustände, der böse Zwillingsbruder des galizischen Elends, sind Inbegriff der Rückschrittlichkeit, Ignoranz, Bestechlichkeit und behördlichen Willkür. Weder Staat noch Großgrundbesitzer investieren in die Entwicklung einer nennenswerten Industrie. Die zentrale Regierung in Wien betrachtet die Region primär als einen Lieferanten von Rohstoffen und einen willkommenen Absatzmarkt für billige Industriewaren.

Die Lebenskosten in Galizien sind höher, die Löhne niedriger als in anderen Ländern der Monarchie. Armut und Arbeitslosigkeit bestimmen den Alltag der Menschen, der Prozentsatz an Analphabeten ist der höchste in Österreich-Ungarn. Die bäuerliche Bevölkerung lebt in primitiven, mit Stroh gedeckten Hütten, viele noch mit offenen Feuerstellen und ohne Kamin, kinderreiche Familien in einem einzigen, niedrigen Raum mit winzigen Fenstern (der lässt sich besser heizen), nicht selten zusammen mit dem Kleinvieh, Enten, Hühnern. Wenn im Winter ein Kalb oder Lamm geboren wird, wird es in die Stube gebracht, neben den Ofen, damit es über die kalte Jahreszeit kommt. Wasser gibt es nur beim Brunnen, die Körperwäsche beschränkt sich gewöhnlich darauf, einen Mund voll Wasser zu nehmen, dieses in die Hände zu spritzen und sich mit den nassen Händen übers Gesicht zu wischen.

Die daraus resultierenden unsäglichen hygienischen Verhältnisse sowie die chronische Unterernährung der Dorfbevölkerung, voran in Ostgalizien, den östlich vom Fluss San gelegenen, vorwiegend von Ukrainern bewohnten Landesteilen, fördern die Verbreitung gefährlicher Krankheiten, Tuberkulose, Typhus, Diphtherie, Windpocken, Cholera und anderer Seuchen. 1853, 1855 und 1872/73 wird das gesamte Kronland von einer Choleraepidemie heimgesucht, kleinere Epidemien, beschränkt auf einzelne Regionen, sind beinahe jedes Jahr zu verzeichnen. So wie die Epidemie im Jahre 1878, die in Lisko und Umgebung zahlreiche Opfer fordert.

Die ärztliche Versorgung in den Dörfern beschränkt sich auf Hausmittel und die Ratschläge von Kräuterweibern und Wunderheilern, die Krankheiten und gebrochene Gliedmaßen besprechen und böse Geister austreiben. Mit fünf Jahren bekam Mendel Beck Masern, zuerst röteten sich die Augen, dann schwollen sie an und sonderten ein schleimiges Sekret ab; es hieß, durch Masern könne man erblinden. In ihrer Verzweiflung wusste sich die Mutter keinen anderen Rat, als dem Buben beständig mit der Zunge über die erkrankten Augen zu lecken, wie das Tiere mit ihren Jungen tun; für einen Besuch beim Arzt und Arzneimittel war kein Geld da. Als Mendel, kaum von den Masern genesen, die Krätze bekam, wurden ihm die Haare geschoren und die Kopfhaut mit Kerosin eingerieben, was höllisch brannte und entsetzlich stank.

Parch!, Krätze!, oder *Żydowski parch!* Jüdische Krätze!, rufen die polnischen Kinder Mendel am Weg zur Schule nach, solche Schmähworte für Juden gibt es viele.

Naturkatastrophen, Dürre, Hagelschlag und Überschwemmungen führen zu Missernten und diese wiederum zu Hungersnöten: Nach vorsichtigen Schätzungen sterben in Galizien Jahr für Jahr mindestens 50000 Menschen an den direkten Folgen des Hungers. »Die Jahre 1847, 1849, 1855, 1865, 1876, 1889 waren Hungerjahre entweder für ganz Galizien oder für einzelne, oft sehr beträchtliche Teile des Kronlandes«, schreibt der ukrainische Publizist und Schriftsteller Ivan Franko, von den galizischen Behörden als radikaler Sozialist und Umstürzler verfolgt und mehrmals inhaftiert, in einem Aufsatz über die Auswanderung der galizischen Bauern.

Obendrein verlangt die Kirche, die römisch-katholische wie die unierte, von den Bauern die Einhaltung zahlreicher Feiertage, an denen sie nicht nur nicht arbeiten, sondern auch nicht essen dürfen, weil viele Feiertage gleichzeitig Fasttage sind. Nach einer in den siebziger Jahren vom Lemberger Statistischen Amt veranstalteten Enquete gab es in 34 Bezirken Galiziens 100 bis 120, in 22 Bezirken 120 bis 150 und in sechzehn Bezirken gar 150 bis 200 arbeitsfreie Tage pro Jahr, von denen die meisten Fasttage waren.

Angesichts der winzigen Höfe und schmalen Hosenriemenfelder, auf denen man kaum den Pflug wenden kann, fällt es den ukrainischen Bauern nicht schwer, die strengen Fastengebote zu erfüllen, die ihnen der Pope auferlegt: Vierzig Tage vor Ostern, vierzig Tage vor Weihnachten, vierzehn Tage vor Peter und Paul, vierzehn Tage vor Mariä Himmelfahrt sollt ihr fasten, außerdem noch jeden Mittwoch und Freitag das ganze Jahr hindurch; und wenn ihr Gott besonders gefällig sein wollt, auch an jedem Montag der Woche.

So entsteht jene Situation, über die der polnische Industrielle und Publizist Stanisław Szczepanowski in seinem bekannten Werk über das galizische Elend schreibt, der Galizianer arbeite für einen halben, esse jedoch nur für einen viertel Menschen. Die armen Bauern und die noch ärmeren Häusler und landlosen Tagelöhner sind in einem Teufelskreis gefangen, aus dem es scheinbar kein Entrinnen gibt.

Der Galizianer arbeitet wenig, weil er zu wenig isst, er ernährt sich elend, weil er zu wenig arbeitet, und er stirbt zu früh, weil er sich elend ernährt, beschreibt Szczepanowski diesen Zustand. Die durchschnittliche Lebensdauer im Armenhaus der Monarchie beträgt für Männer 27 Jahre, für Frauen ist sie unwesentlich höher – in Böhmen liegt sie bei 33 Jahren, in England bei vierzig.

Die Bauern ernähren sich fast ausschließlich von selbsterzeugten Produkten, Suppe und Grütze, saures Hafermus, Gerstengrütze, Pferdebohnen, Kraut, Roggenbrot, oft gibt es jedoch nur Hafer- oder Gerstenbrot, weil Weizen und Roggen verkauft werden müssen; Kartoffeln, im Sommer etwas Milch; im Winter gibt es keine Milch, weil die Kühe zu wenig Futter bekommen, so dass sie nicht gemolken werden können. Die Mahlzeiten sind eintönig, häufig essen die Leute tagaus und tagein, morgens, zu Mittag und abends, dasselbe, Milchsuppe oder Grütze; das Frühstück unterscheidet sich vom Mittag- und Abendessen allein dadurch, dass sie es am Morgen zu sich nehmen. Fleisch kommt nur ausnahmsweise auf den Tisch, höchstens wenn eine Kuh umsteht oder an hohen Feiertagen, wenn ein Schwein abgestochen wird; der Speck muss jedoch zum Markt gebracht werden, um die Abgaben bezahlen zu können. Auch Eier, Butter und Käse, sie gehören traditionell der Bäuerin (die Bienen und ihre Produkte hingegen sind Eigentum des Mannes), werden verkauft, um mit dem Erlös die nötigsten

Anschaffungen zu tätigen, Salz, Zucker, Kleider, ein Paar Schuhe, Nähnadeln. Die Kinder bekommen weniger zu essen als die Erwachsenen, weil sie weniger arbeiten, das ist genau eingeteilt. Im Herbst werden Waldbeeren und Pilze gesammelt und getrocknet, um das eintönige Nahrungsangebot in den Wintermonaten aufzubessern. Vorausgesetzt, der Waldbesitzer – oft der Grundherr – lässt es zu, dass die Leute Waldfrüchte sammeln. Häufig ergeben sich daraus zwischen Grundbesitzern und Dorfbewohnern erbitterte Auseinandersetzungen: Die vom Grundherrn angestellten Waldhüter behandeln die Bauern mit unglaublicher Brutalität; es kommt vor, dass sie Leute wegen geringer Vergehen blutig schlagen und zwingen, sich splitternackt auszuziehen. Dann nehmen sie ihnen die Kleider weg und lassen sie so im Wald zurück, auch im Winter, bei Schnee und Frost, so dass die solcherart Gedemütigten frierend auf den Einbruch der Nacht warten müssen, um im Schutz der Dunkelheit nach Hause zurückkehren zu können. Die Bauern ihrerseits rächen sich, indem sie sich zusammenrotten und besonders brutale Waldhüter verprügeln oder ihnen sogar die Hütte anstecken.

Ein großes Problem stellt die seit der Zeit der Leibeigenschaft anscheinend unausrottbare Plage der Trunksucht dar. Ivan Franko berechnet, dass es um 1850 in Galizien insgesamt 23 000 Schenken gibt, in denen vorwiegend vor Ort hergestellter hochprozentiger Branntwein ausgeschenkt wird, das bedeutet, dass eine Schenke auf rund 230 Einwohner kommt. In manchen Ortschaften ist das Verhältnis noch viel krasser: In der Bezirksstadt Żółkiew in der Nähe von Lemberg etwa kommt nach einem Zeitungsbericht eine Schenke auf zwanzig erwachsene Einwohner. Die Wirte, Pächter der Großgrundbesitzer, sind in Ostgalizien ausnahmslos Juden, was den Antisemitismus zusätzlich anheizt; die jüdischen Schenken werden als eiternde Wunde bezeichnet, die den gesunden Volkskörper vergiftet. In den westlichen Landesteilen gibt es, wie in den slowakischen Gebieten Oberungarns, auch Bauern als Dorfwirte.

In den Polizeichroniken lokaler Blätter spiegelt sich das ganze Elend der einfachen Menschen wider. Da kann man etwa in der *Gazeta Samborska* lesen, dass ein gewisser Michał Janiszewski aus Wola Baraniecka für den Diebstahl von zwei Semmeln im Wert von sechs Kreuzern mit sechs Stunden Arrest bestraft wurde, während Maciej Beherycz aus Uherce für den Diebstahl eines Rettichs unbestimmten Wertes vier Stunden Arrest bekam; derselbe wurde wenige Tage später am Markt beim Diebstahl von Zwiebeln im Wert von zwölf Kreuzern erwischt, wofür er ebenso viele Stunden Arrest ausfasste; Selig Leib Kupfermann aus Sambor musste zwanzig Kreuzer Strafe entrichten, weil er für den Verkauf bestimmtes Brot unter dem Ladentisch aufbewahrte; Katarzyna Leniec aus Kulczyce erhielt 24 Stunden Arrest dafür, dass sie der Ruchel Baumwollspinner ein Tuch im Wert von 23 Kreuzern entwendet hatte. Am häufigsten werden Arrest- oder Geldstrafen wegen Trunkenheit und, damit verbunden, ungebührlichem Benehmen oder Widerstand gegen die Staatsgewalt ausgesprochen.

In Hinblick auf die weitverbreitete Mangelernährung, die fatalen Wohnverhältnisse und weitere negative Faktoren erscheint es fast als Wunder, dass Galizien dennoch ein ansehnliches Bevölkerungswachstum aufweist. Die Geburtenrate ist höher als in den meisten anderen Regionen Europas. »Die Bevölkerung, die ohnehin schon so wenig verdient, so arm ist und sich so elend ernährt, hat obendrein noch viel mehr Kinder zu erhalten als in anderen Ländern«, stellt Szczepanowski resigniert fest.

Zwischen 1850 und 1900 beträgt die Zuwachsrate sechzig Prozent, die Gesamtbevölkerung wächst von 4,5 auf 7,3 Millionen. Das hat eine rasant fortschreitende Verelendung der Landbevölkerung zur Folge. Die ohnehin schon viel zu kleinen Bauernwirtschaften werden immer weiter zerstückelt, bis ihre Besitzer nicht einmal mehr sich selber von den Früchten ihrer Arbeit ernähren können, von einer sinnvollen Vermarktung der Produkte nicht zu reden.

1892 beträgt die durchschnittliche Größe einer bäuerlichen Wirtschaft fünf Morgen, 1896 nur mehr vier Morgen, zwei Morgen entsprechen ungefähr einem Hektar. Der Mangel an einer Industrie, die den jährlich wachsenden Überschuss an Arbeitskräften aufnehmen könnte, prohibitiv hohe Steuern sowie Abgaben und, damit verbunden, eine unaufhaltsame Verschuldung der kleinen, hoffnungslos veralteten Bauernwirtschaften komplettieren das düstere Bild.

Die Bauern verspüren einen unglaublichen Landhunger, er stellt die treibende Kraft für die Emigration dar. Viele ergreifen die Möglichkeit, den Hof für einige Zeit zu verlassen und der Obhut der Frau anzuvertrauen, um auswärts Geld zu verdienen: als Feldarbeiter in anderen Ländern der Habsburgermonarchie oder jenseits der Grenzen, in deutschen Landen und in Dänemark, aber auch in Russland und Rumänien. Oder als Amerikageher. Sie brauchen mehr Grund und Boden, größere Felder, bessere Wiesen, um als Bauern überleben zu können. Natürlich ist die Auswanderung auf Zeit mit zahlreichen Risiken verbunden. Was ist, wenn sich die Hoffnungen auf eine gut bezahlte Arbeit in Amerika zerschlagen? Wenn sich die Versprechen der Auswanderungsagenten als Schall und Rauch erweisen? Wenn

die Auswanderer, Gott soll behüten, in der Fremde krank werden, bei der Arbeit einen Unfall erleiden? Bauern scheuen normalerweise jedes Risiko und alles Neue. Doch wenn sich einmal der erste im Dorf zur Auswanderung entschließt, folgen bald andere nach.

Es ist das alte Auswanderungsgesetz von *push and pull*: Die Menschen werden durch Armut und Not aus den Dörfern gedrängt und durch die Kunde von gut bezahlten Jobs und das lockende Beispiel von Verwandten und Nachbarn nach Amerika gezogen.

Die Lage der Juden in Galizien ist nicht besser als die ihrer christlichen Landsleute, im Gegenteil. Galizien ist eine überwiegend agrarisch geprägte Region, aus historischen Gründen sind die Juden jedoch kaum in der Landwirtschaft zu finden, höchstens als Pächter größerer landwirtschaftlicher Güter oder als Händler und Schankwirte, in der traditionellen Rolle als Vermittler. Die Mehrheit der Juden verteilt sich auf wenige Berufe: Sie sind in erster Linie Handwerker, Kaufleute und Händler, von denen viele nicht mehr Waren besitzen, als sie auf ein Regal oder einen Handkarren packen können, doch es gibt auch jüdische Arbeiter und Fuhrleute. Die Konkurrenz im Handel ist groß. In einem Dorf mit ein paar Dutzend Familien gibt es manchmal sechs oder sieben jüdische Händler und drei Schankwirte. Dazu kommen die sogenannten Dorfgeher, jüdische Hausierer, die mit ihrer Ware über die Dörfer ziehen, Produkte einkaufen und anderswo verkaufen, meist in kleinem Stil, ein paar Eier, ein Pfund Butter, ein, zwei Hühner, ein Geschäft buchstäblich von der Hand in den Mund, allerdings nur, wenn der Dorfgeher Glück hat, denn oft verdient er kaum so viel, um einen Bissen in den Mund stecken zu können.

Eine elende Existenz, doch die Dorfgeher kommen herum und tragen neben ihren Waren auch Nachrichten weiter, darunter die Kunde von Amerika, dem Land der unermesslichen Freiheit, in dem es goldene Berge gibt und Milch und Honig fließen.

Der Bevölkerungszuwachs der jüdischen Bevölkerung stellt sogar den der übrigen Gruppen in Galizien in den Schatten. Um 1850 leben in Galizien rund 330000 Juden, 1900 sind es bereits 810000. Anders als viele Polen und Ukrainer besitzen die meisten Juden nicht einmal ein kleines Stück Land, auf dem sie ein paar Erdäpfel, Bohnen oder Rüben für den eigenen Verzehr anbauen können.

Zusätzlich erschwert wird ihre Situation durch die wachsende Judenfeindschaft und die zunehmende Konkurrenz von Seiten »christlicher« Läden, Genossenschaften sowie Vorschuss- und Kreditkassen, die aus dem tiefverwurzelten Misstrauen und der Abneigung gegenüber den Juden Kapital zu schlagen suchen. Die christlichen Läden verfolgen in erster Linie die Absicht, die Juden aus dem Dorf zu verdrängen. Auch Volksbildungs- und Lesevereine, wichtige Träger der polnischen und ukrainischen nationalen Bewegung in ländlichen Regionen, spielen eine große Rolle, in Vorträgen wird gegen die Juden als »Parasiten und Ausbeuter« der bäuerlichen Bevölkerung gewettert. Das veränderte Klima lässt sich an Inseraten lokaler Zeitungen ablesen.

»Die Gutsverwaltung von Krasiczyn hat Meierhöfe und Schenken zu verpachten, ausschließlich an Christen. Interessenten melden sich in der Zentralkanzlei der Fürsten Sapieha in Krasiczyn.«

»Gesucht wird ein christlicher Pächter für einen Meierhof mit 660 Morgen guten Bodens im Bezirk Horodenka.«

Verpachtet keine Güter an Juden! Kauft nicht beim Juden! Kauft nur beim Christen! Der Jude ist unser Unglück! Das gilt auch für einen armseligen Flickschuster wie Mendel Beck, der nicht einmal davon zu träumen wagte, einen Meierhof oder eine Schenke des Fürsten Sapieha aus Krasiczyn zu pachten. Die tägliche Hetze in den Zeitungen und von der Kanzel herab, die Schikanen, Beleidigungen und Drangsalierungen machen das elende Leben der Juden noch elender.

So ist es nicht verwunderlich, dass viele ihr Heil in Amerika suchen. Ihr Anteil an den Auswanderern ist unverhältnismäßig hoch: In den achtziger Jahren sind sechzig Prozent aller Emigranten aus Galizien Juden, und das bei einem Bevölkerungsanteil von rund zehn Prozent. Mendel Beck ist nur einer von vielen, in New York gibt es ganze Straßenzüge, wo ausschließlich galizische Einwanderer leben, aus Lisko, Stryj, Drohobycz, Kolomea, Horodenka, auch aus Krasiczyn in der Nähe von Przemyśl. Noch in den neunziger Jahren liegt der jüdische Anteil an der Auswanderung aus Galizien bei etwa vierzig Prozent.

Zwischen 1881 und 1910 macht sich mehr als ein Viertel der in Galizien lebenden Juden in die Vereinigten Staaten auf.

Jüdische Flüchtlinge in Brody

Der große jüdische Exodus beginnt jedoch nicht in Galizien, sondern in Russland. Nach der Ermordung des russischen Zaren Alexander II. am 1. März 1881 durch Mitglieder des terroristischen Flügels der Narodniki kommt es in Städten und Dörfern im jüdischen Ansiedlungsrayon zu grausamen Ausschreitungen. Es gibt Dutzende Tote, Frauen und Mädchen werden vergewaltigt, Geschäfte und Wirtshäuser geplündert. Die lokalen Behörden machen keine Anstalten, die Pogrome zu verhindern, mancherorts stacheln sie den Pöbel sogar auf. Nicht zum ersten Mal sind die Juden willkommene Sündenböcke. An ihnen sollen Bauern, Arbeiter und verarmte Kleinbürger ihre Wut und Frustration über ihre Misere abreagieren. Die Juden sind Schuld an eurem Elend, haut die Blutsauger!

Die Pogrome lösen eine gigantische Fluchtbewegung aus, auch aus Gebieten, die zunächst gar nicht von den Ausschreitungen betroffen sind. Die Juden verschleudern Häuser und Grundstücke, sperren Läden und Werkstätten zu – nur weg aus dem Zarenreich! Ganze Familien machen sich davon, von einem Tag auf den anderen, getrieben von der Angst vor neuen Massakern. Ihr Leben in Russland war schon vorher ein einziges Jammertal, unablässig wurden sie drangsaliert durch bürokratische Schikanen und diskriminierende Gesetze; die Pogrome sind der letzte Tropfen, der das Fass der Verzweiflung zum Überlaufen bringt. Die

Flüchtlingsströme nach Westen wählen verschiedene Wege, einer führt nach Brody, die kleine ostgalizische Bezirksstadt an der russischen Grenze, in einer weiten, sumpfigen Ebene gelegen.

Auch unter den Juden in Galizien erzeugen die Nachrichten aus dem benachbarten Russland Abscheu und Schrecken, umso mehr, als in manchen Dörfern Stimmen zu hören sind, die mit den russischen Pogrombanden sympathisieren. Die Russen wissen, wie man mit den Juden umspringen muss! Kurzen Prozess muss man den Blutsaugern machen! In Lisko sind ebenfalls solche Töne zu vernehmen, wenn auch vereinzelt, hinter vorgehaltener Hand, in der Schenke, auf dem Markt, vor der Kirche.

Mendel Beck erinnert sich später an die gedrückte Stimmung in der jüdischen Gemeinde, an das Entsetzen angesichts der blutigen Exzesse, an das Mitgefühl mit den unschuldigen Opfern, aber auch an die schleichende Ungewissheit und Angst. Und was, wenn es bei uns zu so etwas kommt? Wenn auch unsere Bauern zu Knüppeln und Sensen greifen? Die älteren Männer versuchen zu beruhigen, der österreichische Kaiser werde das nie zulassen, er werde seine Soldaten schicken, der Kaiser liebe die Juden, er wisse, dass sie treu zu ihm hielten. Doch der Kaiser ist in Wien, und Wien ist weit. Damals ist erstmals von Auswanderung die Rede. Man liest in den Zeitungen, dass die russischen Juden übers Meer geschickt werden, angeblich nimmt Amerika die Vertriebenen mit offenen Armen auf. In Amerika gibt es keinen Zaren und keine Pogrombanden, keine geifernden Popen und betrunkenen Bauern, dort haben Juden nichts zu befürchten, dort können sie in Sicherheit ein neues Leben beginnen. Hat Mendel Beck damals schon den Entschluss gefasst, Lisko zu verlassen und nach Amerika zu gehen?

Die kleine Grenzstation Radziwiłłów ein paar Kilometer östlich von Brody wird von den Flüchtlingen förmlich überrollt, die unbefestigte Straße verwandelt sich unter Rädern und Tritten in knöcheltiefen Morast, in dem die erschöpften Menschen und mit Hausrat und Kindern hoch beladenen Wagen, gezogen von mageren, struppigen Kleppern, nur langsam vorankommen. Soldaten und die Zöllner treiben die Exilanten an, *vorwärts!*, *schneller!*, auch die Bezirksstadt ist auf den Ansturm der Massen nicht vorbereitet, viele werden anfangs ihrem Schicksal überlassen, hungrig, abgerissen, ohne ein Dach über dem Kopf. Die Behörden erklären sich für nicht zuständig, sie hoffen, dass die russischen Juden bald wieder freiwillig in ihre Heimat zurückkehren. Die jüdische Gemeinde von Brody, rund zwei Drittel der Einwohner sind Juden, ist hoffnungslos überfordert, sie hat selber genug Arme zu unterstützen. Brody erlebt in dieser Zeit, ähnlich wie Lisko, einen wirtschaftlichen Niedergang, seit der Abschaffung der Privilegien einer »Freien Handelsstadt« im Jahre 1880 geht der Handel zurück, nennenswerte Industrie gibt es keine, außer einer Spiritusbrennerei, drei Brauereien und einer Dampfmühle.

Die Hilfe der reichen westeuropäischen Gemeinden setzt zögerlich ein, sie haben kaum Erfahrung mit solchen Katastrophen. Schließlich richten jüdische Hilfsorganisationen mit Unterstützung des Eisenbahnmagnaten und Philanthropen Baron Moritz Hirsch und der Alliance Israélite Universelle in Brody ein Büro ein, um die Ankömmlinge, von denen viele nichts als ihr nacktes Leben retten konnten, in Empfang zu nehmen, sie mit dem Nötigsten zu versorgen und bei der Weiterreise zu unterstützen. Die meisten wollen nach Amerika, möglichst weit weg von Russland, wo sie ihres Lebens nicht sicher sind.

Der aus Ungarn gebürtige Religionsphilosoph Moritz Friedländer, seit 1875 Schriftführer der Wiener Zweigstelle der Alliance Israélite Universelle, begibt sich im Spätherbst 1881 im Auftrag der Organisation mit einigen Helfern nach Brody, um die dort im Einsatz befindlichen Delegierten abzulösen und zu helfen, »eine Welt von Jammer und Verzweiflung zu bewältigen«. Was er in Brody zu sehen bekommt, entsetzt den liberalen Denker. Zahllose Flüchtlinge sind in großen, provisorisch errichteten Baracken zusammengepfercht, jämmerliche, abgerissene Gestalten, ängstlich geschart um ihre wenigen Habseligkeiten, als befürchteten sie einen erneuten Überfall. Viele Frauen mit Kindern, Säuglingen, manche nur notdürftig bekleidet, weil sie mehr nicht retten konnten, die Männer wurden ermordet oder von der Familie getrennt. Viele starren stumpf vor sich hin, als könnten sie immer noch nicht fassen, was ihnen geschehen ist, dass ihre kleine, erbärmliche Welt zerstört und zertrampelt wurde. Verletzte, notdürftig verbunden, Opfer von Pogromisten, die Angst steht ihnen ins Gesicht geschrieben, viele haben mit ansehen müssen, wie ihre Nächsten erschlagen, vergewaltigt, grausam verstümmelt wurden, Mütter, Väter, Frauen, Kinder, Geschwister.

»Dort keucht ein gebrochener Greis mühselig daher, gestützt von seinen beiden Enkeln, die ihren Ernährer verloren. Hier drängt sich ein Weib mit verzweifelten Gebärden durch die Massen, nach ihrem verlaufenen Kinde suchend; dort wimmert eine ganze Familie, von Hunger und Kälte gefoltert … überall Noth, Elend und Verwirrung«, so beschreibt Friedländer die Zustände in der Grenzstadt in seinem Bericht mit dem nüchternen Titel: »Fünf Wochen in Brody unter jüdisch-russischen Emigranten«.

Die Vertreter der Alliance Israélite müssen in all dem

Chaos entscheiden, wer von den Flüchtlingen repatriiert, nach Russland zurückgeschickt, und wer expediert werden kann. Sie bemühen sich, die zur Expedierung, zum Weitertransport, bestimmten Personen, oft ganze Familien, möglichst rasch aus dem aus allen Nähten platzenden Brody fortzuschaffen, zunächst nach Oświęcim, dem österreichischen Grenzbahnhof zu Preußen, und dann weiter nach Hamburg, von wo sie mit Schiffen nach Nordamerika und Argentinien gebracht werden sollen.

Jüdische Organisationen schicken ihre Schützlinge, wenn es sich irgendwie machen lässt, über Hamburg und nicht über Bremen. Das hat einen guten Grund. Während sich Bremen Juden gegenüber lange Zeit verschlossen hat – bis 1848 ist es Juden nicht gestattet, sich in der Stadt niederzulassen, 1860 leben erst zwanzig jüdische Familien in Bremen –, ist Hamburg viel aufgeschlossener und großzügiger: Um 1850 zählt die jüdische Gemeinde bereits rund 10000 Mitglieder. In der Alsterstadt können jüdische Emigranten daher eher auf die Hilfe begüterter deutscher Glaubensgenossen zählen; dazu kommt, dass man im Hamburger Transithafen mehr Rücksicht auf die speziellen Bedürfnisse gläubiger Juden nimmt.

Im Pogromjahr 1881 wird auch das »Deutsche Central-Comité für die Russischen Juden« ins Leben gerufen, mit der Absicht, die Flüchtlinge von ihrer Ankunft in Deutschland bis zur Abreise zu betreuen und nach Möglichkeit von der Straße fernzuhalten. Man will verhindern, dass sie bettelnd herumziehen und den Ärger der Behörden oder der Bevölkerung erregen.

Paul Lasker ist ein Repräsentant des Central-Comités in Hamburg. Er ist damit beschäftigt, die aus Brody kommenden Flüchtlinge vom Bahnhof abzuholen und auf die verschiedenen, vom Comité angemieteten Herbergen zu verteilen sowie dafür zu sorgen, dass sie eine warme Mahlzeit erhalten, Milch für die Kinder. Er ist auch verantwortlich für die Ausgabe der nötigen Sachen für die Überfahrt, »wie Matratzen, Decken, Blechgeschirre etc. und Versorgung mit Kleidungsstücken. Ferner überwachten wir die Einschiffung der Emigranten«, schreibt Lasker in einem Rechenschaftsbericht.

1882 fegt eine zweite Pogromwelle über Russland, wieder strömen Scharen von Flüchtlingen bei Brody über die Grenze. Zeitweise lagern bis zu 20000 Menschen in der rund 15000 Einwohner zählenden Stadt. Die Notquartiere sind überfüllt, die Leute gezwungen, auf der Straße, in den Parks zu übernachten. Die Hilfsorganisationen bemühen sich nach Kräften, die Ankömmlinge umgehend nach Deutschland zu lenken. Viele deutsche Juden scheuen sich allerdings, den unverschuldet in Not geratenen Glaubensgenossen aus Russland allzu offen ihre Solidarität zu zeigen – aus Angst vor dem wachsenden Antisemitismus in Deutschland. Das bringt der bekannte jüdische Historiker Heinrich Graetz, Vertreter des Breslauer Komitees der Alliance Israélite, in einem Brief an die Leitung am 4. Juli 1881 ganz unverblümt zum Ausdruck:

»Geehrte Herren vom Central-Comité,

Ich glaube Ihnen eine Erklarung geben zu müssen, dass bisher von hier aus keine Sammlung für die Opfer des südrussischen Fanatismus an die Alliance gesandt wurde. Der Grund ist, dass ein Aufruf zu Beiträgen unter der Fahne der Alliance am allerwenigsten erlassen werden konnte, weil die exorbitante Antipathie der Deutschen gegen unsere Glaubensgenossen ganz besonders gegen die Alliance gerichtet ist, und diese geradezu öffentlich als eine internationale Verschwörung fletrirt wird, und daher sich nicht wenige unserer Glaubensgenossen scheuen, als Mitglieder derselben zu gehören. Wir versuchen daher ein gemischtes Comité von Juden und Christen wie in Berlin zu bilden, von dem aus der Aufruf ergehen soll. Aber der Plan scheiterte an dem hier herrschenden Illiberalismus.«

Oświęcim, Auschwitz, Oschpitzin

Die über Brody flüchtenden russischen Juden – eine andere Route führt im Norden über den ostpreußischen Grenzort Eydtkuhnen, wo die Hapag ebenfalls eine Agentur unterhält – landen meist in Oświęcim. In Brody werden sie in Eisenbahnwaggons gesteckt und über Lemberg und Przemyśl in die Stadt an der Grenze zu Preußen geschickt. Dort heißt es wieder warten, die preußischen Behörden verlangen Papiere, Namenslisten. Jüngere Kinder, Waisen, deren Eltern ermordet wurden, wissen häufig kaum etwas über sich selber, nur den Vornamen, Chaskel, Berl, Meilech; die Vertreter der deutschen Hilfskomitees, eingesetzt in Oświęcim, um hier die russischen Juden zu übernehmen und weiter nach Deutschland zu geleiten, sind der Verzweiflung nahe. Die deutsche Bürokratie kennt keine Gnade, sie legt den Flüchtlingen zahlreiche Hindernisse in den Weg.

Oświęcim. Auschwitz. Über die Hälfte der Bewohner sind Juden, sie nennen ihre Stadt Oschpitzin. Die einstige Hauptstadt des Herzogtums Oświęcim-Zator – der österreichische Kaiser führt bis 1918 unter seinen vielen Titeln auch den eines Herzogs von Auschwitz und Zator – entwickelt sich dank ihrer Lage zu einem wichtigen Sammelzentrum und Umschlagplatz für die große Wanderung von Osten nach Westen.

Durch die zirka 10000 Einwohner zählende Stadt am Zusammenfluss von Sola und Weichsel kommen polnische und ukrainische Arbeitskräfte für Deutschland ebenso wie Auswanderer nach Übersee. Die Saisonarbeiter, Schnitter und andere Erntehelfer, allgemein Preußen- oder Sachsengänger genannt, weil sie früher vorwiegend auf großen Gütern in Sachsen Beschäftigung fanden (darauf bezieht sich auch die bis heute für jede Form der Arbeitsemigration verwendete polnische Bezeichnung »na saksy«, nach Sachsen), ziehen in Partien durch die Stadt, auf der Suche nach billigen Quartieren und Kneipen, sie kommen zweimal im Jahr nach Oświęcim, im Frühjahr und Herbst. Für polnische Wanderarbeiter gelten in Deutschland restriktive Maßnahmen wie die Rückkehrpflicht in der winterlichen Sperrfrist oder Karenzzeit (im Winter benötigt man keine landwirtschaftlichen Arbeiter). Wer dagegen verstößt, wird ausgewiesen, um eine dauerhafte Niederlassung zu verhindern – Ruthenen sind von dieser Regelung ausgenommen. Auch die Kohlegruben und die neu entstehenden Industriebetriebe im Ruhrgebiet locken billige Arbeitskräfte aus Galizien an, vorwiegend Polen. Die Wege der Arbeitswanderer kreuzen und überlappen sich mit jenen der Überseeauswanderer; die haben hier Anschluss an die preußische Staatsbahn, vom deutschen Grenzbahnhof Myslowitz/Mysłowice nach Hamburg beziehungsweise Bremen.

Die Bewohner von Oświęcim haben sich längst gewöhnt an die Auswanderer und Saisonarbeiter, sie strömen im Frühjahr und Herbst in ihre kleine Stadt, als folgten sie, Zugvögeln oder Lemmingen gleich, einem zwanghaften Naturgesetz. Die Emigranten sammeln sich in der zwei Kilometer vor der Stadt liegenden Gemeinde Brzezinka, zu deutsch Birkenau, wo sich der Bahnhof von Oświęcim befindet: ukrainische und polnische Bauern und Häusler, Gesinde großer Gutshöfe und Tagelöhner, slowakische Dörfler und Hirten, galizische und russische Juden, kleine Handwerker und Händler, unstete Existenzen ohne nennenswerten Beruf. Deserteure, Gauner, steckbrieflich gesuchte Personen – in Amerika sind sie vor dem Zugriff des Gesetzes sicher. Im Sommer und Winter lässt der Strom etwas nach, völlig versiegt er nie.

Oświęcim ist eine typische galizische Kleinstadt mit einem weitläufigen Ringplatz mit dem Rathaus, zahlreichen Läden und einem Hotel namens »Herz«, benannt nach seinem Eigentümer, dem Leiter der Hamburger Auswanderungsagentur, einem halbverfallenen Schloss der Piasten, auf das die Bewohner der Stadt stolz sind, ein paar nebensächlichen Ämtern (die wichtige Bezirkshauptmannschaft befindet sich in der mehrheitlich von Deutschen bewohnten Stadt Biała), einigen Kirchen und einem Dutzend jüdischer Bethäuser. Die Große Synagoge liegt in der Nähe des Marktplatzes, am Ufer der Sola. Wirtschaftlich geht es Oświęcim besser als zahlreichen anderen Städten vergleichbarer Größe in Galizien.

Unter der österreichischen Verwaltung erlebt die galizische Wirtschaft einen dramatischen Niedergang: Was es an heimischen Betrieben gibt, wird von der Konkurrenz aus den wirtschaftlich höher entwickelten Gebieten Österreichs vom Markt verdrängt; eine verhängnisvolle Rolle spielt dabei die über Oświęcim führende Eisenbahnlinie von Wien nach Krakau. Sie bringt bessere und zugleich billigere Produkte ins Land, mit denen die galizischen Erzeugnisse nicht mithalten können. Nur von der Landwirtschaft abhängige Betriebe wie Spiritusbrennereien und Bierbrauereien können sich behaupten. In Oświęcim weiß man die Chance zu nützen, die Stadt entwickelt sich zu einem Zentrum der Branntwein- und Likörherstellung, bekannte Firmen wie

Jakob Haberfeld und Henoch Henenberg beliefern mit ihren Produkten die gesamte Monarchie und das Ausland. Jakob Haberfeld, Dampffabrik feinster Liqueure, erzeugt ausgesuchte Wodkasorten, Wiśniówka, Pomarańczówka, mit Weichsel- und Orangengeschmack, sowie Rum und Cognac, daneben braut er Bier.

Das zweite wirtschaftliche Standbein der Stadt stellen die Auswanderer dar. Viele sind völlig mittellos, wie die russischen Juden, trotzdem lässt sich an den Auswanderern, noch an den ärmsten, verdienen. Kaufleute, Restaurateure und Hotelbesitzer, vor allem aber die Agenten von Schifffahrtslinien nützen die Konjunktur. In den späten achtziger Jahren des 19. Jahrhunderts etablieren sich in Oświęcim Vertretungen der beiden großen deutschen Atlantiklinien, zuerst der Hamburg-Amerikanischen Packetfahrt-Actien-Gesellschaft (Hapag), später auch des Bremer Norddeutschen Lloyd. Albert Ballin, der umtriebige, weitsichtige junge Direktor der Packetfahrt, erkennt als erster die Möglichkeiten der Kleinstadt: Hier müssen die Auswanderer auf dem Weg nach Hamburg durchgeschleust werden, hier muss man ihnen Schiffskarten für die Hapag verkaufen, damit sie gar nicht erst auf die Idee kommen, die Dienste der Konkurrenz in Bremen, des Norddeutschen Lloyd, in Anspruch zu nehmen. Die beiden Firmen liefern einander heftige Konkurrenzkämpfe. Die Agenturen wollen möglichst viele Emigranten nach Oświęcim locken und von hier zu den Überseehäfen schaffen, während die preußischen Behörden umgekehrt versuchen, den Auswandererstrom nach Möglichkeit einzudämmen.

In Deutschland ist man besorgt, dass zahlreiche Auswanderer aus dem Osten, voran galizische und russische Juden, nicht nach Amerika gehen, sondern in den großen deutschen Städten wie Berlin oder Hamburg bleiben wollen, um sich als Straßenhändler, Hausierer oder Lumpensammler durchzuschlagen; auch herrscht die Befürchtung, mit den Ostjuden könnten ansteckende Krankheiten wie Typhus und Cholera eingeschleppt werden. Für die deutschen Schifffahrtslinien wiederum können gar nicht genug Auswanderer aus Osteuropa kommen.

Auch in Amerika regt sich zunehmend Widerstand gegen den ungehemmten Zustrom von Einwanderern. Immer öfter werden mittellose oder kranke Emigranten auf dem Schiff zurückgeschickt, mit dem sie gekommen sind. Die Rückkehrer stranden in den Ausgangshäfen und verursachen in der Folge für die deutschen Behörden Kosten und allerlei Ärger, weil sie außerstande (und auch gar nicht willens) sind, nach Hause zurückzukehren. Um dem vorzubeugen, verschärfen die preußischen Behörden die Einreisebestimmungen. Manche Auswanderer werden so von einem Land ins andere geschoben oder bereits an der Einreise gehindert. Unbemittelte Fremde sind überall gleichermaßen unwillkommen. Keiner will sie aufnehmen, keiner sich mit ihnen belasten. Am besten, man lässt sie gar nicht erst ins Land. Oft bleibt ihnen nichts anderes übrig, als heimlich über die Grenze zu gehen und in die Illegalität abzutauchen. Die jüdisch-russischen Flüchtlinge von 1881/82 können von Glück reden, dass Hilfsorganisationen für sie garantieren.

Im Dezember 1886 weist der galizische Statthalter in einem Rundschreiben an die Bezirkshauptmannschaften des Landes darauf hin, dass die preußischen Behörden von Auswanderern beim Grenzübertritt eine bestimmte Geldsumme verlangen:

»In den letzten Tagen ist es immer wieder vorgekommen,

dass die preußischen Grenzbehörden alle Emigranten zurückweisen, die nicht 800 Mark pro erwachsener Person und 400 Mark für Kinder bis zu zehn Jahren vorweisen können, von manchen hingegen verlangen sie nur, dass sie 200 Gulden vorzeigen können.«

Das gilt für russische Auswanderer ebenso wie für galizische. Was die russischen Emigranten angeht, so der Statthalter, bleiben viele von ihnen in Galizien und fallen der örtlichen Bevölkerung und den Behörden zur Last. Daher werden alle Organe angewiesen, russische Auswanderer, die nicht die nötigen Mittel für die Weiterreise besitzen, schon an der Grenze zurückzuschicken.

Die Maßnahmen der Behörden gegen die *dżuma amerykańska*, die amerikanische Pest, wie die Amerikaauswanderung bald genannt wird, bleiben jedoch halbherzig, die zentralen Institutionen erlassen Verordnungen, die auf lokaler Ebene nur zögernd, wenn überhaupt, umgesetzt werden. Eine wesentliche Rolle spielt dabei die in Galizien weitverbreitete und tiefverwurzelte Korruption.

Um die Kontrollen an den größeren Bahnhöfen und Grenzen zu umgehen, vertrauen sich die Auswanderer Schleppern an, die sie auf Schleichwegen über die Grenze bringen und erst zwei oder drei Stationen hinter der Grenze wieder in den Zug setzen. Auch dann werden sie angewiesen, nicht gleich eine Fahrkarte nach Hamburg oder Bremen zu lösen, sondern in eine näher gelegene Industriestadt. Bei allfälligen Kontrollen sollen sie angeben, sie reisten dorthin, um Arbeit zu suchen. Wie soll ein einfacher preußischer Polizist einen Sachsengänger von einem Amerikagänger auseinanderhalten? Erst in jener Stadt dürfen sie die Fahrkarte bis nach Hamburg kaufen. Manchmal begleiten die Menschenschmuggler die Auswanderer ein paar Stationen weit und weisen im Fall einer Kontrolle die erforderliche Summe vor.

Immer wieder kommt es vor, dass leichtgläubige Auswanderer bereits in Krakau betrügerischen Schlepperbanden zum Opfer fallen. Berüchtigt sind die Kutscher von Podgórze, einem kleinen Ort in der Nähe von Krakau, in dem viele Amerikafahrer den Zug verlassen, um den strengen Kontrollen am Bahnhof der großen Stadt zu entgehen. Die Fiaker von Podgórze bieten den Auswanderern an, sie für zehn Gulden pro Person über die preußische Grenze zu bringen, dann stopfen sie acht bis zehn Personen in den Wagen, fahren in der Nacht bis Bierzanów, noch auf der österreichischen Seite, setzen die Leute auf offenem Feld aus, sagen ihnen, sie befänden sich bereits in Preußen, und überlassen sie ihrem Schicksal. Zehn Gulden sind ein kleines Vermögen. Die Überfahrt von Hamburg nach New York kostet etwas mehr als sechzig Gulden, das sind rund hundert deutsche Mark. So viel und mehr bekommt der Kutscher für eine einzige Menschenladung von Podgórze nach Bierzanów oder ein anderes grenznahes Dorf.

Viele der so getäuschten Emigranten werden von Gendarmeriepatrouillen aufgegriffen und per Schub, unter Eskorte, wieder nach Hause geschickt. Deserteure haben strenge Strafen zu erwarten. Anzeige erstatten die Betrogenen in der Regel nicht, auch wenn es ihnen gelingt, sich auf eigene Faust nach Preußen durchzuschlagen. Sie haben Angst vor den Behörden, obendrein haben ihnen die Schlepper eingeschärft, als illegalen Auswanderern drohten ihnen in Deutschland Gefängnis oder, schlimmer noch, Deportation. Die galizische Landbevölkerung ist allen Vertretern der Staatsmacht gegenüber, vor allem wenn sie Uniform tragen, misstrauisch und ängstlich und geht ihnen mit gutem Grund aus dem Weg. Die kleinen Bauern und Landarbeiter werden in Galizien von der Obrigkeit gewöhnlich unglaublich brutal behandelt, nicht besser als das Vieh.

Auch findige Bewohner von Oświęcim nützen die Konjunktur. Sie fahren in Dörfer im Inneren des Landes und dienen sich dort Auswanderungswilligen als Führer über die Grenze an. Selbstverständlich lassen sie sich für ihre Ortskenntnisse fürstlich entlohnen.

In Oświęcim wimmelt es von zwielichtigen Existenzen, die mit solchen Geschäften ihren Lebensunterhalt verdienen. Neben der offiziellen Emigration entwickelt sich eine Schattenwirtschaft der Auswanderung, eine weitgehend rechtlose Grauzone, wobei die Grenzen zwischen den beiden Bereichen fließend sind: Offizielle Agenten fungieren gleichzeitig als Schlepper, illegale Subagenten treiben den offiziellen Agenturen mit unerlaubten Mitteln, nicht selten mit Gewalt, Kunden zu.

Ein Geisterschiff namens »F. Missler«

Die Vertreter der ausländischen Schiffsagenturen in Oświęcim beschäftigen im ganzen Land sogenannte Winkelagenten, deren Aufgabe darin besteht, ihnen Auswanderer zuzuführen. Galizien ist förmlich überzogen von einem dichten Netz solcher Subagenten aus allen Bevölkerungsschichten und Berufen: Schankwirte und Wanderhändler, Winkelschreiber und Gemeindesekretäre, Pfarrer und Popen, Ortsvorsteher und Volksschullehrer, Bahnbedienstete und Fuhrwerker, Bauern und Flurwächter, Handwerker, Hebammen und Marktweiber. Alle wollen mitnaschen am großen Geschäft mit der Auswanderung nach Übersee. Die Agenten kassieren für die angeworbenen Amerikafahrer ein Kopfgeld, dessen Höhe je nach Region sowie Angebot und Nachfrage variiert. Oft gibt es so viele Auswanderungswillige, dass die Schiffe sie kaum fassen können, dann verringert sich das Kopfgeld, doch die Emigranten müssen dasselbe bezahlen, für sie gibt es keinen Mengenrabatt.

Deutsche Auswandererexpedienten, die die Atlantiklinien mit Passagieren versorgen, versprechen für jeden Emigranten fünf Gulden, nur einer, der sich als »christliche Firma« empfiehlt, bezahlt bloß vier Gulden für Erwachsene, für Kinder die Hälfte, »für Säuglinge nichts«. Das Anglo-Kontinentale-Reisebureau in Rotterdam bietet für die ersten beiden empfohlenen Auswanderer eine »schöne silberne Uhr«, für jede weitere Person über zwölf Jahre sechs Gulden, unter zwölf Jahren drei Gulden. Als Sonderprämie gibt es eine silberne Uhr mit einem Wunderbild der Muttergottes von Częstochowa als Anhänger.

Am 30. November 1888 werden am Bahnhof von Krakau fünf ruthenische Bauern aus Polany in der Pfarrgemeinde Krosno von der Polizei aufgegriffen, weil sie sich ohne die nötigen Papiere auf den Weg nach Amerika gemacht haben. Bei den Bauern werden Briefe des bekannten Bremer Expedienten Friedrich Missler gefunden, in denen er sie auffordert, die Schiffskarten nach Amerika unbedingt über sein Büro zu kaufen. Er sichert ihnen konkurrenzlos günstige Preise zu und verspricht, sie von der Ankunft in Bremen bis zum Auslaufen des Schiffes kostenlos zu beherbergen und zu verköstigen, außerdem bekommt jeder eine Matratze oder einen Strohsack für die Fahrt über den Atlantik. Er erwarte, so heißt es in Misslers Schreiben, die Leute am Bahnhof von Bremen, sie brauchten beim Verlassen des Zuges nur laut »Missler« zu rufen, und schon seien er oder ein Vertreter zur Stelle.

Friedrich Missler gelangt sogar in Amerika zu einiger Bekanntheit. Der geschäftstüchtige Firmeninhaber lässt den Reisenden das Schiffsticket in einem Leder- oder Leinenetui mit dem Bild eines Schiffes und dem Namen »F. Missler« in Goldprägung aushändigen. Auf der Innenseite finden sich noch die Adresse, Bremen, Bahnhofstraße 30, sowie der Hinweis, dass die Firma F. Missler auch ein Bankhaus und eine Geldwechselstube führt. Nachfahren von Emigranten, die das gute Stück erben, glauben daher manchmal, die Vorfahren seien auf einem Schiff namens »F. Missler« in die Vereinigten Staaten gekommen – die »F. Missler« ist eines der bekanntesten Geisterschiffe der amerikanischen Immigrationsgeschichte.

Ähnliche Versprechungen wie Friedrich Missler machen auch andere große Agenturen in Bremen und Hamburg, sei es brieflich oder, öfter noch, über ihre galizischen Winkelagenten: Schließlich sind die meisten Auswanderungswilligen Analphabeten und können mit Schreiben nicht viel anfangen.

Der Emigrationsagent Georg Riemen aus Bremen schickt an Gemeindeämter in Nordungarn und Galizien massenweise Karten mit der Aufforderung, bei der Auswanderung nach Amerika unbedingt die Hilfe seiner Agentur in Anspruch zu nehmen. Er verspricht günstigste Preise für die Schiffskarten, kostenlose Nächtigung sowie Versorgung in Bremen. Die Gemeindeschreiber werden gebeten, die einfachen Zettel unter der Bevölkerung zu verteilen, gegen Bezahlung natürlich. Damit ihn die Auswanderer bei der Ankunft am Bahnhof von Bremen gleich erkennen, trägt jeder Zettel ein Bild Riemens.

Die in Galizien tätigen Auswanderungsagenten sind mehrheitlich jüdischer Herkunft. Dafür gibt es eine einfache Erklärung: Die Juden sind in den Dörfern und kleinen Städten traditionell als Vermittler tätig, als Pächter, Zwischenhändler und Wirte, auch als Fuhrleute, und sie sind in der Regel des Lesens und Schreibens mächtig, im Gegensatz zum Großteil der galizischen Landbevölkerung. Da ist es nicht verwunderlich, dass ausländische Schiffskartenbüros bevorzugt mit Juden zusammenarbeiten. Schließlich muss selbst ein kleiner Agent im hintersten Winkel lesen und schreiben können, wie soll er sonst den Kontakt zu seinem Auftraggeber aufrechthalten und von diesem Anweisungen entgegennehmen oder mit ihm abrechnen?

Dieses Faktum wird von der antisemitischen Publizistik weidlich ausgeschlachtet. In polnischen, ukrainischen und deutschen Zeitungsberichten wird *żyd*, *schid* oder *Jud*e häufig synonym für einen Winkelagenten benützt, der die leichtgläubigen Bauern nach Strich und Faden betrügt und ihnen das Fell über die Ohren zieht. Allerdings sind nicht nur Juden in die dunklen Machenschaften der Auswanderungsagenturen verwickelt, auch polnische und ukrainische Bauern, Winkelschreiber, Pfarrer und Popen, ja sogar Gendarmen und höhere Amtsträger lassen sich von der Aussicht auf rasches Geld verlocken. In diesem Gewerbe wimmelt es von Hochstaplern, Schaumschlägern und Schwindlern.

Winkelschreiber sind eine galizische Besonderheit. Es gibt sie zwar auch anderswo, doch nirgends in solcher Vielzahl. Analphabeten sind im Verkehr mit Ämtern und Behörden auf die Dienste solcher gewerblichen Schreiber angewiesen. Für gewöhnlich gehen sie in der Nähe von Amtsstuben ihrem Geschäft nach, manchmal sitzen sie auch im Amtsgebäude selber, in einer Nische im Korridor, obwohl das streng verboten ist. Allein in Lemberg gibt es, laut einer polizeilichen Erhebung aus dem Jahre 1888, mindestens 120 Winkelschreiber, die Dunkelziffer liegt natürlich viel höher. Meist schlagen sie ihr »Büro« in Frühstücksstuben und Kneipen auf, wo sie die Kundschaft empfangen und die Schreibarbeit verrichten. Viele begnügen sich nicht damit, Eingaben, Klagen und andere an Behörden gerichtete Schreiben zu verfassen, sondern helfen nach Amerika gehenden Bauern dabei, ihr Hab und Gut zu verkaufen, indem sie die Verträge aufsetzen, wobei sie manchmal gleich selber als Käufer auftreten. Vor allem in kleinen Ortschaften sind die Grenzen zwischen Amtsinhaber und Winkelschreiber oft fließend, so mancher Gemeindesekretär verdient sich auf diese Weise ein willkommenes Zubrot, sind doch die Gehälter lächerlich niedrig und förmlich eine Einladung zur Korruption. Im Volksmund werden die Winkelschreiber treffend *lepkefingery*, Klebefinger, genannt, weil an ihren Fingern Geld wie magisch zu kleben scheint. Sie sind nicht beliebt im Volk, werden jedoch als notwendiges Übel hingenommen.

Die österreichischen Behörden unternehmen lange Zeit wenig, um dem Treiben der Agenten und ihrer Handlanger, die sich in Oświęcim wie ein Krebsgeschwür ausbreiten, Einhalt zu gebieten. Doch sie beobachten die Vorgänge und treffen Vorbereitungen. Besonderes Augenmerk schenken sie der Hamburger Agentur, geleitet von Simon Herz und Julius Löwenberg. Bei der Bezirkshauptmannschaft in Biała, dem Gendarmeriekommando in Oświęcim und anderen lokalen Behörden langen in regelmäßigen Abständen Schreiben der Polizeidirektion Wien, der Polizeidirektion Krakau und der Statthalterschaft in Lemberg ein, in denen sie aufgefordert werden, ein scharfes Auge auf die Vertreter der Hamburger Agentur zu haben. Diese stünden im Verdacht, neben ihren legalen auch zahlreiche dunkle Geschäfte mit Auswanderern zu betreiben, voran mit solchen, die das Land unter Umgehung der gesetzlichen Bestimmungen verlassen wollen: Soldaten im Urlaub, Deserteure, Jugendliche im wehrfähigen Alter, Personen, die nicht über die nötigen Mittel zur Reise und über die erforderlichen Papiere verfügen, oder sogar steckbrieflich gesuchte Individuen.

Deserteure entwickeln beachtliche Phantasie, wenn es darum geht, illegal über die Staatsgrenze zu gelangen, um sich dem Militärdienst zu entziehen.

Im Juni 1889 wird in Oświęcim ein gewisser Józef Lej festgenommen. Er hat versucht, in Frauenkleidung und mit falschen Papieren, ausgestellt auf einen weiblichen Namen, die Grenze zu passieren. Seinen Angaben zufolge wollte er nach Brasilien auswandern. Józef Lej wird bereits von den Behörden gesucht, weil er sich unerlaubt vom k. u. k. Infanterie-Regiment Nr. 41, stationiert in Czernowitz, entfernt hat. Am Tag darauf werden auch die Eltern des Deserteurs verhaftet, sie werden beschuldigt, dem Sohn zur Flucht aus der Kaserne verholfen zu haben.

Ein Massenprozess

Im Juli 1888 führen die galizischen Behörden einen überraschenden Schlag gegen die Auswanderungsagenten in Oświęcim. Die großangelegte Razzia wird im Stillen vorbereitet und vom stellvertretenden Staatsanwalt am Bezirksgericht Wadowice, Henryk Ogniewski, gelenkt. Oświęcim ist dem Gerichtssprengel Wadowice zugeordnet. Ogniewski war vorher am Gericht in Krakau tätig und genießt einen hervorragenden Ruf als gewissenhafter und vor allem unbestechlicher Vertreter der Staatsmacht, was in Galizien keineswegs selbstverständlich ist.

Staatsanwalt Ogniewski fährt in der Nacht vom 22. auf den 23. Juli in Begleitung eines Untersuchungsrichters nach Oświęcim. Die Strecke von rund dreißig Kilometern legen die beiden mit einem Fiaker zurück, sie wollen nicht von zufälligen Mitreisenden erkannt werden – keiner soll wissen, was auf die Grenzstadt zukommt. Um die Geheimhaltung der Aktion zu sichern, gibt der Staatsanwalt sogar Anweisung, für diese Nacht die Telefon- und Telegraphenverbindungen zwischen Krakau, Wadowice und Oświęcim unter dem Vorwand einer durch einen Sturm verursachten Störung stillzulegen. Offenbar hegt er die Befürchtung, jemand aus den eigenen Reihen, ein Ordnungshüter oder Gerichtsbediensteter, könnte das Unternehmen im letzten Moment verraten.

Zur selben Zeit wie Ogniewski macht sich in Krakau der

Polizeikommissar Władysław Swolkień mit einem Protokollführer und zehn ausgewählten Polizisten auf den Weg in die Grenzstadt. Swolkień hat schon Wochen zuvor einen Konfidenten, einen als verschwiegen bekannten Kriminalbeamten, mit dem Auftrag vorausgeschickt, das Treiben der Agenten unauffällig zu beobachten und Informationen zu sammeln. Auch Swolkień geht ganz konspirativ vor. Die ihn begleitenden Polizisten erfahren weder Ziel noch Zweck der Ausfahrt. Anfangs heißt es, sie sollen eine Bande von Zigeunern dingfest machen, die in der Umgebung von Krakau ihr Unwesen treibe; erst kurz vor Oświęcim erhalten sie genauere Instruktionen. In der Zwischenzeit hat der Staatsanwalt Oświęcim erreicht, wo er eine Abteilung Fußgendarmen aufbietet, an deren Spitze er zwei Kilometer nach Norden marschiert, zum Bahnhof in Brzezinka. In der kleinen Ortschaft vereinen sich Ogniewski, der ihn begleitende Untersuchungsrichter und die Gendarmen, wie zuvor abgesprochen, mit Kommissar Swolkień und seinen Polizeibeamten. Treffpunkt ist die Brücke über die Sola. Insgesamt sind es nun dreißig Mann, Polizisten und Gendarmen in Uniform und bewaffnet, die Gerichtsleute in Zivil. Eine kleine Armee. Um das Unternehmen nicht vorzeitig zu verraten, biwakiert ein Teil des Kommandos in einem nahen Waldstück, die anderen verstecken sich unter der Brücke.

Polizeikommissar Swolkień, ein schlanker, gutaussehender Mann mit einem dichten dunklen Haarbusch und einem kühn gezwirbelten Schnurrbart, der ihm ein draufgängerisches Aussehen verleiht, hat den Einsatz generalstabsmäßig vorbereitet. Auf seinen Befehl hin beziehen einige Beamte vor dem langgestreckten Bahnhofsgebäude Stellung, andere zernieren das gegenüberliegende Hotel. Eisenbahner, die sich bei Tagesanbruch auf den Weg zur Arbeit machen, wundern sich über das Aufgebot an Uniformierten. Im Hotel de Zator, benannt nach der gleichnamigen Gemeinde unweit von Brzezinka, hat die von Simon Herz geleitete Hamburger Auswanderungsagentur ihren Sitz. Sie ist das wichtigste Ziel der morgendlichen Razzia. Das Bahnhofshotel gehört einem Grafen Potocki, der es an Herz verpachtet hat. Es verfügt über sieben Gästezimmer und ein Restaurant, in den übrigen Räumlichkeiten ist das Herzsche Büro untergebracht. Neben dem stattlichen Hotelgebäude stehen ein paar heruntergekommene Baracken und Stallungen, primitive Schlafquartiere für Auswanderer, die aus irgendeinem Grund gezwungen sind, vor der Weiterreise ein paar Tage in Oświęcim zu verbringen.

Um Punkt vier Uhr morgens, alle Beteiligten haben vor dem Einsatz die Uhren verglichen, schlägt die kleine Streitmacht zu. Gendarmen und Polizisten stürmen das Hotel de Zator und andere Gebäude, in denen sie Verdächtige vermuten, darunter die Villa von Simon Herz. Simon oder, polnisch, Szymon Herz ist ein vielbeschäftigter Mann mit weitverzweigten Interessen: Neben der Vertretung der Hamburger Agentur besitzt er das Hotel am Hauptplatz von Oświęcim, das erste Haus in der Stadt, sowie eine Wechselstube – ein praktischer Nebenzweig des Auswanderungsgeschäftes, weil viele Amerikafahrer, bevor sie Österreich verlassen, ihre heimischen Gulden und Kreuzer in fremde Währungen, deutsche Mark oder amerikanische Dollar, eintauschen wollen. Der Kurs wird in der Wechselstube willkürlich festgelegt, so dass der Agent, gleichzeitig Geldwechsler, an den in finanzieller Hinsicht völlig ahnungslosen Auswanderern gleich zweimal verdient.

Kommissar Swolkień lässt es sich nicht nehmen, Herz persönlich festzunehmen. Er findet ihn im Schlafzimmer,

»in einem weichen Daunenbett«, wie ein Lemberger Blatt süffisant anmerkt. Der gedrungene Agent will den Grund der Verhaftung wissen und beteuert seine Unschuld; als das nichts fruchtet, lässt er sich widerstandslos abführen. Swolkień verzichtet darauf, ihm Ketten anzulegen. Die Beamten staunen über die prunkvolle Ausstattung der Gemächer, überall Marmor, wertvolle türkische Teppiche, reich bemalte Wände, Kristallluster, prächtige Vasen mit exotischen Blumen, schwere Portieren aus Damast und Brokat. Elektrische Glocken verbinden alle Räume der Villa miteinander, es gibt sogar eine Telefonleitung zwischen der Villa und dem Büro im Hotel de Zator. Doch Herz findet keine Gelegenheit mehr, zum Telefon zu greifen, er wird auch von keinem gewarnt. Der Überraschungscoup ist vollauf gelungen. Der Luxus der Villa steht in krassem Gegensatz zur Erbärmlichkeit der Baracken in der Nachbarschaft des Hotels, in denen die Beamten insgesamt 29 Auswanderer aus dem lose auf den Boden gestreuten fauligen Stroh stöbern, Häusler und Tagelöhner aus Galizien und Oberungarn.

Nach dem Hotel de Zator und der Herzschen Villa nehmen sich die Beamten weitere Objekte in Brzezinka vor, die Schenke von Edward Kuppermann, ein niedriges, abgewohntes Haus mit zwei Gästezimmern, in denen hin und wieder bis zu zwanzig Personen nächtigen, das Wirtshaus des Bernard Kuppermann (drei Zimmer) sowie die Agentur des Bremer Norddeutschen Lloyd, nicht weit vom Hotel de Zator. Sie residiert im Gebäude eines gewissen Hermann Zeitinger, Grundbesitzer in Brzezinka, den der Staatsanwalt auch auf seiner Liste führt. Zeitinger, ehemals Portier der staatlichen Nordbahn, hat es im Auswanderergeschäft zu einem ansehnlichen Vermögen gebracht. Er wird ebenso arretiert wie Simon Herz und dessen Kompagnon Julius

Löwenberg, die Wirtshauspächter Nathan und Bernard Kuppermann und schließlich Vinzenz Zwilling, Leiter der Agentur des Norddeutschen Lloyd. In der Stadt Oświęcim verschaffen sich Gendarmen Zugang zum Hotel Herz am Hauptplatz und durchsuchen es Raum für Raum, auch die von Gästen belegten Zimmer.

Überall werden Unterlagen beschlagnahmt, Akten, Briefe, Dokumente, Werbebroschüren, Rechnungsbücher, Wechsel – und hohe Summen Bargelds in verschiedenen Währungen. Der Protokollführer hat alle Hände voll zu tun. Das Material wird in bereitstehende Fiaker geschafft, die es noch am selben Morgen nach Wadowice bringen.

Die Zahl der Festgenommenen ist so hoch, dass sie nur in einem großen, von zwei Pferden gezogenen Planwagen, genannt Omnibus, Platz finden. Zwischen den Inhaftierten sitzen Gendarmen mit Säbeln und Karabinern mit aufgepflanzten Bajonetten, um jeden Fluchtversuch zu vereiteln. Insgesamt werden in dieser einen Nacht mehr als sechzig Personen ergriffen, Polizeikommissar Swolkień und Staatsanwalt Ogniewski, im Gegensatz zum jugendlich wirkenden Kommissar aus Krakau beinahe kahlköpfig, kennen keinen Pardon. Die Auswanderer, deren Papiere in Ordnung sind, werden wieder auf freien Fuß gesetzt, andere in Schubhaft genommen, weil sie nicht genügend Geld und keine gültigen Reisepapiere vorweisen können.

Die Verhafteten protestieren lautstark, Frauen zetern, Kinder weinen. Trotz der frühen Stunde laufen Schaulustige zusammen, gaffen und kommentieren das Geschehen, die »Verhaftungen *en masse*« verursachen im dörflichen Vorort Brzezinka begreifliches Aufsehen, manche schimpfen über die Willkür der Behörden, andere schütteln drohend die Fäuste und stoßen, als die ortsbekannten Auswanderungsagenten zum Omnibus geführt werden, Verwünschungen aus. Judenfeindliche Rufe und Schmähungen werden laut.

Die meisten der in Oświęcim verhafteten Agenten sind jüdischer Herkunft. Das wird in den kommenden Tagen und Wochen in vielen Publikationen, über Galizien hinaus, unablässig hervorgehoben. Auch in Wien und im Ausland erregt die Affäre Aufmerksamkeit – und liefert der judenfeindlichen Propaganda reichlich Nahrung. Bei Angeklagten, deren Namen neutral klingen, behelfen sich antisemitische Blätter mit einem bekannten Trick. So ist in Berichten von Hermann vel Hersch Zeitinger die Rede, damit jeder weiß, dass Zeitinger Jude ist. Genüsslich breiten polnische Blätter vor ihren Lesern die Biographien der wichtigsten Angeklagten aus. Szymon Herz hat demnach als Viehhändler begonnen, einmal ist von Hornvieh die Rede, dann waren es wieder Schafe und Schweine; jedenfalls soll er auf diese Weise Verbindungen nach Preußen geknüpft haben, die er später geschickt zu nutzen wusste.

Auch sein Kompagnon Julius Löwenberg ist angeblich über den Viehhandel zum Auswanderungsgeschäft gekommen. Er war zunächst Kanzleischreiber auf einem Rindermarkt, später versuchte er sich, mit mäßigem Erfolg, als Kaufmann, bis er schließlich »den Rinderhandel mit dem Handel mit Menschen vertauschte«, wie die Lemberger Tageszeitung *Kurjer Lwowski* berichtet. Als Kanzleischreiber auf dem Viehmarkt verdiente Löwenberg dem Vernehmen nach dreißig Gulden pro Monat, das Agenturgeschäft beschert ihm, laut Anklageschrift, ein Jahreseinkommen von mindestens 30000.

Sogar der Staatsanwalt wird von Antisemiten näher unter die Lupe genommen. Von einigen Blättern wird Ogniewski regelmäßig Fajerman oder Feuermann genannt – so hieß er offenbar früher, bevor er sich taufen ließ und den jüdisch klingenden Namen in einen polnischen änderte. Ogień bedeutet auf Polnisch Feuer.

Dass Doktor Ogniewski gegenüber seinen ehemaligen Glaubensgenossen besondere Milde walten ließe, wird allerdings nicht einmal von fanatischen Judenhassern behauptet, die überall eine jüdische Verschwörung wittern.

Am Morgen des 23. Juli werden neben den leitenden Köpfen auch zahlreiche Helfer und Helfershelfer festgenommen, Winkelagenten und sogenannte Zutreiber, polnisch *naganiacze*, jiddisch *haper* – Bahnbedienstete und Kanzleibeamte, Finanzbeamte, Bahnrestaurateure und Wirte, Kutscher und Händler der verschiedensten Branchen, aber auch einfache Tagelöhner, die im Dienst der Agenturen stehen. Polizei und Gendarmerie nehmen auf Weisung Ogniewskis auch in anderen galizischen Orten Verhaftungen vor. In Brody wird Jakob Klausner arretiert, auf dessen Namen die Hamburger Agentur in Oświęcim eingetragen ist. Einige Agenten bekommen rechtzeitig Wind von der Sache und tauchen unter. Von übereifrigen Stellen werden auch einige Unschuldige verhaftet, es genügt, dass sie denselben Namen wie ein Gesuchter tragen.

»Juliusz Better ist hieramts unbekannt, wir haben hier einen Jonas Better mit seinem Sohn Chiel, Jonas und Chiel wurden auf Weisung der Untersuchungskommission in Wadowice in Gewahrsam genommen«, heißt es in einer Meldung der Gendarmerie in Oświęcim. Wenig später werden Vater und Sohn wieder freigelassen, sie haben offenbar nichts mit Juliusz gemeinsam, außer den Familiennamen.

Bei der Durchsicht des beschlagnahmten Materials kommen weitere Namen von Komplizen, Mitwissern und Mitschuldigen zutage. Verflechtungen und Verfilzungen über die Grenzen Galiziens hinaus werden aufgedeckt sowie enge Kontakte zu Behördenvertretern, die lange Zeit beide Augen kräftig zudrückten und sich in vielen Fällen sogar aktiv an Betrügereien beteiligten.

Der Untersuchungsrichter in Wadowice fordert von anderen Behörden Amtshilfe. In einem Rundschreiben werden alle Bezirkshauptmannschaften in Galizien aufgefordert, »sämtliche in ihrem Besitz befindlichen Akten betreffend die Auswanderung, Anwerbung zur Auswanderung sowie Anhaltung von Emigranten« zu übersenden. Das Bezirksgericht möchte sich einen Überblick verschaffen, wie viele Menschen jährlich

– nach Amerika emigrierten,
– von dort mangels geeigneter Verdienstmöglichkeiten oder aus anderen Gründen zurückkehrten,
– sich mit der Absicht, auszuwandern, von zu Hause aufmachten, jedoch wegen fehlender Mittel, mangels Papieren und so weiter von den Behörden festgehalten und zurückgeschickt wurden,
– wie viele Menschen im wehrfähigen Alter emigrierten,
– und schließlich, wie viele zum Zweck der Emigration ihren Grund und Boden verkauften, zu welchem Preis, und wer diesen kaufte.

Allerdings sind die meisten Bezirkshauptmannschaften nicht imstande, vielleicht auch nicht willens, die verlangten Daten zu liefern; sie verfügen nicht über das nötige Personal, um die gewünschten Statistiken zu erstellen, oft fehlen die nötigen Unterlagen ganz oder sind nicht ordentlich archiviert.

Auch ohne statistisches Material halten die Verhaftungen an. In Brzezinka wird der 47-jährige Julius Neumann festgenommen, Pächter der Bahnhofsrestauration, ein Veteran der dunklen Geschäfte mit Auswanderern. Neumann, »ein klein gewachsener, stämmiger Mann mit watschelndem Gang und einem Gesicht wie ein Uhu«, hat in Oświęcim schon massenhaft Schiffskarten verkauft, als es dort noch keine Vertretungen der Hamburg-Amerika-Linie oder des Norddeutschen Lloyd gab. In seiner Wertheim-Kassa werden, einem nach Oświęcim geeilten Journalisten zufolge, »ganze Stöße von Aktien, Obligationen und anderen Wertpapieren« gefunden. In einer zur Agentur des Norddeutschen Lloyd gehörenden Gaststätte stoßen die Beamten auf einen Transport russischer Auswanderer aus dem Gouvernement Cherson, der soeben nach Bremen abgefertigt werden soll. Über die Stadt an der preußischen Grenze läuft ein bedeutender Teil der Auswanderung aus Russland, der legalen wie der illegalen – viele Emigranten werden von Schmugglern über die russisch-galizische Grenze geschleust. Die aufgegriffenen Russen werden einer strengen Befragung unterzogen; da sie genug Geld dabeihaben, lässt man sie laufen. Die Pächterin der Schenke, eine gewisse Rozalja Wachtel, wird festgenommen. Mehrheitlich sind die Verhafteten jedoch Männer unterschiedlichen Alters, mit den verschiedensten Berufen. Das dubiose Geschäft mit den Emigranten ist eine männliche Domäne, Frauen spielen nur am Rande eine Rolle.

Auch in Krakau, Nowy Sącz, Nowy Targ, Cieszyn, Zator, Żywiec, Sucha, Chabówka, Mielec, Tarnopol, Podwołoczyska, Czernowitz sowie in einigen oberungarischen Ortschaften finden Razzien statt. In Kolpach im Bezirk Hont in Ungarn wird Mihály Koperan, Händler mit Brimsen, »einer der eifrigsten Agitatoren und Vermittler von Auswanderern«, dingfest gemacht. In Sucha in der Nähe von Krakau wird Josef Schöner, 49 Jahre alt, so wie Neumann Pächter der Bahnhofsrestauration, verhaftet. Er hat sich der Hamburger Agentur gegenüber verpflichtet, Auswanderern Quartier zu geben und mit allen ihm zur Verfügung stehenden Mitteln dafür zu sorgen, dass sie nach Oświęcim weiterfahren und nicht eine Route zu einem anderen Grenzübergang wählen, was die Hamburger Agenten um ihre Provision bringen würde. Außerdem soll er ein Auge auf »Schwärzer und Winkelagenten« haben, die in der lukrativen Anwerbung und Vermittlung von Emigranten mitmischen wollen. Für seine Dienste erhält Schöner monatlich ein festes Gehalt von hundert Gulden.

Ein Nachfolger Schöners als Bahnhofsrestaurateur in dem an der Galizischen Transversalbahn gelegenen Sucha ist übrigens Hersch Mendel, genannt Maximilian oder Max, Wilder, Vater des Filmregisseurs Billy Wilder, der 1906 in Sucha als Samuel Wilder zur Welt kommt, nach glaubwürdigen Berichten im Bahnhofsgebäude, in dem sich das Restaurant befindet.

Weil das Auswanderungsgeschäft naturgemäß über Grenzen hinweg funktioniert, sind die galizischen und ungarischen Behörden bei der Verfolgung der unredlichen Agenten auf enge Zusammenarbeit angewiesen. Auch das Innenministerium in Wien zeigt großes Interesse an der Causa und verlangt von den zuständigen Stellen, laufend informiert zu werden.

Zwar heißt es in Artikel 4 des Staatsgrundgesetzes von 1867: »Die Freiheit der Auswanderung ist von Staats wegen nur durch die Wehrpflicht beschränkt«, doch in verschiedenen Erlässen wird eine strenge Überwachung ausländischer Schifffahrtsgesellschaften »im Interesse der Hintanhaltung von Auswanderungen« verfügt. Das gilt insbesondere für Emigrationsagenturen wie die in Oświęcim.

Vierzig Kisten eingepackt

Wadowice ist ein verschlafenes Städtchen an den Ausläufern der kleinen Beskiden, einer zu den Karpaten gehörenden Hügelkette. Die zirka 5000 Einwohner zählende Ortschaft zwischen Krakau und Oświęcim ist Sitz einer Bezirkshauptmannschaft, eines Obergymnasiums und eines Landesgerichts. Dass der Prozess gegen Herz und Co. in diesem Provinznest stattfinden soll, erregt in der Öffentlichkeit Erstaunen und Kritik. Das zweistöckige Gerichtsgebäude wurde erst wenige Jahre zuvor errichtet, ebenso das hinter dem Gericht befindliche Untersuchungsgefängnis. Neben den Amtsgebäuden besitzt das Städtchen eine stattliche Pfarrkirche am Ringplatz, eine Reihe anderer Kirchen, einige jüdische Bethäuser und ein paar bescheidene Hotels und Lokale; besondere Sehenswürdigkeiten gibt es keine. Eine typische galizische Kleinstadt. Auf einen Prozess dieser Größenordnung ist Wadowice nicht vorbereitet.

Der Verhandlungssaal im neuen Gerichtsgebäude erweist sich für die zahlreichen Angeklagten und ihre Anwälte als zu klein, vom regen Publikumsinteresse einmal ganz abgesehen. Die Verhandlungen müssen daher in die für diese Zwecke adaptierte Halle des Polnischen Turnvereins Sokół verlegt werden – von der Decke baumeln noch Ringe und Strickleitern, mit denen die Wadowicer Turner sonst ihre Körper stählen.

Zum Prozess haben sich Berichterstatter aus der ganzen

Welt angemeldet: Deutsche, Franzosen, Engländer, sogar Amerikaner, wie polnische Blätter stolz vermerken. Die meisten Journalisten wohnen in Krakau und fahren täglich mit dem Zug nach Wadowice, die Bahnverbindung wurde vor kurzem fertiggestellt. Der Zug um 9.20 Uhr morgens, mit dem die Zeitungsleute und einige auf freiem Fuß befindliche Angeklagte täglich aus Krakau anreisen, wird von den Eisenbahnern bald »der Amerikanische« genannt, weil es in dem aufsehenerregenden Prozess hauptsächlich um die Auswanderung nach Amerika geht. Dementsprechend nennt man die Angeklagten im Volksmund, halb respektvoll, halb spöttisch, die »Amerikaner«.

Die angereisten Journalisten klagen über die Enge und Provinzialität der Kleinstadt. Das Telegraphenamt ist nur mit einem Beamten besetzt, ähnlich die Post, die wenigen Restaurants lassen zu wünschen übrig – wie sollen sie unter solchen Bedingungen ihrer Arbeit nachgehen?

Insgesamt stehen 66 Angeklagte vor dem Richter, 439 Zeugen sind aufgeboten, die Angeklagten werden von sieben Verteidigern vertreten. Viele Verhaftete sind mangels an Beweisen schon vor der Verhandlung wieder auf freien Fuß gesetzt worden, andere müssen sich in gesonderten Verfahren verantworten, ein paar werden steckbrieflich gesucht, einigen ist es gelungen, sich rechtzeitig abzusetzen – unter anderem nach Amerika.

Die k.k. Staatsanwaltschaft hat eine umfangreiche Anklageschrift vorbereitet. Es geht um zahlreiche Fälle von Betrug, um öffentliche Gewalttätigkeit, begangen durch widerrechtliche Beraubung der Freiheit der Auswanderer, Vorschubleistung zum Verbrechen nach Paragraph 220 St.GB., begangen durch Verleiten zur Desertion, um Amtsmissbrauch, Verleitung zum Amtsmissbrauch, Erpressung,

Bestechung und so weiter und so fort; der Katalog der Beschuldigungen ist lang.

Der Prozess beginnt am 18. November 1889 unter der Führung von Landesgerichtsrat Lipka. Die Anklage vertritt Henryk Ogniewski, er hat bereits die Razzien in Oświęcim und Brzezinka geleitet und ist in die komplexe Materie ausgezeichnet eingearbeitet.

Hauptangeklagte sind die Vertreter der Hamburger Auswanderungsagentur in Oświęcim, Jakob Klausner, 32 Jahre alt, Handelsagent in Brody und Besitzer der 1887 von ihm gegründeten Agentur, Simon Herz, fünfzig, Hoteleigentümer in Oświęcim, Julius Löwenberg, fünfzig, Abraham Landerer und Arthur Landau, beide 38 Jahre alt. Landerer gibt als Beruf Lederhändler an, Landau ist Handelsagent in Krakau. Herz führt die Hamburger Agentur als Klausners Bevollmächtigter, Löwenberg, Landerer und Landau sind gleichberechtigte Gesellschafter in der Firma. Ein sechster, stiller Gesellschafter ist der Bahnhofsrestaurateur Julius Neumann. Als Pächter betrieb er jahrelang neben dem Wirtsgeschäft einen florierenden Verkauf von Schiffskarten für deutsche und andere Transatlantiklinien, bis ihm die Direktion der staatlichen Nordbahn das verbot, weil es im Bahnhofsgebäude und auf den Perrons ständig zu Krakeelereien und stürmischen Szenen mit Auswanderern kam. Neumann wurde vor die Wahl gestellt, sich zwischen der Bahnhofsrestauration und dem Agenturgeschäft zu entscheiden – er wählte das Restaurant, behielt jedoch auch die Agentur, die er offiziell an Simon Herz übergab, wobei er als stiller Gesellschafter beteiligt blieb. Neben den sechs Gesellschaftern sind in der Agentur noch zwei Angestellte tätig, Stanisław Halatek als Buchhalter und Kassier und Carl Gutmann für die Korrespondenz.

Wie sich beim Prozess herausstellt, beschäftigt die Agentur ein kleines Heer von Subagenten und Zutreibern, die entweder feste Gehälter oder Provisionen beziehen, ein Kopfgeld für jeden der Agentur zugeführten Emigranten.

In Wadowice steht eine ganze Schar solcher Subagenten, auch Winkelagenten genannt, vor dem Richter, voran Josef Eintracht aus Krakau, Salomon Ehrlich aus Podgórze bei Krakau, Franciszek Krasucki aus derselben Ortschaft, Josef Schöner, Bahnhofsrestaurateur in Sucha, Wolf Eichhorn, Salomon Lachs und Chaim Mangel aus Nowy Sącz (Neu Sandez) und viele andere.

Die vor allem in Oświęcim zum Einsatz kommenden Zutreiber könnte man die Soldaten der Agentur nennen: Ausgerüstet mit derben Knütteln, haben sie dafür zu sorgen, dass die eintreffenden Auswanderer auch tatsächlich im Büro der Hamburger Agentur landen, um dort die Schiffskarten nach Amerika zu kaufen, und nicht im nahe gelegenen Büro des Norddeutschen Lloyd, das ebenfalls seine Zutreiber beschäftigt. Neben den beiden großen Agenturen gibt es noch zahlreiche Winkelagenten, die sich am Bahnhof herumtreiben und auf eigene Rechnung Schiffskarten an den Mann bringen wollen. Auch vor denen sollen die Büttel der Agentur die Auswanderer schützen. Die meisten Zutreiber sind, laut Zeitungsberichten, schon früher bei Herz und Löwenberg in Diensten gestanden, nämlich als Viehtreiber, das war offenbar eine hervorragende Schulung für den Umgang mit armen, unwissenden Auswanderern. Wie aus den Rechnungsbüchern hervorgeht, beziehen die meisten Zutreiber ein fixes Gehalt.

Allerdings sind die Rechnungsbücher nur lückenhaft: Beim Prozess kommt ans Licht, dass es den Angeklagten trotz der überraschend angesetzten Razzia gelungen ist, eine Reihe wichtiger Unterlagen mit den brisantesten Aufzeichnungen rechtzeitig beiseitezuschaffen. Wie sie das bewerkstelligt, ob sie einen warnenden Hinweis von oberster Stelle erhalten haben, lässt sich nicht herausfinden.

Die zweite große Auswanderungsagentur in Oświęcim ist für den Norddeutschen Lloyd in Bremen tätig und wurde erst im Mai 1888 eröffnet. Ihre Konzession ist auf den Gutsbesitzer Vinzenz (Wincenty) Zwilling, 27 Jahre alt, ausgestellt. Zwilling fungiert jedoch bloß als Strohmann, geleitet wird das Büro von Christian Eikemayer, 45, aus Bremen und dem Kanzlisten Adolf Löw, 29. Zwilling, Eikemayer und Löw befinden sich ebenso unter den Angeklagten wie Hermann Zeitinger, in dessen Lokalität in Brzezinka die Agentur ihren Sitz hat. Zeitinger war vorher für Herz tätig, nach der Eröffnung der Bremer Agentur bot er jedoch dieser seine Dienste an, weil sie ihm bessere Bedingungen offerierte. Geschickte Agenten verstehen es, von der Konkurrenz der Schifffahrtslinien zu profitieren, indem sie diese gegeneinander ausspielen.

Auch die Bremer Agentur in Oświęcim verfügt in ganz Galizien über ein dichtes Netz von Subagenten und anderen Helfern, deren Aufgabe darin besteht, möglichst viele Auswanderer herbeizuschaffen und nach Oświęcim zu lenken.

Die beiden Schiffskartenbüros erweisen sich als wahre Goldgruben. Die Hamburger Agentur transportiert vom 1. Mai 1887 bis 23. Juli 1888 12 406 Personen nach Amerika, die jüngere Bremer Agentur fertigt vom 10. Mai bis 24. Juli 1888 immerhin 615 Personen ab. Das sind die offiziellen Zahlen; dazu kommen die Dunkelziffern, Auswanderer, die von Helfern der Agenturen über die Grenze geschmuggelt werden. Das Hamburger Büro schickt im genannten Zeitraum für die verkauften Schiffskarten (nach Abzug der Provision) einen Betrag von 595 461 Gulden in die Alsterstadt, wahrscheinlich noch einmal so viel verschwindet in dunklen Kanälen.

Beim Prozess kommen haarsträubende Dinge zur Sprache. Vor allem die Hamburger Vertretung von Simon Herz ist in Galizien bis in die entlegensten Weiler präsent. Den Schankwirten in den Dörfern fällt es in der Regel nicht schwer, leichtgläubige Dörfler zur Auswanderung zu überreden. Sie kennen die Schwächen der Leute und wissen Bescheid über ihre materiellen Verhältnisse. Unterstützung erfahren die Wirte von reisenden Winkelagenten. Die fahren von Dorf zu Dorf, städtisch gekleidet, mit dicken Goldketten und Goldmünzen, die sie beim freigebig spendierten Wodka bereitwillig herzeigen, als Beweis für den Reichtum, den jeder in Amerika im Handumdrehen erwerben kann. Dazu haben sie Broschüren und Bilder dabei, um ihre Berichte zu illustrieren, und Briefe von Auswanderern, in denen diese die Agentur und die neue Heimat in den höchsten Tönen preisen. Die Briefe schreiben die Winkelagenten entweder selber oder sie bekommen sie von Schiffsagenturen in Hamburg, die sie von abreisenden Bauern besorgt haben.

Wie das funktioniert, geht aus einem Brief eines Hamburger Auswandererexpedienten an Klausner hervor, der bei seiner Verhaftung beschlagnahmt wird. »Ich habe heute vor Abgang des Schiffes von mehreren Slowaken einen schönen Dankbrief an Herz schreiben lassen, worunter sich mehrere unterzeichnet haben«, heißt es dort.

Sind die slowakischen und galizischen Bauern besonders ignorant und leichtgläubig, dass man sich solche Gaunerstücke mit ihnen erlauben kann? Nicht unbedingt. Betrügereien sind nicht nur in Oświęcim an der Tagesordnung, auch andernorts wimmelt es von Bauernfängern und Beutelschneidern, von denen sich sogar halbwegs gebildete Menschen, Städter und Zeitungsleser, an der Nase herumführen lassen, wenn nur auf irgendeine Weise das magische Wort Amerika ins Spiel gebracht wird. Darauf setzen etwa die Verfasser jener Schreiben, in denen die p. t. Empfänger in gedrechselten Worten aufgefordert werden, sechzig Gulden an einen gewissen Robert E. Morton Esqu. in London, 5, Wilton Road zu überweisen. »Dafür erhalten sie postwendend eine Uhr von doppeltem Wert, gefertigt in einer amerikanischen Uhrenfabrik.«

Diese Aufforderung wird zur selben Zeit, da in Wadowice verhandelt wird, an zahlreiche Adressen in Galizien verschickt. Und obwohl alle Zeitungen vor dem durchsichtigen Schwindel warnen, gehen viele Empfänger auf das Angebot ein und schicken den verlangten Betrag nach London. Sechzig Gulden sind viel Geld, so viel kostet, wenn man Glück hat und geschickt verhandelt, die Überfahrt nach Amerika im Zwischendeck. Eine Uhr bekommen die Geprellten natürlich nicht. Bauern und Tagelöhner sind unter ihnen keine zu finden, die können sich solche Extravaganzen nicht leisten.

Wenn sich Dorfleute einmal zur Amerikafahrt entschließen (oder überreden lassen), sehen sie sich häufig gezwungen, ihr gesamtes Hab und Gut zu verkaufen, um überhaupt die Reisekosten aufbringen zu können. Was tut's, sie fahren ohnehin weg, nicht schade um die schäbige Hütte und die schmalen Felder! Häufig werden dann Hütte und Felder vom selben Schankwirt oder Agenten erworben, der den Bauern zur Auswanderung angeworben hat. Den billig gekauften Grund kann der Vermittler dann selber nutzen oder mit schönem Gewinn weiterverkaufen.

Besondere Bedeutung in der raffinierten Organisation der Auswanderungsagenturen kommt den Bahnbediensteten zu. In Wadowice stehen allein zwölf Kondukteure der k.k. Staatsbahn vor dem Richter, Ignacy Żmudziński aus Zator, Józef Zrymka aus Bochnia, Józef Mierosławski aus Krakau, Gerwazy Wałkowiński aus Krakau, Władysław Wowotarski aus Radgoszcz und andere. Alle wurden vom Dienst suspendiert, können sich jedoch auf freiem Fuß verantworten. Ihre materielle Lage ist elend. Einige haben vielköpfige Familien zu ernähren, die kümmerlichen Ersparnisse reichen nicht weit. Um Kosten zu sparen, mieten die angeklagten Eisenbahnschaffner in Wadowice gemeinsam zwei unmöblierte Zimmer, in denen sie auf Stroh schlafen. Als sich die Verhandlung in die Länge zieht, ersuchen sie den vorsitzenden Richter, sie bis zum Ende des Prozesses ins Gefängnis zu stecken, sie wollen lieber eingesperrt sein als verhungern. Landesgerichtsrat Lipka weist das zurück, lässt aber jedem von ihnen aus der Gerichtskassa vierzig Kreuzer pro Tag auszahlen.

Einer der Geschworenen, ein gewisser Międzybrodski, hat mehr Glück. Er kommt aus einer kleinen Ortschaft außerhalb von Wadowice und ist so arm, dass er sich nicht einmal das billigste Zimmer leisten kann, weshalb er um Unterbringung von Amts wegen ersucht. Als einzige Möglichkeit bietet sich das Untersuchungsgefängnis an, in dem man ihm eine Zelle zuweist.

Die Bahnkondukteure werden beschuldigt, sich an den Betrügereien der Agenten beteiligt, die Auswanderer zur Fahrt über Oświęcim und zum Kauf der Schiffskarten in der Herzschen Agentur überredet oder sogar genötigt zu haben. Die Kondukteure bearbeiteten während der Zugfahrt die Auswanderer, die Schiffskarten unbedingt bei der Hamburger Agentur zu kaufen, die sei als einzige dazu berechtigt, alle anderen Agenturen seien Schwindler und Betrüger, vor denen sie sich in acht nehmen müssten.

Solche Worte aus dem Mund des Trägers einer staatlichen Uniform machen auf einfache Auswanderer naturgemäß großen Eindruck.

Eine der wichtigsten Bahnstationen für die Hamburger Agentur ist die an der Galizischen Transversalbahn liegende Station Sucha. Nach Sucha werden Amerikagänger aus den slowakischen Gebieten Oberungarns dirigiert; theoretisch können sie von hier zwischen zwei verschiedenen Strecken nach Deutschland wählen, entweder über Skawina, Podgórze und Oświęcim oder über Żywiec, Biała und Dziedzice. Beide Wege führen zur Bahnstation Myslowitz in Preußen.

Die zweite Route ist etwas kürzer. Doch Reisende, die sich für die Fahrt über Żywiec entscheiden, sind für die Agentur in Oświęcim verloren. Daher richten Herz und Löwenberg in Sucha einen großen Stützpunkt ein, besetzt mit erfahrenen Mitarbeitern: dem Agenten Majer Enoch Barber, dem Bahnhofsrestaurateur Josef Schöner, dem Bahnhofsvorstand Josef Heumann, dem Bahndiener Jan Widuch sowie Carl Schramm, Kanzleidiener in Sucha. Auch der Kommandant des k. k. Gendarmeriepostens in Sucha, Jan Hubeny, der Bahnportier Józef Szczurek und nicht zuletzt der Bahnkassier Stanisław Jaworski stehen im Sold der Herzschen Agentur.

Die Agenten versuchen mit allen erdenklichen Mitteln, die Auswanderer nach Oświęcim zu lenken. Die Strecke über Skawina sei billiger, behaupten sie, wahrheitswidrig, und sicherer, außerdem lauerten auf der anderen Linie zahlreiche Polizei- und Gendarmeriekontrollen. Nicht alle lassen sich so leicht überzeugen. Inzwischen hat sich in galizi-

schen und slowakischen Dörfern herumgesprochen, dass Auswanderern in Oświęcim das Fell über die Ohren gezogen wird. Wer sich nicht überreden lässt oder bereits eine Fahrkarte für die andere Strecke besitzt, dem drohen Schöner und Konsorten mit den Gendarmen. Die Auswanderer werden gezwungen, eine neue Karte zu kaufen und die alte verfallen zu lassen. Wer protestiert, wird festgenommen und per Schub an den Heimatort zurückgeschickt. Meist genügt die Drohung oder das bloße Erscheinen eines uniformierten Vertreters der Staatsmacht, mit den Agenten im Bunde, dass die Auswanderer gehorsam Billetts nach Oświęcim erwerben. Hat gerade kein Gendarm Dienst am Bahnhof, werden Widerspenstige gewaltsam zur Gendarmeriekaserne geschleppt, wo man ihnen Geld und Papiere abnimmt und sie einsperrt. Postenführer Jan Hubeny erklärt in solchen Fällen, es sei gesetzlich verboten, über Żywiec zu fahren, wer das nicht glauben wolle, müsse im Karzer dunsten, bis er Vernunft annehme.

Selbst gewöhnliche Reisende werden, wenn man sie für Auswanderer hält, aus dem Zug nach Żywiec geworfen und in den nach Oświęcim gesetzt.

Beim Prozess in Wadowice sagt der Zeuge Władysław Poller aus Krakau, ein ehemaliger Beamter der Staatsbahn in Sucha, über die dortigen Vorfälle aus, er habe mehr als einmal gesehen, wie der Bahnrestaurateur Schöner verdächtige Depeschen nach Oświęcim aufgab: »Vierzig Kisten eingepackt«, »120 Stück aufgegeben« und so weiter. Anfangs habe er nicht gewusst, was damit gemeint sei, bis ihm jemand sagte, auf diese Weise würden Partien von Auswanderern avisiert. Er sei auch Zeuge geworden, sagt Poller, wie Postenführer Hubeny Auswanderer, die schon im Zug nach Żywiec saßen, gewaltsam aus dem Waggon holte und arretierte. Die Gendarmen hätten ausschließlich Leute, die nach Żywiec fahren wollten, festgenommen, wer nach Oświęcim fuhr, sei unbehelligt geblieben, auch wenn er im militärpflichtigen Alter war. Ähnliche Zustände herrschten auf allen Umsteigebahnhöfen auf der Strecke nach Oświęcim.

Der angeklagte Kondukteur Józef Mierosławski, 33, aus Krakau, gibt zu Protokoll, er sei gezwungen worden, die mit ihm reisenden Auswanderer daran zu hindern, vor Oświęcim den Zug zu verlassen, wenn nötig mit Gewalt.

Mierosławski: »Einmal haben mich in der Station Dwory-Przeciszów achtzehn Auswanderer gefragt, ob sie aussteigen dürfen. Natürlich, antwortete ich, und sie stiegen aus. Das sah der Zutreiber Sadger, der die Auswanderer eskortierte, er lief herbei und schrie mich an: ›Die Leute dürfen hier nicht aussteigen, die gehören mir!‹ Als ich ihm sagte, das gehe mich nichts an, brach er einen Streit vom Zaun, da kam der Stationsvorsteher dazu und ergriff Partei für mich. Sadger schwor, er werde dafür sorgen, dass ich und der Herr mit der roten Mütze, er meinte den Stationsvorsteher, nicht mehr lange Dienst machten. Tatsächlich wurde ich ein paar Tage später in die Direktion in Krakau gerufen, wo man mir sagte, wenn sich dieser Vorfall noch einmal wiederhole, würde ich entlassen.«

Wer nicht mit der Eisenbahn reist, sondern mit dem Wagen oder zu Fuß, dem ergeht es nicht besser; die Straßen werden von Fuhrleuten im Dienst der Agentur überwacht. Sie klauben die Auswanderer auf, denen sie unterwegs begegnen, und bringen sie für einen überhöhten Fuhrlohn nach Oświęcim. Wenn einer nicht einsteigen will, wird er bei der Gendarmerie angeschwärzt und nach Hause abgeschoben.

Federbusch und Federwein

Am Bahnhof von Brzezinka erwartet die Auswanderer eine noch schlimmere Behandlung. Die Amerikafahrer werden von Zutreibern vom Bahnsteig zur Agentur eskortiert oder besser: gescheucht, denn wer nicht freiwillig mitgeht, wird »mit dicken Metzgerknüppeln« getrieben wie widerspenstiges Vieh. Allerdings stehen bei jedem einrollenden Zug Handlanger beider in Oświęcim ansässiger Agenturen Spalier und raufen sich um die Ankömmlinge. Die Büttel sind nicht zimperlich, auch die Auswanderer, von den konkurrierenden Parteien hin und her gezerrt, kriegen ihren Teil ab. Eine bewährte Methode der Zutreiber besteht darin, den Menschen gleich beim Aussteigen Bündel, Packen und Kisten zu entreißen und damit schnurstracks zur Agentur zu rennen, so dass den um ihre Habe fürchtenden Besitzern nichts anderes übrig bleibt, als hinter ihnen herzulaufen.

Die Prügeleien unter den Zutreibern und die rüde Behandlung der Auswanderer sorgen unter den Bewohnern der Stadt seit langem für Unmut, doch die Behörden schauen geflissentlich weg. In Oświęcim redet man sich heraus, der Bahnhof gehöre zur Ortschaft Brzezinka, weshalb den Behörden von Oświęcim die Hände gebunden seien, in Brzezinka wird keiner tätig, weil alle mit den Agenturen unter einer Decke stecken, von den Finanzbeamten über den Gemeindepolizisten, den Gemeindesekretär und Gemeindeschreiber bis zu den Bahnbediensteten, angefangen vom Vorstand bis hinunter zum Portier. Alle halten die Hand auf oder beziehen sogar ein festes Gehalt von der Hamburger Auswanderungsagentur und, falls sie es geschickt anstellen, noch ein weiteres von der Vertretung des Norddeutschen Lloyd.

Viele Auswanderer sind bei ihrer Ankunft bereits im Besitz von Schiffskarten, sei es, weil ihnen diese von Verwandten in Amerika geschickt wurden oder weil sie sich die Karte vor Antritt der Reise besorgt haben – in Galizien existieren zahlreiche Verkaufsstellen. Sie haben keinen Grund, sich in Brzezinka nochmals eine Karte zu kaufen. In solchen Fällen kommt der wichtigste Helfer der Hamburger Agentur zum Einsatz, der Leiter des Zollamtes, Marceli Iwanicki, dem auch die Grenzpolizei am Bahnhof untersteht. Iwanicki geht in voller Adjustierung, allein oder mit einem Beamten, zu den Zügen, mit denen die Auswanderer kommen. Die begleitenden Agenten zeigen ihm diejenigen, die bereits Schiffskarten besitzen oder partout über Bremen fahren wollen. Diese werden vom Zollrevisor in sein Büro beordert, wo er ihnen Reisepapiere und Schiffskarten abnimmt und erklärt, die seien ungültig, sie könnten nur mit in der Herzschen Kanzlei gekauften Karten nach Amerika fahren. Wenn sich Auswanderer weigern, werden sie der Gendarmerie übergeben und abgeschoben. Manchmal gelingt es Reisenden, den Zutreibern oder Iwanicki vor dem Bahnhof zu entwischen, denen hetzt der Kontrollor seine Finanzwächter hinterher, um sie einzufangen.

»Emigranten, die in der Agentur von Herz die Schiffskarten kauften, konnten sich, ohne von Iwanicki behelligt zu werden, in seiner Gegenwart in den preußischen Zug setzen, um nach Hamburg zu fahren, egal, ob sie Militärangehörige oder im wehrpflichtigen Alter waren«, heißt es in der Anklageschrift. »Denn Iwanicki kümmerte sich nicht um den ihm überantworteten Polizeidienst und auch nicht um die Interessen des Staates, dessen Streitkräfte durch die massenhafte Auswanderung so empfindlich geschwächt wurden, sondern er ließ sich einzig und allein vom Wunsch nach Profit leiten, ihm ging es nur darum, sich die Taschen zu füllen.«

Anfangs erhielt Iwanicki einen Gulden Provision für jeden im Büro von Herz abgelieferten Auswanderer. Angesichts der wachsenden Zahl von Emigranten wurde die Provision später auf siebzig und dann sechzig Kreuzer herabgesetzt. Trotzdem streicht der Zollbeamte ansehnliche Summen ein, die sein Beamtengehalt um ein Vielfaches übersteigen.

In den Kassabüchern der Hamburger Agentur figuriert der gierige Zollinspektor unter verschiedenen, nicht sonderlich einfallsreichen Decknamen. Da heißt es zum Beispiel:

30. April 1888 Iwusch 1815 à 60 kr. = 1089 fl.

30. Mai Iwusch 792 fl.

Bei anderen Gelegenheiten wird er als »Iwanosich« oder »Iwan« geführt. Auch der k.k. Oberfinanzaufseher in Oświęcim, Adam Kostecki, Iwanickis rechte Hand, steht in Herzens Dienst, ebenso der Zollamtsvorstand Leon Srokowski. Kostecki firmiert in den Büchern als »Kostek«, Srokowski als »Srokow« oder »Srokerle«. Beide werden mit relativ bescheidenen Monatsgehältern abgespeist, allerdings aufgefettet durch ansehnliche Provisionen. Die unteren Chargen der Finanzwache werden in den Büchern der Hamburger Agentur als »grüne Leute« bezeichnet, wegen der Farbe ihrer Uniform, die Gendarmerie als »Federbusch«, »Feder« oder »Federwein«, weil die Gendarmen einen solchen auf dem zur Uniform gehörenden Jägerhut tragen. Die Polizei heißt, für die Verrechnung von Schmiergeldern, »Zolipei« oder »Lopicaj«.

Dass Staatsbeamte käuflich sind, erstaunt in Galizien nicht, die Korruption im ärmsten Kronland der Monarchie ist legendär, als jedoch der Hauptangeklagte Jakob Klausner freimütig zugibt, dass sogar der höchste Beamte im Verwaltungsbezirk Biała, Bezirkshauptmann Födrich, auf der Gehaltsliste der Hamburger Agentur stand, sorgt das für eine veritable Sensation. Der Bezirkshauptmann wird suspendiert, doch trotz heftiger Proteste der Verteidiger lehnt es der Gerichtshof ab, den korrupten Beamten zum Prozess vorzuladen. Das sei nicht nötig, bescheidet der Vorsitzende knapp, vermutlich einer Weisung aus Wien folgend. Ein hoher Vertreter des Staates neben jüdischen Emigrationsagenten auf der Anklagebank, das wäre denn doch zu viel.

Um sich die arglosen Auswanderer leichter gefügig zu machen und jeden Widerstand nach Möglichkeit im Keim zu ersticken, haben Herz und Konsorten die Hamburger Agentur im Erdgeschoß des Hotels de Zator wie eine Amtskanzlei eingerichtet. Der Raum, in dem die Auswanderer empfangen werden, ist durch eine hölzerne Barriere abgeteilt, vor der die Ankömmlinge Aufstellung nehmen müssen, dahinter residieren die Agenten. An der Wand gegenüber dem Eingang hängt ein großes Bildnis des Kaisers, daneben ein Blechschild mit dem kaiserlichen Doppeladler, die anderen Wände zieren Bilder von Schiffen und amerikanischen Städten und Landschaften.

Nachdem die Auswanderer in das Büro getrieben wurden, bezieht ein Wächter vor der Tür Posten, damit keiner entwischt und kein Unbefugter Zeuge der Szenen wird, die sich in der Kanzlei abspielen. Zunächst werden die Auswanderer aufgefordert, Ausweispapiere, Fahrkarten und alles Geld vorzuzeigen. Für gewöhnlich haben sie das Geld versteckt, im Saum von Mänteln und Jacken, in den Stiefeln, im Hosenbund, in der Mütze. Alles müssen sie hervorholen, die Agenten kennen jedes Versteck. Glauben sie einem der Auswanderer nicht, dass er alles Geld herausgerückt hat, wird er einer strengen Leibesvisitation unterzogen. Die Papiere und Fahrkarten werden einbehalten. Damit sind die Auswanderer den Agenten ausgeliefert. Hat man ihnen das Geld einmal abgenommen, wird der Preis für die Bahnkarte nach Hamburg und die Schiffskarte nach Amerika genannt. Der Preis variiert, je mehr Geld einer dabeihat, desto teurer die Karte.

Nur wenige Auswanderer wissen, dass die Hapag in Hamburg zwei Linien betreibt, neben der Packetfahrt-Actien-Gesellschaft noch die Union-Linie, auf deren Schiffen die Passage billiger kommt. Die Union-Linie entstand aus der Fusion zweier Hamburger Reedereien, der Firma Edward Carr und der Firma Rob. M. Sloman & Co., beide Konkurrenten der Hapag, bis diese 1888 die Linie übernahm, samt ihrem Passagedirektor Albert Ballin, unter dem die Hapag ihre glanzvollsten Zeiten erleben sollte. Die Schiffe der Union-Linie sind meist gewöhnliche Frachtdampfer, auf denen neben Gütern auch Zwischendeckpassagiere befördert werden. Weil sie langsamer und weniger komfortabel sind als die sogenannten Kajütsdampfer der Packetfahrt, ist die Passage von Hamburg nach New York um zehn Mark billiger. Während die Schiffe der Packetfahrt für die Überfahrt zehn bis vierzehn Tage benötigen, sind die der Union dreizehn bis zwanzig Tage unterwegs. Packetfahrt oder Union, die Emigranten in Oświęcim haben keine Ahnung, wo der Unterschied liegt; die Agenten nützen die Ahnungslosigkeit aus und berechnen jedem den Preis für die Packetfahrt, auch wenn er auf einem Schiff der Union nach Amerika geschickt wird. Diese Vorgangsweise sei einfacher gewesen, erklären sie vor Gericht.

Vom Mai 1887 bis Mai 1888 expediert die Agentur in Oświęcim laut Anklageschrift 3210 erwachsene Auswanderer mit der Union-Linie, denen ausnahmslos der Preis für die Packetfahrt berechnet wird, also zehn Mark zu viel – macht 32 100 Mark, die allein aus diesem Titel unrechtmäßig in die Taschen der Agenten fließen.

Auch in anderen Fällen sind sie beim Rechnen großzügig und setzen die Preise willkürlich fest: Von einem nehmen sie sechzig Gulden, vom nächsten 65, dann wieder 75 oder sogar hundert, je nachdem, wie sie die Zahlungsfähigkeit des vor ihnen Stehenden einschätzen und wie viel Bargeld er bei sich trägt. Weigert sich einer, den erhöhten Preis zu bezahlen, bekommt er in barschem Ton zu hören, er befinde sich in einer Kanzlei Seiner Majestät des Kaisers, hier gebe es keinen Betrug und keine Zigeunerei, so und so hoch sei die Taxe und damit basta. Wenn das nichts hilft, tritt der »Bezirkshauptmann« in Aktion. So wird Julius Löwenberg genannt, der manchmal in der Uniform eines kaiserlichen Beamten hinter der Barriere sitzt. Zeugen sagen beim Prozess aus, Löwenberg habe wiederholt widerspenstige Auswanderer geohrfeigt und mit Arretierung und Auslieferung an die Bezirkshauptmannschaft zwecks Zwangsschubes in die Heimatgemeinde bedroht. Das wirkt in der Regel.

Ehe die Dorfbewohner von zu Hause aufbrechen, schärfen ihnen die Agenten und ihre Helfer ein, die Auswanderung aus Österreich sei streng verboten, so dass die leichtgläubigen Emigranten ständig befürchten, verhaftet zu werden. Nicht wenige haben tatsächlich Grund zur Sorge, weil sie im wehrfähigen Alter stehen oder sogar vom Militär desertiert sind. Solche Personen lassen sich besonders leicht einschüchtern und ausnehmen.

Auswanderern, die nach Bremen fahren wollen, wird gesagt, das sei nicht erlaubt, die preußischen Behörden ließen das nicht zu. Oder, in Oświęcim gebe es keine Bremer Agentur, manchmal wieder heißt es, das hier sei die Bremer Agentur. Dann verkauft man ihnen Schiffskarten für die Hamburg-Amerika-Linie und redet ihnen ein, die seien für den Norddeutschen Lloyd in Bremen. Weil die meisten Dörfler nicht lesen können, haben die Agenten leichtes Spiel. So mancher Auswanderer kommt erst in Bremen drauf, dass er eigentlich eine Karte für Hamburg in Händen hält, dann muss er auf eigene Kosten dorthin, wodurch er Zeit und natürlich Geld verliert.

Um Auswanderer davor abzuschrecken, die Reise auf eigene Faust anzutreten, unterhält die Hamburger Agentur entlang der Grenze Scharen von Spitzeln, die Meldung erstatten, sollten Menschen auf Schleichwegen nach Preußen gelangen. Die werden von Herz und seinen Mitarbeitern bei der preußischen Polizei in Myslowitz denunziert, damit sie die Leute verhaftet und wieder zurückschickt. Aus den konfiszierten Rechnungsbüchern geht hervor, dass sogar preußische Polizisten von der Hamburger Agentur für ihre Dienste bezahlt wurden. Das wird in Galizien mit einer gewissen Befriedigung aufgenommen: Also sind auch preußische Beamte nicht unbestechlich, obwohl sie sich ihren galizischen Kollegen gegenüber gern überheblich geben. Preußen, das Land der Gottesfurcht und guten Sitten, heißt es in Galizien spöttisch – später wird das, mit noch mehr Häme, abgewandelt in das Land der Gottesfurcht und Pickelhaube. Herz scheint jedenfalls die preußischen Beamten gut zu kennen, denn er sorgt dafür, dass Auswanderer unbehelligt über die Grenze kommen, sofern sein Büro die Reise organisiert hat.

Im Fall der vier Slowaken, die in Stare Stawy von der Gendarmerie angehalten wurden, ist anzunehmen, dass Herz oder einer seiner Helfer die Behörden der Ortschaft bestochen haben, so dass diese die Leute laufen ließen. Das Protokoll der von der Bezirkshauptmannschaft Biała angeordneten Vernehmung von Herz durch die Zollbehörde vom 29. Mai 1888 wurde von Marceli Iwanicki unterschrieben – kein Wunder, dass bei der Befragung nicht viel herauskam. Angesichts seiner Beziehungen war es für Herz ein Kinderspiel, die flüchtigen Slowaken vor der Nase der Behörden über die Grenze zu schaffen.

Beim Verkauf der Schiffskarten bedienen sich die Agenten gern eines eigentümlichen »Telegraphen«. Es handelt sich um eine gewöhnliche blecherne Weckuhr, die Abraham Landerer, von seinen Kumpanen »Schiffsdirektor« genannt, bedient. Der »Schiffsdirektor« zieht den Wecker auf und lässt ihn läuten, damit stellt er angeblich die »telegraphische Verbindung« nach Hamburg oder Amerika her. Zuerst erkundigt er sich, ob noch Platz auf dem Schiff sei. Dann wird der Wecker erneut aufgezogen und die Antwort entgegengenommen. Für jedes derartige »Telegramm« muss der Auswanderer vier bis sechs Gulden berappen. Mithilfe der Weckuhr wird schließlich in Amerika angefragt, ob dort Grund und Boden für diesen oder jenen Auswanderer zu haben sei. Am Ende kommt der »Kaiser von Amerika« ins Spiel, bei dem man, ebenfalls mit Hilfe des blechernen Weckers, anfragt, ob er so gnädig sei, den neuen Untertanen in seinem Reich aufzunehmen.

Mit dem schrillenden Wecker lassen sich auch renitente

Bauern trefflich ins Bockshorn jagen: Denen droht Landerer, den Gendarmen zu telegraphieren, damit sie die Unruhestifter abführen. Meist genügt es, den Wecker einmal läuten zu lassen.

Der ruthenische Kleinbauer Mykołaj Malyniak aus einem Weiler in der Nähe von Grybów in den Beskiden erzählt vor Gericht, er habe in seinem Leben vorher noch nie eine Uhr gesehen, weshalb er auf den Schwindel mit dem Wecker hereinfiel. In vielen galizischen Dörfern besitzt niemand eine Uhr, die Bauern orientieren sich nach dem Stand der Sonne, nach den Sternen, nach dem Krähen des Hahnes.

Ist die Schiffskarte gelöst, der Grund und Boden in Amerika bestellt und auch der »Kaiser von Amerika« günstig gestimmt, folgt noch eine ärztliche Untersuchung, ob der Auswanderer körperliche Mängel aufweist, die ihn für die Aufnahme in Amerika disqualifizieren. Einer der Agenten gibt den Arzt, der eine gründliche »Untersuchung« durchführt, für die sich der Auswanderer entkleiden muss. Bei dieser Gelegenheit halten die Angestellten der Hamburger Agentur noch einmal Nachschau, ob er in der Kleidung oder am Leib Geld versteckt hat. Findet der »Arzt« nichts, ist eine Gebühr fällig, legt er jedoch die Stirn in Falten und wackelt sorgenvoll mit dem Kopf, flüstert einer der Agenten dem verängstigten Bäuerlein ins Ohr, er solle dem »Arzt« etwas in die Hand drücken, um ihn umzustimmen.

Klausner und Herz rufen während der Verlesung der Anklageschrift immer wieder wie aus einem Mund: »Das sind ja Geschichten aus 1001 Nacht …«, was ihnen strenge Verweise des Richters einträgt. Zeugen bestätigen die Richtigkeit der Anklage. Der achtzehnjährige Zutreiber Baruch Band, von Beruf Metzger, beschreibt, wie die ruthenischen Bauern in der Hamburger Agentur behandelt wurden:

»Ganze Tage sind sie im Schuppen eingesperrt gewesen. Ein Hund hat es bei mir besser, ich hab hier im Kriminal ein viel besseres Leben, als es die Auswanderer bei Herz und seinen Leuten hatten.«

Auf diese Weise werden die Auswanderer gründlich ausgenommen und ihrer Barschaft beraubt. Sind alle Formalitäten in der Agentur erledigt, müssen die »amerikanischen Bären«, wie die Agenten die Bauern untereinander nennen, noch eine »amerikanische Uniform« erwerben. Man redet ihnen ein, sie könnten sich unmöglich in ihren bäuerlichen Kitteln, Joppen und Schafpelzen auf die Reise machen, sondern müssten diese gegen städtische Kleidung tauschen. Praktischerweise befindet sich im Hotel de Zator, gleich neben der Agentur, der Laden des »Bezirkshauptmannes« Julius Löwenberg, wo sich die Auswanderer einkleiden können. Für einen Anzug aus billigstem Stoff sind acht Gulden fällig, obwohl er höchstens drei wert ist.

»Wenn einer den ihm angebotenen Anzug nicht kaufen wollte«, sagt Baruch Band, »wurde er von Löwenberg geohrfeigt.«

Am Ende werden die Auswanderer noch zu einem Gehilfen von Herz geschickt, der ihnen einen »amerikanischen Haarschnitt« verpasst, ohne den man im fernen Land der Verheißung angeblich keinen Einlass findet.

Vorsitzender (zu Löwenberg): »Was sagen Sie zu diesen Vorwürfen?«

Löwenberg: »Auf solche Vorwürfe kann ich nichts sagen, das sind alles Lügen.«

Bis zur Abfahrt des Zuges werden die Auswanderer im Keller des Hotels de Zator oder in Schuppen und Stallungen untergebracht, manche verbringen hier mehrere Tage, da sie nicht genug Geld für die Weiterreise haben und warten müssen, bis sie von zu Hause etwas geschickt bekommen. In dieser Zeit dürfen sie die Unterkunft nicht verlassen, um nicht von Gendarmen aufgegriffen zu werden, die nicht auf der Gehaltsliste der Hamburger oder Bremer Agentur stehen. Doch selbst wenn nicht eingeweihte Gendarmen die Auswanderer festnehmen und im Gemeindearrest von Brzezinka abliefern, ist das kein Unglück. Der den Arrest bewachende Gemeindepolizist wird von der Herzschen Agentur geschmiert, weshalb es den Auswanderern leicht fällt, aus der unversperrten Zelle zu spazieren und zum Zug nach Preußen zu eilen. Der Vorsitzende verliest einen Brief von Löwenberg an Klausner, in dem sich Löwenberg eines »Husarenstücks« gegenüber den Gendarmen rühmt, die am Bahnhof von Brzezinka nach Deserteuren suchten, während diese, »23 Stück, versteckt wie die Bären«, im Keller des Hotels de Zator hockten.

Die Vorgänge am Bahnhof von Oświęcim erregen unter der Bevölkerung solches Ärgernis, dass rechtschaffene Bürger der Stadt den Entschluss fassen, eine Petition an den Wiener Reichsrat zu schicken. Als Adressaten wählen sie, nicht zufällig, den notorischen Antisemiten Georg Ritter von Schönerer; er wird ersucht, »dem frechen jüdischen Treiben« Einhalt zu gebieten. Die Petition wird zur Post gebracht, landet jedoch, angeblich durch einen dummen Zufall, statt bei Ritter von Schönerer bei Josef Schöner, Bahnhofsrestaurateur in Sucha, einem Handlanger von Klausner und Herz. Während des Prozesses stellt sich heraus, dass ein amtsbekannter Winkelschreiber, einer der eifrigsten Befürworter der Petition, diese absichtlich an den falschen Adressaten schickte, wofür er von Herz mit hundert Gulden entlohnt wurde.

Der Holzhändler Moses Leib Messita aus Chorostków wollte sich im Mai 1888 gemeinsam mit einem Bekannten in Geschäften nach Hamburg begeben. Am Bahnhof von Oświęcim wurden sie von Iwanicki angehalten und aufgefordert, in der Hamburger Agentur Schiffskarten nach Amerika zu erwerben. »Verkaufen Sie uns Schiffskarten nach Berlin, wenn Sie können, denn wir wollen gar nicht nach Amerika fahren«, spottete Messita. Darauf nahm ihnen Iwanicki Reisedokumente und Geld ab und übergab sie der Gendarmerie. Erst nach vierzehn Tagen und zahlreichen Protesten wurde ihnen ihr Eigentum zurückerstattet, und sie konnten die unterbrochene Reise fortsetzen.

Die Berichte der Zeugen wiederholen sich, sie erzählen, wie sie bedrängt, bedroht und betrogen wurden. Der Gendarmerie-Wachtmeister Ochabowicz sagt, dazu befragt, dass die Ordnungshüter in Oświęcim bis zum Frühjahr 1888 die Instruktion gehabt hätten, alle Auswanderer zu arretieren, jedenfalls solche, die jung waren oder nicht genügend Mittel für die Weiterreise vorweisen konnten. Im Mai 1888 erteilte Bezirkshauptmann Födrich der Gendarmerie in Oświęcim dann den mündlichen Auftrag, die Geschäfte der Herzschen Agentur nicht weiter durch willkürliche Verhaftungen zu behindern und die polizeilichen Maßnahmen am Bahnhof Iwanicki und seinen Leuten vom Zoll zu überlassen.

Ein deutscher Amerikagänger

Es ist dem Gericht gelungen, ein paar Dutzend Geschädigte auszuforschen, die bereit sind, nach Wadowice zu kommen, um auszusagen; einige haben sich aus eigenen Stücken gemeldet, weil sie hoffen, den erlittenen Schaden ersetzt zu bekommen. Ein paar sind aus unterschiedlichen Gründen aus Amerika wieder zurückgekehrt, andere haben die Fahrt dorthin erst gar nicht angetreten, sie wurden unterwegs von den Behörden angehalten und wieder nach Hause geschickt. Im provisorischen Verhandlungssaal des Sokół-Gebäudes in Wadowice treten Juden, Ukrainer, Polen, Slowaken, Ungarn und auch Deutsche auf, um gegen Herz und Konsorten auszusagen.

Mathias Moos, ein Bauer aus Kranzberg im Bezirk Sambor, hat in den letzten Jahren mit seiner Wirtschaft keinen Erfolg gehabt: Seine zwei Kühe erkrankten an der Bräune, und obwohl er ihnen nach einem Aderlass das Maul mit warmem, verdünntem Essig, versetzt mit Salpeter, auswusch und reichlich trockenes Futter gab, waren sie nicht zu retten. Für den Kauf neuer Tiere reichte das Geld nicht, doch ohne Kühe kann ein Bauer nicht wirtschaften; auch die Ernte fiel zuletzt schlecht aus. Daher entschloss sich Mathias Moos, in die Vereinigten Staaten zu fahren, um sich dort etwas für nötige Anschaffungen und die Abzahlung der Steuerschulden zu verdienen.

Die deutsche Kolonie Kranzberg liegt an der Galizischen

Transversalbahn, an der Teilstrecke von Drohobycz nach Sambor, hier halten sogar die Züge: Die Station heißt Dublany-Kranzberg. Dublany, eineinhalb Meilen entfernt, ist der nächste größere Ort. Dorthin pilgern die frommen Kranzberger zum Kirchgang, auch bei strömendem Regen und Schneetreiben, weil es in ihrem Dorf keine Kirche gibt, nur eine Kapelle, doch immerhin besitzt Kranzberg eine einklassige Volksschule, was in Galizien zu dieser Zeit nicht selbstverständlich ist. Kranzberg ist katholisch, seine Bewohner sind fast ausnahmslos in der Landwirtschaft beschäftigt, ein paar besitzen große Wirtschaften mit größeren Feldern, Obstgärten, einem Stück Wald und genügend Vieh, die werden Grundwirte genannt. Die meisten sind jedoch so genannte Häusler, mit einem bescheidenen Haus, einem Garten und ein paar Joch Feldern, gerade genug, um sich durchzufretten; viele Häusler verdienen als Handwerker etwas dazu. Mathias Moos ist Häusler.

Die deutschen Siedlungen in Galizien sind ungefähr zur Hälfte evangelisch und zur Hälfte katholisch. Bei der Volkszählung von 1880 werden im ganzen Kronland rund 324000 Deutsche gezählt, bei einer Gesamtbevölkerung von knapp sechs Millionen macht das etwas über fünf Prozent. Die Zahl ist freilich irreführend, weil 1880 noch viele Juden als Deutsche gezählt werden. Der Zensus basiert auf der Umgangssprache, und Jiddisch wird als solche nicht anerkannt, so dass sich die Juden für Deutsch, Polnisch oder Ruthenisch entscheiden müssen. Man kann davon ausgehen, dass mindestens zwei Drittel der über 300000 Deutschen von 1880 Juden sind, die sich schon wenige Jahre später mehrheitlich zum Polentum bekennen.

Mathias Moos bricht im Mai 1887 mit vier Männern aus seiner Heimatgemeinde nach Amerika auf. Er war schon einmal drüben und ist wiederholt vor den Betrügereien in Oświęcim gewarnt worden, weshalb er und seine Begleiter beschließen, die Schiffskarten erst in Hamburg zu kaufen. Als sie nach Oświęcim kommen, werden sie jedoch von einer uniformierten Amtsperson – im Zeugenstand spricht Moos, eben erst von seiner zweiten Amerikareise zurückgekehrt, von einem »policeman« – angehalten und aufgefordert, sich in die Herzsche Agentur zu begeben. Als sie das ablehnen, droht der »policeman«, sie zu verhaften. Er eskortiert sie zur Agentur, wo man ihnen das Schild mit dem kaiserlichen Adler zeigt und erklärt, sie befänden sich in einem kaiserlichen Gericht, hier werde keiner betrogen. Wenn sie allerdings auf ihrer Weigerung, Karten zu kaufen, beharrten, würden sie unweigerlich wieder in Kranzberg landen. Dann wären alle bisher getätigten Ausgaben umsonst gewesen, vom Spott der Daheimgebliebenen nicht zu reden.

Den braven Kranzbergern bleibt nichts anderes übrig, als sechzehn Gulden Angabe pro Mann auf die Karte nach Amerika zu erlegen, dazu kommen die Eisenbahnbilletts nach Hamburg. Nachdem sie den Forderungen der Agenten nachgekommen sind, werden die fünf Männer über Nacht in einen Schuppen neben dem Hotel de Zator gesperrt. Am nächsten Tag setzt man sie in den Zug nach Preußen. In Hamburg erfahren sie, dass ihre in Oświęcim geleistete Vorauszahlung nicht anerkannt wird und sie den vollen Preis für die Schiffskarten bezahlen müssen. Auf diese Weise sind die fünf Auswanderer um mindestens achtzig Gulden geprellt worden – viel Geld für arme Landleute, dafür hätten sie ein paar Stück Vieh bekommen.

Als das Gericht Simon Herz mit der Aussage von Mathias Moos konfrontiert, weist er jede Schuld von sich: »Der Herr irrt sich, außerdem bin ich nicht dafür verantwortlich, was die Leute in Hamburg getrieben haben.«

Mathias Moos und seine Begleiter Johann Lill, Jacob Wolf, Thomas Turkowski und Hirsch Gompert, alle aus Kranzberg, nehmen am 17. Mai in Hamburg ein englisches Schiff nach Liverpool und von dort einen Liniendampfer nach Amerika. Auf diese Weise dauert die Reise länger, kommt aber billiger. Drei Wochen nach der Abreise aus Hamburg treffen Moos, Wolf und Lill in Philadelphia ein. Hirsch Gompert reist nach Boston.

Mathias Moos ist ein rastloser, unternehmender Mensch – oder wird er von der Not getrieben? Vor Gericht sagt er aus, er sei 1885 das erste Mal in Amerika gewesen. 1887 ist er zum zweiten Mal hinübergefahren. Jedes Mal nach Philadelphia. Und jedes Mal über England, einmal über Liverpool, dann über Glasgow, er findet immer die billigste Passage. 1889 reist Mathias Moos zum dritten Mal in die USA. Inzwischen ist er fünfzig. Seinen Beruf gibt er als Arbeiter an. In Kranzberg war er ein kleiner Bauer, wie die meisten deutschen Kolonisten. Doch es hält ihn nie für längere Zeit in Amerika, kaum drüben, kehrt er schon wieder zurück. Hat er Heimweh? Die Familie ist in Kranzberg geblieben. 1862 hat er dort Gertrude Focht geheiratet, ein Jahr älter als er, sie haben, wie aus den unvollständigen Quellen hervorgeht, mindestens zwei Kinder, geboren 1862 und 1872. Hat Mathias Moos versucht, in Amerika Fuß zu fassen? Oder fährt er immer nur für kürzere Zeit, um Geld zu verdienen, das er in die kleine Wirtschaft zu Hause steckt?

1891 hat er abermals eine Passage nach Amerika gebucht, von Hamburg über Liverpool nach New York; in der Passagierliste steht bei Moos jedoch: Transport Philadelphia. Dort kennt er sich aus, er weiß, wo er Arbeit finden kann.

Diesmal fährt Moos nicht allein, sondern in Begleitung eines jungen Mannes, Josef Dobrzyński, zwanzig Jahre alt, aus Dublany. Vermutlich haben die Eltern den erfahrenen Amerikareisenden gebeten, den Sohn unter seine Fittiche zu nehmen. Mathias Moos und Josef Dobrzyński reisen natürlich im Zwischendeck, zu einem Vermögen hat es der Häusler aus Kranzberg in Amerika allem Anschein nach nicht gebracht.

Philadelphia ist ein Zentrum der deutschen Einwanderung, hier gibt es zahlreiche deutsche Vereine und Firmen, voran Brauereien, die Stadt entwickelt sich, dank der Deutschen, zu einem Zentrum der amerikanischen Bierindustrie. Die starke Position der Deutschen macht es für Landsleute, auch jene aus Galizien, leichter, Arbeit zu finden.

1895 finden wir Mathias Moos zum letzten Mal in einer Passagierliste nach Amerika, er fährt mit dem Dampfer »Breslau« der Hapag von Hamburg über Glasgow nach Philadelphia. Inzwischen ist er 56, ein alter, verbrauchter Mann, wenn man die damaligen Verhältnisse in Betracht zieht – die harte Arbeit am Hof in Kranzberg und in Amerika, die ärmlichen Wohnverhältnisse hier wie dort und schließlich die miserable Gesundheitsvorsorge. Doch Mathias Moos hat noch Energie genug, um die Strapazen der Reise auf sich zu nehmen, natürlich wieder im Zwischendeck, mit Hunderten anderen Auswanderern. Er hat in den vergangenen Jahren viel Erfahrung gesammelt, ihm macht keiner was vor, er weiß, wie es auf einem Emigrantenschiff zugeht, wie man sich eine gute Pritsche sichert, nahe bei der Luke zum Deck, um ein wenig Frischluft schnappen zu können; und er kennt Amerika, er spricht inzwischen passabel Englisch, er ist kein Greenhorn mehr. In Kranzberg wird der Vielgereiste bewundernd »Amerikaner« genannt. Längst hat Moos auch drüben Familie, Verwandte sind ausgewandert und drüben geblieben.

Das Beispiel von Mathias Moos hat in der 1784 von Josef II. begründeten deutschen Agrarkolonie Schule gemacht.

1889 fährt ein Wilhelm Moos, 34 Jahre alt, aus Kranzberg stammend, von Hamburg nach Amerika.

1892 schifft sich ein anderer Wilhelm Moos, ein Jahr älter als sein Namensvetter und nicht aus Kranzberg, sondern aus dem nahen Sambor gebürtig, in Hamburg nach New York ein.

1892 verlässt Josef Moos, 38, Kranzberg in Richtung Vereinigte Staaten. Mit ihm fahren noch fünf andere Kranzberger, alle im besten Alter. Alle geben als Beruf Arbeiter an, obwohl sie Bauern sind, in Kranzberg gibt es keine Arbeiter, höchstens Handwerker und Knechte. Doch die Moos sind seit Menschengedenken Bauern.

Im April 1893 macht sich Andreas Moos, achtzehn Jahre alt, von Beruf Arbeiter, auf die Reise in die Neue Welt. Er fährt mit dem Liniendampfer »Dania« von Hamburg nach New York. Andreas Moos gibt als Wohnort nicht Kranzberg, sondern die eine Meile südlich gelegene Gemeinde Ozimina an.

1896 fährt Margarete Moos aus Kranzberg, achtzehn Jahre alt, ledig, nach Amerika. Beruf nennt sie keinen. Sie fährt allein. Machen sich unterwegs, auf der Bahnfahrt nach Hamburg, im Hafen oder auf dem Dampfschiff der Packetfahrt, der »Prussia«, elegant gekleidete, eloquente Herren mit pomadisierten Haaren an sie heran, um sie vom Pfad der Tugend abzubringen? Davon ist uns nichts bekannt.

1900 fährt Michaline Moos, 23, ebenfalls ledig, aus Kranzberg nach Amerika.

Am 11. Dezember 1904 kommt Karolina Moos aus Kranzberg, 24, mit ihren beiden Töchtern Franziska, drei, und Julia, zwei Jahre alt, in New York an.

Im Februar 1905 folgt Margaretha Moos, fünfzig, mit drei Kindern: Anna, siebzehn, Johann, dreizehn, Andreas, elf.

Die ersten Emigranten aus Kranzberg wurden vom halben Dorf begleitet, von Verwandten, Freunden und Bekannten, alle nahmen tränenreich Abschied. Die Abreise der Amerikagänger war ein großes Ereignis, über das man noch wochenlang sprach; später gewöhnten sich die Dorfleute an die Tatsache, dass dieser oder jener über den Ozean fuhr und ein paar Jahre später zurückkehrte, so wie die Leute zur Arbeit ins Ungarische oder nach Preußen zogen. Die Amerikawanderung verlor ihren Ausnahmestatus, sie wurde zu einem fast alltäglichen, nicht weiter beachteten Vorfall im Dorf.

Im Verlauf von weniger als zwanzig Jahren haben zwölf Personen namens Moos, vermutlich alle miteinander verwandt oder verschwägert, den galizischen Weiler Kranzberg in Richtung Amerika verlassen. Wenn man Wilhelm Moos aus Sambor und Andreas Moos aus Ozimina dazurechnet, kommt man auf vierzehn. Dabei sind die Passagierlisten alles andere als vollständig, es ist auch möglich, dass der eine oder andere Moos als Moss eingetragen wurde, wie das bei Mathias Moos 1891 passierte; vermutlich war also der Aderlass, den die deutsche Landwirtschaftkolonie infolge der Amerikawanderung hinnehmen musste, allein was diesen einen Familiennamen angeht, noch viel größer.

Vertreter der Galiziendeutschen warnen vor den negativen Konsequenzen der Emigration für die ohnehin gefährdete Volksgruppe. Wenn ein Deutscher in Kranzberg seinen Grund und Boden verkauft, wird der Besitz in der Regel von einem Polen erworben. Die Deutschen leiden zunehmend unter einer Verdrängungsangst, die wieder die Emigration fördert. Der Pfarrer der evangelischen Deutschen in Stanislau, polnisch Stanisławów, ukrainisch Stanislawiw, Theodor Zöckler, eine der führenden Persönlichkeiten der Galiziendeutschen, sieht im wachsenden polnischen Nationalismus eine wichtige Ursache für die zunehmende Bereitschaft der Deutschen, der Heimat im Osten den Rücken zu kehren:

»Je mehr der Druck von polnischer Seite zunahm, ohne dass ein entsprechender Gegendruck der deutschen Kreise dagegen erfolgte, um so mehr musste bei denen, die ihr deutsches Volkstum lieb hatten, ein Gefühl der Beengung und vielfach Erbitterung entstehen. Das beförderte die Auswanderung.«

Mathias Moos ist immer wieder nach Kranzberg zurückgekehrt. Er ist in die Vereinigten Staaten gefahren, um dort ein paar Dollar zu verdienen und seine Familie zu Hause zu unterstützen, wie er am 21. Dezember 1889 im Prozess in Wadowice aussagt. Was er in Amerika gearbeitet hat, wissen wir nicht. Andere sind in Amerika geblieben, sind ansässig geworden, wie die Reisen von Müttern mit Kindern bezeugen, sie werden von den Männern nachgeholt. Die amerikanischen Galiziendeutschen schicken Geld nach Hause, von Zeit zu Zeit auch Fotografien, meist Studioaufnahmen auf steifem Karton: Männer in dunklen Anzügen, weißen Hemden, hohen Krägen, man sieht den Gesichtern an, dass die Kleidung festtäglich, ungewohnt, unbequem ist. Manchmal gibt es auch Bilder von gesellschaftlichen Anlässen, die Männer in Hemdsärmeln im Biergarten, die Krüge erhoben, die Frauen in Taft- und Seidenkleidern, die Kinder adrett herausgeputzt, um den Daheimgebliebenen zu zeigen, wie gut es ihnen geht und wie weit sie es in der neuen Heimat gebracht haben.

Johnstown Horror

Von den acht Slowaken, die im März 1888 in Stare Stawy bei Oświęcim von der Gendarmerie aufgegriffen wurden, dann jedoch, vermutlich mit Hilfe von Simon Herz, flüchten und ihre Reise nach Amerika fortsetzen konnten, steht in Wadowice keiner im Zeugenstand. Sie befinden sich alle in den Vereinigten Staaten – und möglicherweise fühlen sich Mihály Popovic, Pál Popovic, Mathias Komara und die anderen gar nicht geschädigt und hätten über die Auswanderungsagenten nur Lobendes zu berichten?

Sie sind am 16. April 1888 mit dem Liniendampfer »Rugia« der Hapag nach New York gekommen und fahren auf schnellstem Weg nach Pennsylvania. Sie wissen genau, wohin sie wollen, schließlich sind sie nicht die ersten Amerikagänger aus der Zipser Ortschaft Brutovce. Vor ihnen haben schon andere die Überfahrt unternommen, um die Arbeitsmöglichkeiten jenseits des Ozeans zu erkunden.

Neben Italienern und Iren werden im Bergbau- und Industriegürtel von Pennsylvania zunehmend Bauern und Tagelöhner aus Osteuropa beschäftigt. Den Neuankömmlingen, in der Regel ungelernte, nicht Englisch sprechende Arbeiter, werden die schwersten und gefährlichsten Tätigkeiten zugewiesen, bei der Förderung unter Tag, am Hochofen, beim Gleisbau. Schwere Unfälle sind in Bergwerken und der jungen Industrie an der Tagesordnung, Grubenbrände, einstürzende Stollen und Explosionen von Schmelzöfen und in Kokereien kosten zahllose Einwanderer das Leben. Bei Eisenbahnarbeitern kennt die Leitung oft nicht einmal die Namen der Verunglückten, weil die von einem *contractor*, einem Subunternehmer, gestellt werden, der sie bloß als Nummern registriert, sonst braucht er von ihnen nichts zu wissen, keinen Namen, keine Adresse, keine Angehörigen, meist kann er sich ohnehin kaum verständigen mit ihnen. Bessere, weniger unfallträchtige Jobs mit höheren Löhnen und Aufstiegsmöglichkeiten werden zuerst eingeborenen Amerikanern angeboten.

Auch Slowaken werden in Pennsylvania als billige Arbeitskräfte angeheuert, nicht selten in der Absicht, sie als Streikbrecher einzusetzen. In den siebziger und achtziger Jahren erleben die Vereinigten Staaten regelrechte *labor wars*, erbitterte Konfrontationen zwischen Unternehmern und organisierten Arbeitern, es kommt zu Aussperrungen und Streiks, oft unglaublich verbissen geführt, unter Einsatz von Gewalt auf beiden Seiten. Die Besitzer bieten Streikbrecher, von den Arbeitern verächtlich *scabs*, Krätze, genannt, bewaffnete Schutztruppen und sogar Militär auf. Einen besonders üblen Ruf erwirbt sich die Pinkerton National Detective Agency, sie entsendet uniformierte und schwer bewaffnete Leute als *watchmen*, Aufpasser, in von Ausständen bedrohte Betriebe; die Arbeiter antworten mit Besetzungen, Attentaten und Sprengstoffanschlägen.

Die Auseinandersetzungen finden einen Höhepunkt im legendären Homestead Strike im Juli 1892. In Homestead, Pennsylvania, geraten organisierte Arbeiter und die Leitung der Carnegie Steelworks aneinander. Es geht um Lohnkürzungen, gegen die sich die qualifizierten Arbeiter, organisiert in der kämpferischen Amalgamated Association of Iron and Steel Workers, wütend wehren. Die Firmenleitung

COPYRIGHTED
JUNE 1889
No 6
HISTED
PITTS PA

holt Streikbrecher in die sieben Meilen südöstlich von Pittsburgh gelegene Kleinstadt und lässt einen hohen Zaun um das Fabrikgelände errichten; die Arbeiter organisieren sich militärisch und stellen bewaffnete Streikposten auf. Schließlich ruft die Direktion die Pinkertons zu Hilfe. Dreihundert Watchmen versuchen, im Schutz des Morgengrauens auf Flussbarken unbemerkt in die Stadt zu gelangen, sie werden jedoch entdeckt und vom Ufer aus beschossen, wobei sogar leichte Artillerie zum Einsatz kommt; es gibt auf beiden Seiten Tote. Den Arbeitern gelingt es, die Pinkertons zurückzuschlagen, doch drei Tage später besetzen vom Stahlmagnaten Andrew Carnegie zu Hilfe gerufene Nationalgardisten die aufrührerische Stadt.

Die in den Keystone State strömenden Slowaken sind überwiegend bäuerlicher Herkunft und stehen der streitbaren Arbeiterbewegung, zumindest in diesen frühen Jahren, ahnungslos bis ablehnend gegenüber. Sie nehmen jede Arbeit an, die sich bietet, mit der Revolution haben sie nichts im Sinn. Trotzdem müssen sie ständig um ihren Arbeitsplatz bangen – wenn sich die wirtschaftliche Lage verschlechtert, die Aufträge zurückgehen, sind sie, gemeinsam mit den Schwarzen, die ersten, die auf die Straße gesetzt werden.

Mihály Popovic und seine Begleiter finden in Johnstown, PA, siebzig Meilen östlich von Pittsburgh, Beschäftigung. In der Umgebung existieren reiche Vorkommen von Kohle, Eisenerz und Kalkstein, ideale Voraussetzungen für die Herstellung von Eisen und Stahl. In der im Jahre 1800 von einem deutschen Einwanderer gegründeten Stadt gibt es mehrere große Betriebe, voran die Cambria Iron Works, später umbenannt in Cambria Steel Company und am Ende geschluckt vom Giganten Bethlehem Steel Corporation.

Johnstown verdankt der Stahlindustrie, und damit den

osteuropäischen Immigranten, einen steilen Aufstieg. Um 1870 ist die kleine Stadt am Conemaugh River das wichtigste Zentrum der Stahlerzeugung in den Vereinigten Staaten. Cambria Iron ist führend bei der Herstellung von Eisenbahnschienen, in den Gautier Works werden Pflüge und andere Eisen- und Stahlwaren, vor allem Stacheldraht, für die Landwirtschaft produziert. Die Rinderfarmer im mittleren Westen benötigen Unmengen von Stacheldraht, um ihre riesigen Besitzungen einzuzäunen, ursprünglich in der Absicht, die großen über die Prärie ziehenden Bisonherden von ihren Weidegründen fernzuhalten. Das schafft in Johnstown Arbeitsplätze.

Ein Teil der Arbeiterschaft der Cambria Iron Works wohnt in einem eigenen Viertel, Cambria City: ein paar schachbrettförmig angeordnete Straßenzüge mit schäbigen Holzhäusern, eingezwängt zwischen Conemaugh River und den Gleisen der Pennsylvania Railroad; das Werk liegt gleich über dem Fluss.

Die Männer aus Brutovce haben eine gute Anlaufadresse in Cambria City: Joseph Komara, der Bruder von Mihály Popovics zweiter Frau Anna. Komara ist ein paar Jahre zuvor nach Johnstown gekommen, er arbeitet allerdings nicht im Eisenwerk, sondern hat sich selbständig gemacht, er führt einen Saloon, eine Kneipe, und vermietet Unterkünfte an Arbeiter. Komara ist arbeitsam und geschäftstüchtig. 1887 kauft er von einem deutschen Einwanderer für tausend Dollar ein Haus in der Chestnut Street in Cambria City, in dem er Landsleute unterbringt. Vielleicht finden auch Mihály Popovic und seine Begleiter im Komara-Haus eine erste Bleibe.

Sie können von Glück reden, in der Fremde nicht ganz auf sich allein gestellt zu sein: Für Joseph Komara ist es selbstverständlich, den Landsleuten aus dem Heimatdorf unter die Arme zu greifen. Mihály Popovic ist sein Schwager, Mathias und Jakob Komara, Mihálys Reisegefährten, gehören zur engeren Verwandtschaft. Trotzdem fällt es den Neuankömmlingen nicht leicht, sich in Cambria City einzuleben. Alles ist ungewohnt, anders als zu Hause. Sie wohnen als *boarder*, Kostgänger, in engen, dumpfen Räumen, fünf, sechs Männer in einem Zimmer, eine überwiegend männliche Gesellschaft, die meisten Arbeiter sind ledig oder haben die Frauen zu Hause gelassen. Dementsprechend rauh ist der Umgangston, die Kneipen auf dem Weg zwischen Fabrik und Siedlung florieren. Die hölzernen Arbeiterhäuser drängen sich eng aneinander, die unbefestigten Straßen sind schwarz vom Ruß und Kohlenstaub, dichte Schwaden von der nahen Eisenhütte verdunkeln den Himmel, bei Regen versinkt alles im Schlamm. Die Toiletten sind simple Plumpsklos in frei stehenden, zugigen Schuppen, über Gruben ohne Abfluss balancierend, die Brunnen nicht weit davon entfernt. Es ist ein hartes, ungesundes Leben. Die Kindersterblichkeit in den Arbeitervierteln ist hoch, ähnlich wie in Galizien; nach einer damaligen Studie stirbt in den von Osteuropäern bewohnten Arbeitervierteln der Industriezonen von Pennsylvania jedes dritte Kind unter zwei Jahren – als Todesursache wird häufig »Unterernährung, hervorgerufen durch unzureichendes Essen« angegeben.

Die Wohnverhältnisse in Brutovce waren einfach, ja primitiv, doch im Vergleich zu denen in Cambria City erscheinen sie geradezu paradiesisch. So haben sich Mihály Popovic und seine Freunde Amerika nicht vorgestellt.

Doch sie nehmen alles hin, ohne zu murren, die strapaziöse, gefährliche Arbeit, die sengende Hitze am Hochofen, den beißenden Qualm, die langen Stunden, die überfüllten Quartiere, die Schwierigkeiten, sich mit der nichtslowakischen Umgebung zu verständigen, die ihnen von vielen Seiten entgegenschlagende Ablehnung. Von eingesessenen Amerikanern werden sie als suspekte *aliens* betrachtet, mit fremder Sprache und ungewohnten Sitten. Unerwünschte Ausländer. Das bekommen sie zu spüren. Von den Einheimischen werden die fremden Lohnarbeiter *bohunks* oder *hunkies* gerufen (in den Worten stecken die Begriffe *bohemian* und *hungarian)*, ein abwertender Slangausdruck, pauschal für Ruthenen, Slowaken, Polen, Tschechen, Ungarn verwendet, kurz alle, die aus Osteuropa kommen und nicht viel mehr mitgebracht haben als den Willen, hart zu arbeiten.

Die Bauern aus Brutovce ertragen das ergeben. Sie sind gekommen, um gutes Geld zu verdienen – der durchschnittliche Verdienst für ungelernte Arbeiter beträgt einen Dollar pro Tag. Das erscheint ihnen anfangs viel, doch davon müssen sie Schlafstätte und Kost bezahlen, für die Wäsche extra, manchmal brauchen sie neue Jacken, Hosen und Schuhwerk, Cambria Iron stellt keine Arbeitskleidung zur Verfügung. Trotzdem schaffen sie es, bescheidene Beträge wegzulegen und nach Hause zu schicken, obwohl das nicht so einfach ist. Das Bankwesen steckt noch in den Kinderschuhen, und die slowakischen Arbeiter haben noch nie mit einer Bank zu tun gehabt; sie bewahren ihr Geld auf, wie man das im Dorf schon immer gemacht hat, wenn man welches hatte, unterm Strohsack oder in einem anderen einfachen Versteck. Wenn sie ein paar Dollar nach Brutovce schicken wollen, gehen sie nicht zur Post oder Bank, zur American Express Company, die auch in Johnstown eine Filiale besitzt, sondern zu einem nach Hause fahrenden Be-

LANTOS
DRUG STORE
PATENT MEDICINES
ELASTIC GOODS
CIGARETTES TOBACCO
RESTAUR
ROTHSTEIN'S
MAIN ST. JOHNSTOWN. PA

kannten oder einem sogenannten Winkelbankier. Oft handelt es sich um Auswanderer, die schon länger in Amerika leben und erkannt haben, dass man auch anders als mit ehrlicher Arbeit zu Geld kommen kann, als *dealer and wheeler*, mit undurchsichtigen Geschäften und Jobs, mit Vermittlungen aller Art, von Lohnarbeitern beziehungsweise Arbeitsplätzen, als Häuser- und Grundstücksmakler, als Händler und eben auch als Bankier, wenn sich jemand findet, der einem sein sauer verdientes Geld anvertraut. Die Branche ist jung und es gibt keine festen Regeln. Oft sind es Saloonkeeper, die sich nebenbei als Winkelbankiers betätigen. Joseph Komara hält sich allerdings fern von solchen Geschäften, er genießt einen guten Ruf.

Die Slowaken sind nicht die einzigen, die ihre Dollars lieber einem Heimkehrer oder einem Winkelbankier übergeben als der Express Company; dasselbe gilt für Polen, Ruthenen, Russen und Rumänen, obwohl es immer wieder passiert, dass das Geld auf diese Weise in dunklen Kanälen versickert, veruntreut wird oder anders verloren geht; es genügt, dass jemand die Heimatadresse fehlerhaft schreibt, und das Geld wird kaduk, wie die Bankleute sagen, das heißt, es verfällt. Doch zum Wirt, bei dem sie ab und zu ein Bier trinken, haben die Arbeiter, vor allem wenn er dieselbe Sprache wie sie spricht und denselben Gottesdienst besucht, nun einmal mehr Vertrauen als zu einer Institution, in der sie von oben herab behandelt werden, weil sie keine Krawatte tragen und sich nur mit Mühe verständlich machen können.

Die Unwissenheit der Immigranten wird von windigen Vermittlern ausgenützt, auch in Cambria City gibt es ein paar. Wenn am Samstag die Löhne ausbezahlt werden, warten schon zweifelhafte Typen vor dem Stahlwerk, um ihre Dienste anzubieten. Ähnlich wie die Auswanderungsagenten in Galizien arbeiten sie gern mit Werbegeschenken: Ein polnischer Kunde erhält ein billiges Gebetbuch, auf der einen Seite ein Psalm, auf der anderen eine Annonce, die Slowaken bekommen bunte Wandkalender mit frommen Sprüchen.

Durch Zufall erfährt Mathias Komara eines Tages empört, dass derselbe »Bankier«, der für ihn Geld nach Hause schicken soll, einem tschechischen Arbeitskollegen einen bedeutend günstigeren Kurs berechnet als ihm. Wenn er zehn Dollar schickt, bekommt seine Frau Maria in Gulden weniger ausbezahlt als die Frau des Tschechen, der denselben Betrag auf demselben Weg überweist. Ruthenen erhalten einen noch schlechteren Kurs – sogar bei der Übervorteilung der Armen und Unwissenden gibt es eine hierarchische Abstufung. Diese Praxis ist gang und gäbe. Feste Wechselkurse sind unbekannt, ein reiches Betätigungsfeld für Schwindler und Halsabschneider.

Zweimal im Jahr, das ist Tradition, schicken die Slowaken zusätzlich Geld in einem Brief nach Hause, vor Weihnachten und Ostern. Auch das birgt so manches Risiko in sich, die beigelegten Dollarscheine verschwinden oft auf mysteriöse Weise, das Kuvert kommt an, ordentlich verschlossen, verklebt, nur das Geld ist weg, bis schließlich Mihálys Frau ihm durch einen Bekannten ausrichten lässt, sie sollen keine Dollars mehr in Briefe tun.

Vom großen Prozess in Wadowice haben die Slowaken in Johnstown nichts mitbekommen, sie können nicht Englisch und nicht einmal lesen, und selbst wenn sie es könnten, das Lokalblatt *Cambria Freeman* berichtet in der Regel nur über örtliche Ereignisse: dass »Old Pet«, die Stute von John Owens, im Alter von 35 Jahren gestorben ist, sie war das älteste Pferd im Städtchen Ebensburg; dass Lulu Yingling, ein unternehmungslustiges Mädchen aus Cambria County, in der Smoky City Pittsburgh von den Detektiven Kelly und Riley dabei erwischt wurde, wie sie in einem Laden Waren in einen mitgebrachten Koffer packte und sich dann, ohne zu bezahlen, davonmachen wollte; oder dass William Edwards, ein farbiger Mann, in das Gefängnis von Nantyglo gebracht wurde, weil er unter dem Einfluss von Alkohol in Doss Kemera's Bar Room in derselben Ortschaft eine wilde Schießerei veranstaltete, in deren Verlauf zum Glück keiner verletzt wurde. Keine Erwähnung der Monsteraffäre um Simon Herz, kein Wort über Wadowice oder Oświęcim, in der Stahlstadt kümmert man sich nicht um die Ereignisse in Europa, hier hat man andere Sorgen.

Im Mai 1889 wird Johnstown von einer Katastrophe unvorstellbaren Ausmaßes heimgesucht. Vierzehn Meilen oberhalb der Stadt gibt es einen künstlichen See, Conemaugh Lake, gebildet durch einen hohen Staudamm. Er ist im Besitz eines exklusiven Fischerei- und Jagdklubs, dem Prominente wie der Stahlkönig Andrew Carnegie angehören, einer der reichsten Männer der Welt. Die betuchten Jäger und Fischer haben allerdings primär ihr Vergnügen im Sinn und scheren sich wenig um den Zustand des Dammes, der als desolat und löchrig beschrieben wird. Am 31. Mai 1889 bricht nach langen, intensiven Regenfällen und einem heftigen Sturm der verlotterte Staudamm, und eine gigantische Springflut ergießt sich über Johnstown. 1600 Häuser werden von den Wassermassen zerstört, allein in Cambria City reißt die acht Meter hohe Welle zwei Drittel der Häuser mit, darunter auch Joseph Komaras Haus in der Chestnut Street. 2209 Menschen finden in den Fluten und einer als unmittelbare Folge des Desasters ausbrechenden Feuersbrunst den Tod, die Leichen werden bis Cincinnati gespült, die letzten im unwegsamen Gelände erst 1911 gefunden. 750 Opfer werden, nicht identifiziert, in namenlose Gräber gelegt, unter ihnen viele Immigranten, erst vor kurzem ins Land gekommen und ohne Familie.

Als es im verwüsteten Johnstown zu Plünderungen kommt, wendet sich die aufgebrachte öffentliche Meinung sofort gegen die hier beschäftigten Ausländer, voran Ungarn, worunter man auch die Slowaken versteht – sie zählen zu den Ärmsten der Armen und geben die idealen Sündenböcke ab. In den Vereinigten Staaten lebende Ungarn fordern empört die Einsetzung einer Untersuchungskommission, die zum Schluss kommt, die ungarischen und slowakischen Arbeiter hätten sich nichts zuschulden kommen lassen, »sie sind im allgemeinen eine sehr anständige Klasse von Menschen«.

Ob Mihály Popovic und seine Begleiter sich zur Zeit des Unglücks in Cambria City aufhielten, ist nicht bekannt, jedenfalls scheint keiner von ihnen im »Johnstown Horror«, wie die große Flut genannt wird, umgekommen zu sein.

Mihály Popovic hält es nicht lange in Amerika. Vielleicht wird er zu Hause gebraucht, in der Wirtschaft, die Frau ist allein mit einer ganzen Schar Kinder, möglicherweise hat ihn die Tragödie im Entschluss bestärkt, in die Zips zurückzukehren. Irgendwann 1890 tritt er die Rückreise an, er war nur zwei Jahre in den Vereinigten Staaten. Im April 1891 wird ihm in Brutovce ein Sohn geboren, Philippus, Filip.

Doch das Amerikafieber hat die Familie infiziert. Von Mihálys elf Kindern gehen wenigstens sechs nach Amerika, zumindest für einige Zeit, alle zuerst nach Johnstown, PA, wo sie Verwandte und Freunde haben. Später ziehen manche nach Youngstown, Ohio, ebenfalls ein Zentrum der Stahlindustrie. Den Anfang macht Mihálys ältester Sohn aus erster Ehe, Thomas, im Jahre 1898 oder 1899. Er fährt allerdings nicht allein, sondern mit seiner Frau Listina und einer Tochter. Die Zeiten haben sich geändert, Amerika ist nicht mehr so weit, nicht mehr so fremd, die Leute aus Brutovce fühlen sich in Johnstown zugehörig, es gibt slowakische Kneipen, slowakische Läden, einen slowakischen Fleischhauer, viele sprechen den heimischen Dialekt. 1891 wird in Cambria City eine slowakische Kirchengemeinde ins Leben gerufen, die Pfarre St. Stephen's, die erste Kirche ist aus Holz gebaut, wie die meisten Wohnhäuser. Im selben Jahr wird die First Catholic Slovak Band gegründet, die Kapelle spielt bei Umzügen und Festen auf, wie in Brutovce.

In der US-Volkszählung von 1900 finden wir die Familie Popovich in Cambria City, Johnstown, unter der Adresse 403 Chestnut Street. Thomas wird als *head*, Haushaltsvorstand, geführt. Das einstöckige Holzhaus mit einer Sommerküche und einem Schuppen im Hof hat er von seinem Onkel Joseph Komara gemietet. Der hat das von der großen Flut weggerissene Haus neu aufgebaut und noch zwei weitere erworben, eines direkt hinter dem in der Chestnut Street: 403 Brallier Place. Auch dieses Haus wird an Arbeiter vermietet. Joseph Komara ist eine wichtige Persönlichkeit in der slowakischen Gemeinde, er hat bewiesen, dass man es als Einwanderer mit harter, ehrlicher Arbeit zu etwas bringen kann.

Um finanziell zurechtzukommen, haben Thomas Popovich und seine Frau Listina fünf Kostgänger aufgenommen, alle nennen als Herkunftsland Ungarn, den Namen nach zu schließen sind sie Slowaken. Als *boarder* ist auch ein Blasius Popovich gemeldet, vermutlich ein entfernter Verwandter.

Um den Speisezettel aufzubessern und das Budget zu entlasten, baut Listina im Hof hinterm Haus Gemüse an, wie sie das zu Hause getan hat, Kohl, Zwiebeln, Petersilie, Karotten; sie kocht für die Männer, macht die Wäsche, flickt und näht, räumt auf, kümmert sich um die Tochter, sie arbeitet noch mehr als in Brutovce. Die Nahrungsmittel kauft sie im Laden an der Ecke auf Kredit ein. Die Kostgänger bezahlen ihren Anteil alle vierzehn Tage, manchmal kommt es dabei zu lautstarken Auseinandersetzungen.

Sie sind als einfache Arbeiter bei der Cambria Iron Company beschäftigt, an den Hochöfen und anderen Einrichtungen, die rund um die Uhr in Betrieb sind. Sie arbeiten in Schichten, zwei Wochen Nachtschicht zu je vierzehn Stunden, dann zwei Wochen Tagschicht zu je zehn Stunden, andere Abteilungen haben kürzere Arbeitszeiten, doch dort sind kaum Slowaken zu finden. Thomas Popovich und seine Kostgänger können, laut Zensus von 1900, nicht lesen, nicht schreiben und sprechen nicht Englisch, wie viele Nachbarn in der Chestnut Street. Sie bilden eine eng gewebte slowakische Gemeinschaft. Als Berufe geben sie Arbeiter am Hochofen, im Eisenwerk, im Stahlwerk, in einer Kohlengrube an. Aus Zipser Bauern und Häuslern sind amerikanische Stahlarbeiter und Bergleute geworden.

In der US-Volkszählung von 1910 wird Thomas Popovich immer noch in Cambria City registriert; inzwischen ist eine Tochter dazugekommen, und sie sind in die Birch Avenue umgezogen. Thomas ist nach wie vor bei Cambria Iron beschäftigt, doch das Haus, in dem sie wohnen, gehört ihnen, Kostgänger sind keine gemeldet, das bedeutet mehr Platz, mehr Komfort. Seine Frau Listina und er geben an, lesen, schreiben und Englisch zu können. Sie haben sich integriert in der neuen Heimat. Eine Erfolgsgeschichte.

Die Kinder von Thomas und Listina sprechen noch Slowakisch, die Enkelkinder nicht mehr. Die Bindungen an die alte Heimat beginnen sich zu lösen, doch völlig reißen sie nie ab. Die Sprache geht verloren, doch manche Erinnerungen bleiben erhalten, schattenhafte Bilder von einem Dorf inmitten bewaldeter Berge, vom Leben als Bauern, Erzählungen aus der alten Heimat; spätere Generationen werden sich wieder mehr für die *roots*, die Wurzeln, interessieren.

Preller und Bauernfänger

Im Verlauf des Prozesses von Wadowice kommt wiederholt zur Sprache, dass die Auswanderer nicht bloß in Galizien, sondern auch auf weiteren Stationen der Reise, in Berlin, Hamburg und nach der Ankunft in den Vereinigten Staaten übervorteilt und schlecht behandelt werden. Beim Kauf der Schiffskarten in Oświęcim wird jedem versichert, im Preis seien alle weiteren Ausgaben für Kost und Quartier im Hafen bis zur Abfahrt des Schiffes enthalten, er brauche sich um nichts mehr zu kümmern, es würde bestens für ihn gesorgt. In Hamburg angekommen, stellt sich das alles als leeres Versprechen heraus, bei der Schifffahrtslinie will niemand davon etwas wissen. In einzelnen Fällen erweisen sich sogar die in Oświęcim gekauften Fahrausweise als plumpe Fälschung.

Adolf Volkart, Schildermaler aus Krakau, erwarb mit einer Gruppe anderer Auswanderer von Julius Neumann Schiffskarten zum Preis von achtzig Mark pro Person. In Hamburg erfuhren sie, dass ihnen Neumann wertlose Adresszettel einer Schifffahrtsgesellschaft, geschmückt mit dem Bild eines Dampfers, angedreht hatte. Volkart und seinen Reisegenossen blieb nichts anderes übrig, als neue Tickets zu kaufen.

Vorsitzender (zu Neumann): »Was sagen Sie zu diesem Betrug?«

Neumann: »Dieser Zeuge ist ein Säufer, er ist deshalb schon im Kriminal gesessen.«

Volkart (aufgebracht): »Gott im Himmel, das ist doch wirklich eine niederträchtige Verleumdung.«

Der Vorsitzende ermahnt den Angeklagten, solche Beleidigungen des Zeugen zu unterlassen, er werde das unter keinen Umständen dulden.

Józef Lapa aus Żabno, einer Kleinstadt am Dunajec, in der Nähe von Tarnów, reist im April 1888 nach Amerika. Wie Mathias Moos und andere ist auch er bereits vor Antritt der Reise vor den Agenten gewarnt worden. Deshalb sagt er den Zutreibern in Oświęcim, er begebe sich zur Saisonarbeit nach Preußen. Sie schenken seinen Angaben jedoch keinen Glauben und schleppen ihn in die Hamburger Agentur, wo er einer Leibesvisitation unterzogen wird. Sie trennen seine Kleider auf, wobei insgesamt 92 Gulden und 62 Kreuzer zum Vorschein kommen. Trotz Lapas Bitten nehmen sie ihm alles Geld bis auf ein paar Kreuzer ab, dafür bekommt er eine Schiffskarte nach Amerika sowie Fahrscheine für die Bahn nach Wien und von dort nach Hamburg. Aus welchem Grund er auf diesem Umweg nach Hamburg geschickt wird, erfährt Lapa nicht. Als er die Agenten anfleht, ihm doch etwas Geld für die lange Reise und die Aufenthalte in Wien und Hamburg zu lassen, lachen sie ihn aus und sagen, er brauche nichts, alles sei im voraus bezahlt. Nichts als leere Worte. Schon in Wien muss Józef Lapa seinen Winterrock für einen Gulden verkaufen, um das Nachtquartier bezahlen zu können. Im Verlauf der Reise veräußert er ein Kleidungsstück nach dem anderen, um seine dringendsten Bedürfnisse zu bestreiten, so dass er, nach seinen eigenen Angaben, beinahe nackt in Amerika ankommt.

Lapa bleibt fünfzehn Monate in den Vereinigten Staaten und bringt von dort dreihundert Gulden mit.

Der Zeuge Gedalje Fuchs aus dem Marktflecken Monasterzyska im Bezirk Buczacz will 1888 tatsächlich nur nach Deutschland, um dort Arbeit zu suchen. In Oświęcim wird jedoch auch er gezwungen, eine Passage nach Amerika zu lösen, obwohl er Stein und Bein schwört, gar nicht auswandern zu wollen. Die Angestellten der Herzschen Agentur haben kein Einsehen und drohen, ihn verhaften zu lassen, sein Geld sei so oder so verfallen. Schließlich gibt Fuchs den Widerstand auf und fährt im Juni 1888 an Bord des Dampfers »Moravia« nach New York, von wo er wenige Monate später zurückkehrt, gerade rechtzeitig, um in Wadowice als Geschädigter auszusagen.

Gedalje Fuchs berichtet, er sei, abgesehen von allem anderen Ungemach, in Hamburg vor der Abreise in der Herberge des Louis Fries drei Tage eingesperrt worden. Vielleicht wollte man auf diese Weise verhindern, dass sich der unfreiwillige Auswanderer an die Behörden wandte und über die ihm widerfahrene Behandlung beschwerte. Für das Unrecht und den ihm dadurch entstandenen Schaden verlangt Fuchs eine Entschädigung von mindestens dreihundert Gulden.

Der Beherbergungsbetrieb Louis Fries & Co. zählt zu den größten in Hamburg. Immer wieder registrieren die zuständigen Stellen Beschwerden wegen diverser Übertretungen und Übervorteilung von Auswanderern. Fries ist wenig erbaut, dass der Name seiner Firma in der Anklageschrift von Wadowice Erwähnung findet, was auch den Hamburger Behörden zu Ohren kommt. Er schickt an alle Geschworenen gleich lautende Briefe, in denen er seine Unschuld beteuert und beklagt, dass sein ehrlicher Name im Prozess »besudelt« wird. Dadurch werde seiner Firma großer Schaden zugefügt und das gesamte Auswanderungsgeschäft in der Hansestadt in Verruf gebracht.

Berüchtigt sind in Hamburg die so genannten Litzer, sich als hilfsbereit ausgebende Männer, die am Bahnhof auf die Emigranten lauern, um sie in angeblich besonders günstige, in Wahrheit freilich überteuerte und schmutzige Quartiere zu bringen, von deren Besitzern sie eine Provision kassieren. In Hamburg will keiner mehr etwas davon wissen, dass mit dem Erwerb der Schiffskarte auch Kost und Quartier bis zur Abfahrt des Dampfers bezahlt sind. Manche Auswandererwirte verlangen für üble Löcher horrende Preise, obendrein wird den Amerikareisenden noch allerlei wertloser Kram für die Überfahrt aufgeschwatzt, blechernes Essgeschirr und Besteck, schäbige Matratzen und Decken, Spirituskocher und billiger Rum, deklariert als sicheres Mittel gegen die Seekrankheit, alles zu weit überhöhten Preisen. Weigert sich einer, die Wohltat anzunehmen, wird er dazu genötigt.

Gerade so wie in Oświęcim.

Obwohl er nicht nach Amerika wollte, hat Gedalje Fuchs in den Vereinigten Staaten offenbar keine schlechten Erfahrungen gemacht, denn im Frühjahr 1890 bricht er erneut nach New York auf; diesmal fährt er allerdings, vorsichtig geworden, über Bremen.

Gedalje Fuchs aus Monasterzyska ist nicht der einzige, der gegen seinen Willen nach Übersee »expediert« wird. Ähnlich ergeht es der ruthenischen Landarbeiterin Serafina Plaskon. Sie will nach Preußen, um sich dort, wie jedes Jahr, als Erntehelferin zu verdingen. In Oświęcim wird sie von ein paar »frechen Herren«, wie sie berichtet, am Bahnhof abgefangen und in die Herzsche Kanzlei geschleppt, wo man sie unter allerlei Drohungen zwingt, für 72 Gulden eine Fahrkarte nach Amerika zu erwerben. In Hamburg werden ihr noch einmal fünf Gulden für wertloses Blechgeschirr abgeknöpft. Serafina fährt mit einem langsamen Schiff der Union-Linie nach Amerika, wohin sie gar nicht will, sie kennt dort niemanden und weiß nicht, was sie dort soll – die Überfahrt dauert neunzehn Tage, obwohl man ihr den Preis für einen Schnelldampfer der Packetfahrt berechnet hat.

Serafina Plaskon nimmt in New York jede Arbeit an, die sich ihr bietet, und kehrt bei der ersten Gelegenheit wieder nach Galizien zurück.

Der Ukrainer Semen Warcholak muss in Oświęcim eine Schiffskarte für 85 Gulden kaufen, in diesem Betrag, so wird ihm hoch und heilig versichert, seien alle anfallenden Ausgaben in Hamburg inbegriffen. Allerdings werden ihm für das Nachtlager in einer schmutzigen Herberge in Hamburg sieben Gulden pro Nacht berechnet, und auch er wird genötigt, eine blecherne Essschale und Besteck, »für die Schiffsreise unerlässlich«, zum Preis von zehn Gulden zu kaufen.

Das Gericht hat auch den Direktor der Hamburger Packetfahrt, Albert Ballin, als Zeugen nach Wadowice geladen. Der viel beschäftigte Passageleiter der Hapag denkt jedoch gar nicht daran, in das galizische Nest zu fahren und wertvolle Zeit an einem Provinzgericht zu vergeuden. Wo liegt Wadowice überhaupt? Doch immerhin erklärt er sich bereit, beim Landesgericht in Hamburg dorthin geschickte Fragen des Untersuchungsrichters zu beantworten und eine beeidete Aussage zu Protokoll zu geben. Diese wird bei Gericht vorgetragen. Ballin erklärt darin, von Seiten der Hapag sei nie behauptet worden, dass die Auswanderer mit dem Kauf der Schiffskarte alle Auslagen für Kost und Quartier in Hamburg bis zur Abfahrt des Schiffes bezahlt hätten. »Nur manchmal kam es vor, dass wir arme Auswanderer, die völlig mittellos in Hamburg einlangten, bis zum Auslaufen des Schiffes aus unserer eigenen Tasche versorgten.«

Der polnische Bauer Tomasz Rapacz aus dem Dorf

Rdzawka bei Nowy Targ ist selber nicht nach Amerika gefahren, doch er verliest im Gerichtssaal den berührenden Brief seines Sohnes Ignacy, der über Oświęcim in die Vereinigten Staaten reiste. Ignacy verflucht den Tag, an dem er sich zur Auswanderung entschloss, und bittet den Vater, ihm zu verzeihen. In Amerika habe er, entgegen den Versprechen der Agenten, nur Not und Entbehrung kennengelernt. Er schildert detailliert, wie er in Oświęcim in die »jüdische Kanzlei« gebracht wurde, wo er für die Schiffskarte 139 Gulden dreißig Kreuzer bezahlen musste. In Hamburg wurde er abermals zur Kasse gebeten, so dass er ohne einen Heller in Amerika ankam. Er habe dort die ärgste Not gelitten und danke seinem Herrgott aus ganzem Herzen, überhaupt noch am Leben zu sein. »Saget allen, die nach Amerika fahren wollen, mein lieber Vater, sie sollen das ja nicht tun. Denn hier ist das Leben sehr schwer. Allerliebster Vater! Mein Herz sehnt sich mit jeder Faser nach der Heimat. Mein Gott, wie gern wäre ich wieder bei Dir zu Hause, um Deine Hand zu küssen.«

Hat Ignacy im Brief an den Vater tatsächlich von einer »jüdischen Kanzlei« gesprochen oder hat die polnische Zeitung diese von sich aus in den Prozessbericht eingefügt? Zweifelsfrei steht fest, dass viele Gazetten keine Gelegenheit verstreichen lassen, auf die jüdische Herkunft der Mehrzahl der vor Gericht stehenden Auswanderungsagenten hinzuweisen.

Filemon Fedorczak, Józef Wilacz, Jan Kulczycki, Kalman Helfer, Jakób Niziołek, Mathias Friedrich, Jan Cieśla, Mykołaj Malyniak und andere erzählen übereinstimmend, sie seien in Bremen und Hamburg auf Schritt und Tritt geneppt und malträtiert worden.

Nicht immer sind die einfachen Landleute leicht zu verstehen. Mykołaj Malyniak, derselbe, der in der Herzschen Agentur zum ersten Mal in seinem Leben eine Uhr zu Gesicht bekam, spricht einen so schweren ukrainischen Dialekt, dass das Gericht und die Zuhörer nicht viel mehr mitbekommen als »dziandar«, was so viel wie Gendarm bedeutet, sowie ein ständig wiederholtes lautes »Hej! Hej!«, mit dem Malyniak jeden seiner Sätze unterstreicht. Zum ersten Mal wollte Malyniak 1884 nach Amerika gehen, da wurde er jedoch von den Gendarmen angehalten und zurückgeschickt; drei Jahre später hatte er mehr Glück und erreichte, wenn auch gründlich gerupft, sein Ziel. Er fuhr hinüber, weil er keinen Grund besaß und zu Hause keine Arbeit finden konnte.

Simon Herz hört sich das Jammern und Klagen der betrogenen Auswanderer ungerührt an: »Was geht es uns an, was die Leute in Hamburg mit ihnen gemacht haben?«

Auch in Amerika müssen unerfahrene, mit dem neuen Land und seinen Sitten nicht vertraute Einwanderer stets auf der Hut sein. Schon im Hafen von New York wimmelt es von Prellern, Bauernfängern und Schwindlern aller Art und Kaliber, spezialisiert auf die verschiedenen Gruppen und Nationalitäten, polnische Arbeiter, ukrainische Siedler, slowakische Bauern, fromme russische und galizische Juden. Sie werden traktiert mit rührseligen Geschichten, verlockenden Angeboten, todsicheren Geschäften, bestens bezahlten Arbeitsplätzen; der eine offeriert eine billige Unterkunft, ein anderer bietet an, Geld, das sie von zu Hause mitgebracht haben, zu einem unschlagbaren Kurs zu wechseln. Jeder will den Ankömmlingen, denen der Kopf schwirrt von den auf sie einstürmenden neuen Eindrücken, die letzten Groschen aus der Tasche luchsen, auch Zuhälter mischen sich unter die Menge, halten Ausschau nach hübschen, allein reisenden Mädchen.

Suchen Sie ein Quartier, mein Fräulein? Sauber und billig.

Eine gut bezahlte Anstellung als Kindermädchen gesucht? Seriös und sicher.

Manche Schwindler haben sich hochgearbeitet und besitzen ein Büro, eine Vermittlungsagentur. Sie geben Anzeigen in polnischen, jiddischen, ukrainischen Zeitungen auf, von denen in Amerika genügend erscheinen, sie schlagen Zettel an in einschlägigen Kneipen und vor den Einwandererkirchen. Eine solche Agentur führt ein gewisser Mr. Parson in New York. Er vermittelt polnische Bauern als Landarbeiter an amerikanische Farmer. Die in Amerika erscheinende polnischsprachige Zeitung *Orzeł Biały* (Der weiße Adler) berichtet über die bitteren Erfahrungen, die ein naiver polnischer Häusler mit Mr. Parson gemacht hat. Der frisch Eingewanderte hat in Parsons Büro einen Kontrakt mit einem Farmer unterschrieben, von dem er zehn Dollar im Monat erhalten sollte, seine Frau acht. Nach drei Monaten harter Arbeit bekam das Ehepaar vom Farmer drei Dollar in die Hand gedrückt und die Kündigung; das übrige Geld sei für Kost und Quartier sowie den Agenten, Mr. Parson, draufgegangen, sagte der Farmer und wies ihnen die Tür. Als die düpierten Polen auf Anraten von Landsleuten zur Polizei gehen, stellt sich heraus, dass Parson regelmäßig solche Geschäfte abschließt, für die er jeweils zehn Dollar Vermittlungsgebühr kassiert, während die vermittelten Landarbeiter in der Regel durch die Finger schauen. Ein anderer polnischer Einwanderer hat gar fünf Jahre lang ohne jede Bezahlung auf einer Farm gearbeitet, er bekam bloß Kost und Logis. Der Farmer redete dem vertrauensseligen Polen ein, es sei in den Vereinigten Staaten strengstens verboten, Lohn zu verlangen, auch wenn der vorher ausgemacht wurde; wer gegen dieses eherne amerikanische Gesetz verstoße, müsse damit rechnen, unverzüglich des Landes verwiesen zu werden.

Im *Orzeł Biały* sind Briefe polnischer Auswanderer an Verwandte in der alten Heimat abgedruckt, in einem wird ausdrücklich vor Oświęcim gewarnt:

»Wenn du von zu Hause wegfährst, bezahle sofort die Reise von Rzeszów nach Oświęcim und von Oświęcim nach Hamburg. Und wenn du nach Oświęcim kommst, nimm dich in acht, dass sie dich nicht übers Ohr hauen, denn dort gibt es genug Leute, die dir das Geld aus der Tasche ziehen möchten, also lass dir nicht den Kopf verdrehen und vertraue auf deinen Verstand.«

Berichte über das bittere Los polnischer oder ukrainischer Auswanderer in Amerika finden sich in galizischen Zeitungen viele, positive Eindrücke sind rar. Da gibt es keine Erzählungen vom wunderbaren Aufstieg einfacher Leute vom Tellerwäscher zum Millionär, keine Schilderungen von goldenen Bergen, von Milch und Honig. Dafür erfährt man umso mehr über die harten Bedingungen in Amerika, über klägliches Scheitern, Arbeitslosigkeit und Ausbeutung, zunichte gemachte Hoffnungen. War die Realität wirklich so trist oder stecken didaktische Absichten dahinter? Sollen die betrüblichen Geschichten den Daheimgebliebenen als Warnung und Abschreckung dienen und sie vom Auswanderungsfieber kurieren? Wenn auch in Amerika Hunger und Elend herrschen, warum soll man die Strapazen der weiten Reise auf sich nehmen?

Tatsächlich kommen viele Rückkehrer mit leeren Händen nach Hause, ohne Koffer und Kisten, nicht einmal ein

Bündel mit Wäsche haben sie dabei, nur das, was sie am Leib tragen. Das wird im Dorf genau beobachtet und kommentiert, es gilt als Schande, aus Amerika nichts mitzubringen. So mancher Auswanderer lässt nie mehr etwas hören von sich, er geht unter im Meer der namenlosen Landstreicher und Herumtreiber; oft weiß die mit den Kindern und der kleinen Wirtschaft zurückgelassene Frau, von den Dorfbewohnern mitleidig »amerikanische Witwe« genannt, gar nicht, ob sie nicht längst wirklich Witwe ist. Vielleicht ist ihr Mann als namenloser Arbeiter bei Gleisarbeiten an der Pennsylvania Railroad ums Leben gekommen?

Im März 1889 wird im Zug vom holländischen Hengelo nach Bentheim in der Provinz Hannover ein unbekannter Toter gefunden. Ein junger Mann, ungefähr zwanzig Jahre alt, entsetzlich mager, die Kleider zerrissen, löchrige Schuhe. Vermutlich ist er an Erschöpfung gestorben, vielleicht verhungert. Er hat keine Papiere bei sich, nur ein paar wertlose Kleinigkeiten, darunter ein Gebetbuch in polnischer Sprache, eine Schiffskarte von New York nach Amsterdam und ein Eisenbahnbillett von Amsterdam über Leipzig nach Oświęcim. Im Gebetbuch steht der Name Józef Bisak. Man nimmt an, dass der Tote so heißt und aus Galizien stammt, aus welchem Ort, lässt sich nicht feststellen. Der Unbekannte wird in Bentheim in einem Armengrab zur letzten Ruhe gebettet.

Diese Notiz findet sich in der *Gazeta Lwowska*, dazu der Aufruf an eventuelle Verwandte, sich mit den Behörden in Bentheim in Verbindung zu setzen, falls jemand Anspruch erhebt auf die wenigen Habseligkeiten des Verstorbenen.

Durch solche düsteren Meldungen lässt sich die Flut der Auswanderung allerdings nicht eindämmen. Auch die zahlreichen Zeitungsberichte über den »Prozess gegen die Emigrationsagenten« haben keine abschreckende Wirkung. Am 29. Oktober 1889, in Wadowice, werden eben die letzten Vorbereitungen für das große Ereignis getroffen, der Saal im Gebäude des Polnischen Turnvereins »Sokół« wird für die Gerichtsverhandlung adaptiert, Bänke, Tische und Sessel werden aufgestellt, an diesem 29. Oktober also greift die Polizei in Krakau einen gewissen Ozyasz Müller aus Sokołów auf.

Sokołów ist ein verschlafenes Städtchen in der Nähe von Rzeszów, über das sich nicht viel mehr sagen lässt, als dass es eine schöne Holzkirche aus dem 18. Jahrhundert besitzt und zirka 4000 Einwohner zählt, etwa zur Hälfte Juden. Müller ist den am Bahnhof wachhabenden Beamten aufgefallen, weil er mit zwei jungen Bauern unterwegs ist. Die beiden weisen sich als Tomasz Sroka und Marek Iwanicki aus, gebürtig aus dem Weiler Wola Zarzycka. Müller gibt an, er sei ein Pferdehändler aus Amerika und reise durch Galizien, um hier die Pferdezucht zu studieren, allerdings kann er keine amerikanischen Papiere vorweisen und spricht nur ein paar Brocken Englisch. Die Bauern sagen, ihr Begleiter habe sie zur Auswanderung nach Amerika überredet, vor der Abreise habe er ihnen alles Geld abgeknöpft, sie in Stadtröcke gesteckt und versprochen, sie nach Hamburg zu geleiten und dort mit Schiffskarten nach Amerika zu versorgen. Darauf wird Ozyasz Müller wegen Anstiftung zur Auswanderung festgenommen, während Tomasz Sroka und Marek Iwanicki *szupasem*, mit einem Schubpass, in ihren Heimatort zurückgeschickt werden.

Der Schubpass enthält den Tauf- und Zunamen sowie den Geburtsort des Verschobenen, wie man diese Leute in der Amtssprache nennt, die Ursache der Verschiebung, den Ort, von dem er geschoben wird, und schließlich den Kreis,

Bezirk und Ort, wohin er abgeschoben werden soll. Auf diese Weise werden Sroka und Iwanicki unter Bewachung von einem Ort zum nächsten befördert, bis sie wieder in Wola Zarzycka eintreffen.

Menschenhandel

Während der gesamten, viele Wochen dauernden Verhandlung hat sich der Gerichtshof in Wadowice nach Kräften bemüht, die in den Skandal verwickelten leitenden Beamten aus dem Schussfeld zu nehmen. Sie sollen nicht in der Öffentlichkeit bloßgestellt werden, weil dadurch das Ansehen des Staates beschädigt werden könnte – und um dieses ist es im Kronland Galizien ohnehin nicht zum Besten bestellt. Vor allem der Bezirkshauptmann von Biała genießt jede erdenkliche Schonung, obwohl im Prozess klar zutage tritt, dass er bis zum Hals in der peinlichen Affäre steckt. Der oberste Verwaltungsbeamte des Bezirkes hat die Angehörigen der Hamburger Agentur jahrelang aktiv unterstützt und gegenüber seinen vorgesetzten Stellen in Lemberg und Wien gedeckt, wofür er großzügig entlohnt wurde.

Bei der Statthalterei in Lemberg gingen zahlreiche Anzeigen gegen die Umtriebe in Oświęcim ein, die jedes Mal an die zuständige Behörde zur Bearbeitung weitergeleitet wurden – das war die Bezirkshauptmannschaft Biała mit Födrich an der Spitze. Kein Wunder, dass alle Beschwerden im Sand verliefen. Födrich meldete stets nach Lemberg, die Anschuldigungen seien Teil eines Komplotts gegen die Agentur von Klausner und Herz, »und zwar von Personen, die dieser Agentur feindlich gesonnen sind, und zu denen gehören auch preußische Beamte«. Der Bezirkshauptmann ging davon aus, dass der Seitenhieb gegen die deutschen

Nachbarn in Lemberg gut ankommen würde – im schwächelnden Österreich-Ungarn beobachtet man die wachsende Macht Deutschlands mit Neid und Misstrauen. Da die Anzeigen obendrein anonym eingebracht wurden, brauche man sie gar nicht ernst zu nehmen, ließ der Bezirkshauptmann den Statthalter jedes Mal wissen.

Wie eng die Beziehungen zwischen dem Vertreter der Staatsmacht und den Hamburger Agenten in Oświęcim waren, erhellen vom Ankläger während des Prozesses verlesene Briefe. So schreibt Löwenberg am 17. Jänner 1888 an Klausner, er habe mit dem »Zaddik« gefrühstückt – Zaddik, im Judentum die Bezeichnung für einen Gerechten und Weisen, wurde als Deckname für den Bezirkshauptmann gewählt. »Das Frühstück kostete mich übrigens sechs Gulden und siebzig Kreuzer«, fügt Löwenberg pedantisch hinzu.

Wiederholt verlangen die Verteidiger vom Vorsitzenden, den außer Dienst gestellten Beamten in den Zeugenstand zu rufen. Oberlandesgerichtsrat Lipka lehnt jedes Mal ab, vermutlich einem Wink aus Lemberg oder Wien gehorchend, wo man nicht glücklich darüber ist, einen hohen Repräsentanten des Staates in eine solche Korruptionsaffäre verstrickt zu sehen. Vollständig lässt sich der Sündenfall ohnehin nicht vertuschen. Kurz vor Beendigung des Prozesses beugt sich der Gerichtsvorsitzende endlich dem Druck und schickt dem suspendierten Bezirkshauptmann eine Vorladung. Doch Födrich erscheint nicht zur Verhandlung: Die einen wollen wissen, er liege im Sterben, andere wieder behaupten, er habe sich nach Russisch-Polen abgesetzt.

In seinem Schlusswort nimmt auch der Staatsanwalt Bezug auf den korrupten Beamten, dem, wie so vielen anderen Helfern, von der Hamburger Agentur ein monatliches Gehalt bezahlt wurde, das in den Büchern unter der Chiffre

»Biała« leicht zu finden war. Jedermann wusste, so Ogniewski, dass dieses Geld für den Bezirkshauptmann bestimmt war, der faktisch auf der Gehaltsliste der Agentur stand.

Staatsanwalt Ogniewski: »Jede Ausgabe, jede von den Angeklagten bezahlte Provision, hatte ihre Bestimmung. Vom Polizisten in Brzezinka angefangen bis zum Portier auf der kleinsten Bahnstation bekam jeder eine Provision. Diese Provisionen waren präzis wie ein Uhrwerk eingerichtet; der Auswanderer wurde auf einer im entlegensten Winkel befindlichen Station beim Genick gepackt und stracks gewaltsam zur Agentur in Oświęcim befördert.«

Abschließend äußert der öffentliche Ankläger die Hoffnung, das Gerichtsverfahren habe dazu beigetragen, die Auswanderung aus Galizien zu bremsen und die schlimmsten Auswüchse – »ein Menschenhandel in der vollen Bedeutung des Wortes« – zurückzudrängen. Die meisten Auswanderer, die jetzt noch die Route über Oświęcim nähmen, kämen aus Russland oder Rumänien.

Die Verhandlung wird im Februar 1890 geschlossen. Der Prozess hat, mit einigen Unterbrechungen, vier Monate gedauert. Bevor sich die Geschworenen zur Beratung zurückziehen, feiern sie in der Pfarrkirche von Wadowice einen gemeinsamen Gottesdienst, in dem sie den Herrn um Erleuchtung bitten – dazu laden sie auch den Gerichtshof, den Ankläger, die Verteidiger sowie die Journalisten ein. Am Tag der Urteilsverkündung wird das provisorische Gerichtsgebäude von einem Kordon Soldaten umstellt, als befürchte man Ausschreitungen gegen die Angeklagten. Doch alles bleibt ruhig.

Nach mehrtägigen Beratungen werden von den zwölf Geschworenen 31 der insgesamt 66 Angeklagten schuldig gesprochen, die übrigen gehen frei. Oberlandesgerichtsrat

Lipka verliest die Urteile: Löwenberg und Landerer erhalten je viereinhalb Jahre Kerker, Herz vier, Neumann und Klausner je drei, andere Agenten, darunter Schöner aus Sucha, bekommen zwei Jahre, der Zollamtsinspektor Iwanicki wird zu eineinhalb Jahren verurteilt.

Simon Herz bricht während der Urteilsverkündung in haltloses Schluchzen aus, die anderen hören stumm zu.

Schon ein Jahr später wird den meisten Verurteilten, unter ihnen Klausner und Herz, das Strafmaß gnadenhalber verkürzt.

Die Hoffnung der galizischen Behörden, durch den über Wochen und Monate die Berichterstattung der Zeitungen beherrschenden »Monstre-Process« den Menschen die Lust an der Auswanderung austreiben zu können, erweist sich als trügerisch. Die Emigration aus Galizien geht unvermindert weiter, an den Ursachen haben die Gerichtsverhandlung und die Verurteilung von ein paar Dutzend Agenten und ihren Helfern nichts geändert.

Die Zersplitterung des Kleingrundbesitzes schreitet weiter fort, und das treibt immer mehr kleine Bauern in die Arme windiger Dorfbankiers, in Winkelversatzämter und wucherische Vorschusskassen, in denen sie die kommende Ernte belehnen, so dass ihnen nach der Ernte kaum mehr etwas zum Leben bleibt, von den nötigen Investitionen in den Hof nicht zu reden. Es ist gang und gäbe, dass von Geldnot geplagte Bauern alles, was sie besitzen, zum Pfandleiher tragen, oft der Schankwirt oder ein reicher Bauer, der nebenbei auch Geld verleiht: Vieh, Getreide, Stiefel, Pelze, Schmuck – besonders beliebt sind bei galizischen Bäuerinnen Korallen, aus Glas, Bernstein oder, seltener, echte –, Leinen, Flachs, Sicheln, Sensen, sogar den Pflug. Buchstäblich alles wird zu Geld gemacht. Die üblichen Darlehenszinsen betragen ein bis zwei Kreuzer pro Gulden und Woche. Kann der Landmann den Termin nicht einhalten, was häufig vorkommt, gilt das Pfandstück als verfallen, und der Schuldner muss den für ihn oft unentbehrlichen Gegenstand, wie etwa die für die Ernte nötigen Sicheln oder ein Stück Vieh, vom Pfandleiher auf Kredit zurückkaufen, was ihn natürlich noch tiefer in Schulden stürzt. Obendrein kann der Wucherer die Pfandstücke in der Zwischenzeit verleihen, so dass der Schuldner, falls er überhaupt das Geld auftreibt, um seinen Schafpelz, ein Paar Stiefel oder den Pflug auszulösen, diese oft nur stark abgenützt zurückbekommt, wofür ihm keine Entschädigung zusteht. Der kleine Bauer zahlt immer drauf.

Die Kleinbauern, auch Halbbauern genannt – im Unterschied zum Ganzbauer, der zwischen zwanzig und dreißig Morgen besitzt –, bearbeiten ihre meist ohnehin mageren Böden nach wie vor extensiv, was sich im Ertrag niederschlägt. Wenn der Besitzer seine Schulden oder die Abgaben nicht bezahlen kann, wird die Zwergwirtschaft am Ende versteigert, was viele Bauern zur Auswanderung treibt. Deren ohnehin prekäre Lage wird verschlimmert durch zahlreiche Naturkatastrophen, Überschwemmungen, Hagelschläge, Mäuseplagen, Missernten, denen sie, ohne Hilfe des Staates, schutzlos ausgeliefert sind. Das zieht eine weitere Verelendung des Dorfes nach sich, wodurch noch mehr Menschen von ihrer Scholle vertrieben werden.

Die Auswanderung ist nach wie vor ein gutes Geschäft: Die nach Amerika fahrenden Schiffe sind auf die Zwischendeckpassagiere als gewinnbringende Ausfracht angewiesen – und damit auf die Dienste von Agenten, die in Galizien Auswanderer rekrutieren. Im September 1890 schickt der österreichische Statthalter in Lemberg, Kazimierz Graf Badeni, ein Rundschreiben an alle Bezirkshauptmannschaften, in dem er darauf hinweist, dass ausländische Agenturen, voran die Firma Fischer & Behmer in Bremen, in letzter Zeit ständig Briefe an verschiedene Personen in Galizien schicken, vor allem an Volkslehrer, mit der Aufforderung, Emigranten anzuwerben. Für jede erwachsene Person stellt die Firma eine Provision in der Höhe von vier Gulden in Aussicht. Der Statthalter erinnert die Bezirkshauptmänner an ihre Pflicht, solchem Treiben energisch entgegenzutreten und gegen unbefugte Auswanderungsagenten »mit der ganzen Strenge der geltenden Gesetze« vorzugehen.

Am 30. Oktober 1891, der Prozess von Wadowice ist noch frisch in Erinnerung, meldet der *Kurjer Lwowski* einen schönen Erfolg von Polizeikommissar Władysław Swolkień aus Krakau im Kampf gegen kriminelle Emigrationsagenten. In Zusammenarbeit mit anderen Dienststellen ist es dem energischen Beamten gelungen, in Krakau eine Bande von Schleppern auszuheben, voran einen gewissen Marcin Kartsch und Franciszek Zieliński. Die beiden haben ein ganzes Netzwerk aufgebaut, um vor allem Auswanderungswillige im militärpflichtigen Alter in einem ausgeklügelten System quer durch Galizien zu schleusen: Mit Hilfe zahlreicher Komplizen werden sie von einem Ort zum anderen geleitet oder eher weitergereicht, bis ortskundige Bauern sie über die preußische Grenze schmuggeln. Den Namen nach zu schließen sind alle Verhafteten Polen, Juden sind keine darunter.

Berge von Pferdekadavern

Im Sommer 1889 wird Galizien von einer wahrhaft biblischen Dürre heimgesucht. In weiten Landesteilen fällt wochenlang kein Regen, auf den Feldern bricht der Boden in tiefen Rissen auf, der Wind fegt die gute Krume in Staubfahnen über die Äcker, das Korn verdorrt auf den Halmen, Bäche und Brunnen versiegen, das Gras wird frühzeitig braun, es verbrennt unter der glühenden Sonne. Auch die Waldkarpaten sind von der lang anhaltenden Trockenheit betroffen.

Dem Land droht eine Hungersnot.

Dürrezeiten sind in Galizien nicht selten, doch an eine solche Katastrophe kann sich keiner erinnern. Die Alten sagen, wie stets bei verheerenden Naturereignissen, so etwas hätten sie noch niemals erlebt, sie nicht, ihre Eltern und Großeltern nicht, überhaupt keiner. Auch in den Kirchenchroniken findet sich keine Erwähnung einer derartigen Strafe Gottes.

Besonders schlimm macht sich der Mangel an Futter für die Tiere bemerkbar. Hafer, Heu, Rüben, Kartoffeln, an allem fehlt es den Bauern. Schon bei Einbruch des Winters sehen sich viele gezwungen, ihre Tiere zu veräußern, weil die Futtermittel zu Ende gehen. Scheunen und Schober stehen leer. Und über Bargeld, um Heu oder Hafer zu beschaffen, verfügen die Kleinbauern nicht, auch Kredit bekommen sie keinen, wie sollen sie den in solch schwarzen Zeiten zurückzahlen? Händler ziehen über die Dörfer und kaufen den verzweifelten Besitzern das Vieh um einen Spottpreis ab. Für ein kräftiges Arbeitspferd, das in normalen Zeiten fünfzehn bis zwanzig Gulden kostet, bezahlen sie zwei Gulden, ein paar Monate später nur mehr fünfzig, dann dreißig Kreuzer. Dennoch bleibt den Bauern kein anderer Ausweg, so bitter das sein mag, als das große Vieh wegzugeben, es zu verschleudern. Sollen sie die Tiere verhungern lassen? Als erstes kommen die Pferde dran, die Kühe geben wenigstens noch etwas Milch, obwohl in diesem Winter auch viele Kühe an der Kette verhungern.

Oft werden die Tiere an Ort und Stelle geschlachtet, auf einer Wiese außerhalb des Dorfes; der Wasenmeister zieht ihnen das Fell ab, mehr können die Käufer nicht brauchen, die Kadaver werden liegen gelassen. So geschieht das überall im Land. Manchmal nehmen die Händler auch noch die Knochen mit, um sie in Mühlen zu bringen, wo sie zu Mehl zermahlen werden, zur Erzeugung von Leim und Dünger. Das Knochenmehl ist wegen seiner reichen Anteile an Phosphor und Kalium ein gesuchtes Düngemittel. Eine modern ausgestattete Knochenmühle befindet sich im Gut Klimkówka bei Rymanów, sie nennt sich stolz Erste amerikanische Dampfmühle für Knochen.

Die Händler sind in den überwiegenden Fällen Juden. Der sogenannte Häuteljude ist für die Bauern kein Unbekannter, den hat es schon immer gegeben, der ist ins Dorf gekommen, um ihnen die Haut der geschlachteten Tiere abzunehmen, hier eine Pferdedecke, dort eine Kuhhaut oder ein Schaffell. Doch jetzt ist das große Schlachten angebrochen. In manchen Gegenden kommen fast alle Pferde unters Messer. Nur Haut und Knochen finden Verwendung, das Fleisch lässt man verrotten. Hunderte, Tausende Pferde werden in diesem Winter in Galizien getötet, überall gibt es Luderplätze für die Kadaver, auf Wiesen, in Wäldern. Pferdefriedhöfe hat man auch in früheren Zeiten gekannt, aber dort wurden die verreckten Tiere eingegraben, um Seuchen hintan zu halten. Doch wer soll jetzt diese Fleischberge verscharren? Zeitungsberichten zufolge müssen die armen Kreaturen manchmal tagelang bei den Schlachtplätzen warten, ohne Futter und Wasser, und den gewaltsamen Tod ihrer Leidensgenossen mit ansehen, bis der Schinder sie endlich erlöst. Die Schlächter kommen gar nicht nach mit der Arbeit.

Zwischen Wierzbowce und Zwiniacz, zwei podolischen Dörfern, liegt ein Berg von ein paar Hundert abgehäuteten Pferdekadavern und verpestet die Gegend. Das Aas lockt Wölfe, Füchse, Dachse, Hunde, Krähen und andere Vögel an, aber auch ganze Herden von Schweinen, die sich an den Abfällen mästen. Kann man das Fleisch solcher Tiere später gefahrlos essen?, fragen die Menschen bang.

In der Nähe des Dorfes Zaręba bei Lutowiska, in den Waldkarpaten, nahe der ungarischen Grenze, haben, laut einer Meldung der ruthenischen Zeitung *Dilo*, ein Zigeuner und ein Christ einen großen Schlachtplatz für Pferde eingerichtet, zu dem Tiere aus der ganzen Umgebung getrieben werden. Die Häute und Knochen verkaufen die beiden an Juden. Auch in der Nähe des Weilers Bereska südlich von Lisko befindet sich in einem Waldstück ein Luderplatz mit zweihundert, vielleicht dreihundert toten Pferden. Der Flickschuster Mendel Beck kommt auf seinem Weg durch die Dörfer hin und wieder an dieser Stelle vorbei, durchdringender Gestank und dichte Fliegenschwärme, dunkle, summende Wolken, weisen den Weg. Und immer noch werden Pferde zum Schindplatz geführt. Mendel Beck begegnet Männern mit dürren Kleppern im Schlepptau, die Tiere scheinen nur mehr aus Haut und Knochen zu bestehen, sie trotten widerstandslos hinter ihren Besitzern her.

Warum Beck aus Amerika zurückgekehrt ist, wissen wir nicht – vielleicht aus Heimweh, vielleicht weil er sich nach dem ruhigen Leben in der Kleinstadt sehnte? Materiell war es jedenfalls keine glückliche Entscheidung, denn in diesem Hungerwinter findet er zu Hause nirgends Arbeit, und das aus Amerika mitgebrachte Geld ist bald aufgezehrt.

Die Kadaver, um die Mendel Beck jedes Mal, wenn er auf Arbeitssuche durch Bereska kommt, einen großen Bogen schlägt, liegen den ganzen Winter über frei herum, der Haufen halb skelettierter Leiber und Schädel, den selbst beim tiefsten Frost ein atemberaubender Aasgestank umhüllt, bietet einen grausigen Anblick. Wann und auf welche Weise er verschwindet, ob er schließlich verbrannt oder verscharrt wird, berichtet keine Chronik.

Wie lange dauert es, bis ein Pferd verrottet? Zehn Pferde? Hundert? Haben die Behörden am Ende die Gefahr erkannt und die Kadaver beseitigen lassen? Haben sie dafür gesorgt, dass die verfaulenden Fleischberge mit ungelöschtem Kalk bestreut wurden, um Seuchen vorzubeugen? Im Winter ist es noch halb so schlimm, da verhindern die tiefen Temperaturen das Ärgste. Aber was wird im Frühjahr sein, wenn es wärmer wird und das Tauwetter einsetzt?

Und was sollen die Bauern ohne Zugvieh machen, ohne Pferde, die sie im Winter in ihrer Not verschleudert haben? Womit sollen sie pflügen? Was vor den Wagen spannen? In Galizien ist es nicht üblich, mit Kühen oder Ochsen zu ackern, das ist bereits ein Zeichen des Fortschritts, der in den Dörfern nur langsam Einzug hält. Wer selber kein Pferd besitzt, muss sich eines bei einem reicheren Nachbarn borgen, die Leihgebühr wird in der Regel mit Feldarbeit während der Erntezeit abgedient. Doch die Zeiten sind so schlecht, dass selbst größere Besitzer ihre Pferde aufgeben müssen. In manchen Dörfern steht nach diesem Winter kein einziger Gaul mehr im Stall.

Wenn alles große Vieh verkauft und geschlachtet wird, womit sollen die Bauern im Frühjahr ihre Felder düngen?

Zumindest für dieses Problem scheint die Katastrophe selber eine probate Lösung anzubieten. Experten erklären, das Fleisch der geschlachteten Rösser lasse sich ohne große Mühe zu fruchtbarem Kompost machen. Ein Pferd, für das der Bauer in diesen Notzeiten höchstens einen halben Gulden bekommt, stellt, in Kompost umgewandelt, einen Wert von zwanzig Gulden dar, wenn man den Preis von Dünger veranschlagt, den sich der Landwirt auf diese Weise erspart. Das Rezept ist denkbar einfach: Man schüttet eine Schicht von zirka dreißig Zentimeter Erde auf, darauf eine gleich dicke Lage klein gehackten Pferdefleisches, das man mit etwa fünf Zentimeter frisch gelöschtem Kalk bedeckt, dann wieder eine Schicht Erde und so weiter, bis der Haufen eine Höhe von ein bis 1,25 Meter erreicht. Nach drei Monaten mischt man den Haufen ordentlich durch und wiederholt die Prozedur ein paar Monate später mindestens noch einmal. Fertig ist der wertvollste Kompost. Die nicht zersetzten größeren Knochen kann man herausklauben und an eine Mühle verkaufen.

Es sind vor allem die Besitzer großer Ländereien, die solche Ideen aufgreifen, wie der polnische Grundherr Augustynowicz, der in der Umgebung seiner Güter in Szczerzec, ukrainisch Schtschyrez, Tausende Pferde für einen Pappenstiel aufkauft und schlachten lässt, um damit seine weiten Felder zu düngen. Allerdings spielen ihm der Schnee und der Frost einen Streich, weil das pickelhart gefrorene Fleisch nicht mit der Erde vermischt werden kann, so dass nach Augenzeugenberichten »wahre Berge von Pferdeleichen« auf den Feldern herumliegen, wegen Tausender darüber kreisender und krächzender Raben und Krähen weithin sicht- und hörbar. Eine besondere Gefahr stellen die riesigen Rudel vom Aas angelockter, halb verwilderter Hunde dar, »deren höllisches Heulen die Luft erfüllt und die sich auf jeden stürzen, der es wagt, sich der Stelle zu nähern«.

Die einfachen Bauern nehmen solche Ideen gar nicht zur Kenntnis, im Dorf hat man noch nie etwas davon gehört, aus Aas wertvollen Dünger zu erzeugen. Sie und ihre Angehörigen leiden Hunger, wie schon ihre Väter und Vorväter Hunger gelitten haben. Viele sterben in diesem Winter vor Schwäche oder an Hungertyphus, der sich rasant ausbreitet, vor allem Kinder und alte Leute fallen ihm zum Opfer. Auf die Idee, das Fleisch der geschlachteten Pferde zu verzehren, kommt keiner. Da lassen sie lieber die Kinder und Alten vor Hunger krepieren. Ein Korrespondent des *Kurjer Lwowski* berichtet nach einem Besuch des Kreises Jaworów entsetzt von Menschen, die wie Gespenster über die Dorfstraße schwanken, »während die Kinder bleich und stumm wie die Heringe daliegen«.

Angesichts der wachsenden Not versuchen die Behörden, der bäuerlichen Bevölkerung in Galizien den Genuss von Pferdefleisch schmackhaft zu machen. In Zeitungsartikeln wird darauf hingewiesen, dass das Fleisch junger Pferde ähnlich schmecke wie Gänsebrust, dazu sei es reich an verschiedenen wertvollen Stoffen. Pferdefleisch könne man, egal ob roh oder verarbeitet, länger aufbewahren als jedes andere Fleisch, und Pferde wiesen weniger für Menschen gefährliche Krankheiten auf als Hornvieh oder Schweine,

Trichinen und Bandwürmer seien bei ihnen unbekannt. Doch die wenigsten Dorfbewohner können lesen. So erfahren sie auch nichts von jenen Pferdefleisch-Verkostungen, die zur selben Zeit in Deutschland auf Anregung der Behörden veranstaltet werden, um die Menschen von den Vorzügen dieses ungewohnten, jedoch angeblich delikaten Nahrungsmittels zu überzeugen.

In Galizien bleibt Pferdefleisch verpönt, vielleicht weil sich die Kirchen strikt gegen den Konsum aussprechen. Die Ächtung von Pferdefleisch hat mit der Christianisierung eingesetzt, in heidnischen Zeiten war es selbstverständlich, Pferde nach ihrer Nutzung als Arbeits- oder Reittiere zu schlachten und zu verzehren.

Die Aufkäufer der halb verhungerten Rösser sind in der Regel Juden, die ebenfalls Pferdefleisch aus religiösen Gründen ablehnen. Den mosaischen Speisegesetzen zufolge ist den Israeliten nur der Verzehr von Wiederkäuern mit gespaltenen Klauen gestattet. So heißt es im Alten Testament, 5. Mose, 14, 4–6: »Dies sind die Tiere, die ihr essen dürft: Rind, Schaf und Ziege, Hirsch, Gazelle, Damhirsch, Steinbock und die Antilopenarten, und alle Tiere, die gespaltene Klauen, und zwar zwei ganz durchgespaltene Klauen, haben und Wiederkäuer sind unter den Tieren, die dürft ihr essen.« Pferde zu essen ist gläubigen Juden streng verboten.

Die Pferdemassaker – es sind vor allem Pferde, die im Hungerwinter 1889/90 dran glauben müssen, obwohl auch der Bestand an Rindvieh empfindliche Einbußen erleidet – nehmen solche Ausmaße an, dass sich der Statthalter in Lemberg, Kazimierz Graf Badeni, genötigt sieht, einzugreifen. Badeni richtet ein Rundschreiben an alle Bezirkshauptleute, in dem er sie auffordert, dem Schlachten Einhalt zu gebieten. Ohne Pferde, so der Statthalter besorgt, könne keine Landwirtschaft existieren, außerdem schwäche die Dezimierung des Rossbestandes die Verteidigungsbereitschaft des Landes. Wie soll das Militär im Fall einer Mobilisierung die nötigen Kontingente an Pferden bekommen, wenn alle geschlachtet werden? Weiters erinnert Badeni die Bezirkshauptleute daran, dass der Staat für die notleidenden Bauern günstige Kredite in Aussicht gestellt hat; darüber hinaus sollen große Mengen von Steinsalz aus den staatlichen Salinen in Wieliczka zur Aufbesserung des knappen Futters an die Landwirte in Galizien und der Bukowina kostenlos zur Verteilung gelangen. Der Statthalter fordert die lokalen Behörden auf, die Ausgabe des Staatssalzes zu organisieren.

Doch was hilft das vom Staat gnädig verteilte Steinsalz, wenn die Bauern kein Heu und keinen Hafer haben, um die Tiere zu füttern? Mit Salz allein kommt nicht einmal in Galizien ein Pferd durch den Winter. Obendrein erweist sich das großzügig verteilte Salz als zu bitter, so dass die Kühe es verschmähen, und wenn eine an der staatlichen Gabe leckt, verliert sie gleich für eine ganze Woche die Milch, klagen die Bauern. Am Ende verwenden die armen Dorfbewohner das Salz aus Wieliczka selber – um damit ihren Barszcz, eine Suppe aus roten Rüben, geschmacklich aufzubessern.

Die galizische Verwaltung ist träge und langsam, die halbherzigen öffentlichen Hilfsmaßnahmen sind nicht mehr als ein Tropfen auf den heißen Stein. Für zahlreiche Kleinbauern mit den für das Kronland typischen Zwergwirtschaften kommen sie zu spät.

In ihrer Not verkaufen viele Dörfler alles, was sich irgendwie zu Geld machen lässt, ihre Hütten und Felder sowie den spärlichen Hausrat, und folgen den Lockrufen der Schlepper. In Amerika essen Hunde und Katzen ein besseres Brot als in Galizien die Herren, erzählen die ihnen, da mögen die Zeitungen noch so viel lamentieren über »Malerika«, wie man Amerika abfällig nennt, und die dortigen Zustände, über Auswanderer, die als Bettler in die Heimat zurückkehren oder gar am Rückweg elend zugrunde gehen, da mögen die Pfarrer noch so laut von der Kanzel predigen, die Leute sollen brav zu Hause bleiben und das ihnen vom Herrn auferlegte Kreuz geduldig tragen wie anständige Christenmenschen.

Die einfachen Leute haben keine rechte Vorstellung, wo Amerika liegt und wie man dorthin gelangt. Manche sagen, man könne mit dem Wagen dorthin fahren, allerdings dauere eine solche Reise ein paar Monate, und man brauche dafür ein Gespann starker, ausdauernder Pferde sowie ein gutes Dutzend Säcke Hafer, um die Tiere bei Kräften zu halten. Die durch die Dörfer ziehenden Winkelagenten wissen, wie immer, Rat und zeigen den vom Schicksal malträtierten Bauern Bilder von großen, stolzen Schiffen, mit denen sie übers Meer fahren können, und sie versprechen ihnen das Blaue vom Himmel.

Auf einem der Bilder ist der Hafen der großen Stadt zu sehen, in der die Schiffe aus Europa ankommen. Vor der Kulisse der Häuser ragt eine riesenhafte Frauengestalt aus dem Wasser, viele Stockwerke hoch, mit einem Strahlenkranz um den Kopf und einer Fackel in der zum Himmel gestreckten Hand. Das sei die heilige Mutter Gottes und Jungfrau Maria, die Königin Polens, so erzählen die Agenten den leichtgläubigen Bauern, sie heiße ihre geliebten Polen (und natürlich auch die Ruthenen) mit offenen Armen und einem einladenden Lächeln willkommen.

Lauft fort von hier

Am 5. Februar 1890 – in Wadowice neigt sich die Verhandlung ihrem Ende zu, die letzten Zeugen haben ihre Aussage gemacht, Staatsanwalt und Verteidiger bereiten ihre Plädoyers vor – werden am Hauptbahnhof von Krakau sieben Männer angehalten. Sie tragen städtische Kleidung, billige Anzüge, Hüte und dünne Stoffmäntel, viel zu kalt für die Jahreszeit, und haben Bündel und Koffer dabei. Die am Bahnhof Dienst tuenden Polizisten hegen sofort den Verdacht, dass es sich um Auswanderer handelt, die als gewöhnliche Reisende durchgehen wollen. Für so etwas haben die Beamten einen geschulten Blick, und seit dem Aufdecken der kriminellen Machenschaften in Oświęcim sind sie besonders wachsam.

Der Führer der Gruppe, ein junger Mann, legitimiert sich als Mendel Beck, Schuster aus Lisko. Derselbe Mendel Beck, der im Mai 1888 mit dem Liniendampfer »Suevia« der Hamburg-Amerika-Linie nach New York gefahren ist. Die Männer in seiner Begleitung sind ukrainische Kleinbauern aus der Umgebung der Stadt am San, ihre sonnengegerbten Gesichter und Hände, die Haartracht, die Sprache, die Bewegungen verraten ihre dörfliche Herkunft, Anzüge und Hüte vermögen die nicht zu kaschieren. Auf Befragen geben sie zu, dass sie sich auf Becks Weisung als Städter verkleidet haben, um nicht auf den ersten Blick als Landleute auf dem Weg nach Amerika erkannt zu werden.

Die Bauern sagen, sie hätten Beck in Lisko siebzehn Gulden pro Kopf bezahlt, damit er sie nach Oświęcim bringt. Die Reise legten sie größtenteils mit der Eisenbahn zurück, kürzere Strecken auch zu Fuß, in Krakau wollten sie bloß Zwischenstation machen. Mendel Beck versprach, sie in der Nähe von Oświęcim heimlich über die Grenze zu führen und auf der deutschen Seite, in Myslowitz, wieder in den Zug zu setzen. Von Myslowitz wollten sie nach Hamburg fahren und dort die Schiffskarten nach Amerika kaufen. Mendel Beck machte sich erbötig, sie bis zum Dampfer zu begleiten, ob er selber auch nach Amerika reisen wollte, geht aus dem Bericht nicht hervor. Bei der Vernehmung plaudern die eingeschüchterten Dörfler aus, dass ihre Gruppe in Wahrheit aus acht Personen besteht, zwei Männer sind noch unterwegs nach Krakau, geführt von einem Kompagnon Becks, einem gewissen Isaak Arom, ebenfalls aus Lisko gebürtig, von Beruf Schneider. Wie Beck war auch Arom schon einmal in Amerika.

Innerhalb von nicht einmal zwei Jahren ist aus dem Auswanderer Mendel Beck ein Auswanderungsagent geworden, ein Winkelagent, um genau zu sein, denn weder er noch sein Kompagnon besitzen eine behördliche Konzession für die Führung und Vermittlung von Emigranten. Haben sie die ukrainischen Kleinbauern, mit denen Beck in Krakau aufgegriffen wird, zur Emigration angeworben? Haben sie ihnen von den hohen Löhnen in den Vereinigten Staaten vorgeschwärmt, vom leichten Reichtum, für jedermann erreichbar, und sie überredet, zu Hause alles liegen und stehen zu lassen und übers Meer zu fahren?

Vielleicht war das gar nicht nötig, und die Bauern haben Mendel Beck von sich aus aufgesucht, um ihn als Führer anzuwerben. In Lisko und den umliegenden Dörfern sind Leute wie Beck und Arom bekannt, man nennt sie »Amerikaner«, weil jedermann weiß, dass sie aus Amerika zurückgekehrt sind, glatt rasiert und »amerikanisch« gekleidet, der Anzug, der kurze Rock, der Hut, die Schuhe, alles amerikanisch, darauf sind Beck und Arom stolz, das tragen sie gern zur Schau, vor der Schul und wenn sie über den Ringplatz flanieren. Und sie erzählen gern von drüben, von den aufregenden Dingen, den Reichtümern, den fremd aussehenden Menschen, die sie in Amerika, in New York gesehen haben.

Ist die Gruppe, mit der er in Krakau aufgegriffen wird, die erste, die Mendel Beck außer Landes bringen will, oder betätigt er sich schon seit einiger Zeit als Führer von Auswanderern? Hat er das zu seinem neuen Beruf gemacht, hat er das Schusterhandwerk an den Nagel gehängt? Wird er schon länger von den Behörden überwacht?

Davon steht nichts im Bericht.

Dem ist auch nicht zu entnehmen, ob Mendel Beck auf eigene Faust handelt oder in irgendjemandes Auftrag, eines größeren galizischen Agenten oder eines Hamburger Expedienten, von denen er ein »Kopfgeld« für jeden abgelieferten Emigranten kassiert.

Die Episode zeigt jedenfalls, dass die Auswanderung aus Galizien trotz der vermehrten Wachsamkeit der Behörden unvermindert weitergeht. Schlepper und Winkelagenten führen ihre Geschäfte fort, als sei nichts geschehen, obwohl der galizische Statthalter neuerlich Rundschreiben an alle Bezirkshauptmannschaften ausschickt mit der Ermahnung, dem gesetzwidrigen Treiben entschlossen entgegenzutreten. Als Beispiel für die List der Agenten zitiert Graf Badeni aus dem Brief des bekannten Bremer Expedienten Friedrich Missler, der bei einer polnischen Agentin gefunden wurde. Darin schlägt Missler galizischen und ungarischen Emigranten eine neue, angeblich völlig sichere Route vor, um den scharfen Kontrollen am Bahnhof von Krakau zu entgehen:

Wenn sie mit dem Zug nach Podgórze bei Krakau kommen, sollen sie dort den Zug verlassen und mit dem Fiaker nach Zabierzów fahren, von Zabierzów wieder mit der Eisenbahn bis Chełmek, von Chełmek zu Fuß nach Jawiszowice, das sind nur ein paar Kilometer, wo sie ruhig wieder in den Zug nach Oświęcim steigen können.

Mendel Beck hat seine Gruppe über Krakau geführt, geradewegs in die Arme der am Hauptbahnhof lauernden Polizisten – offenbar ist er kein erfahrener Schlepper, sondern ein Anfänger, der noch viel dazulernen muss.

Gewitzte Führer von Auswanderern betreiben ein regelrechtes Katz-und-Maus-Spiel mit den Behörden: Kaum wird ein Schleichweg aufgedeckt, erkunden sie bereits den nächsten. Eine besonders aufwendige und teure Route empfiehlt der in Hamburg agierende Expedient Moritz Morawetz galizischen Emigranten, damit sie ungehindert zu ihm gelangen.

»Kaufen Sie sich einen schwarzen Rock, damit Sie wie ein Edelmann aussehen und fahren Sie nicht direkt zu mir, sondern über Krakau, Prerau, Prag, Magdeburg; lösen Sie Fahrkarten bloß auf Teilstrecken, und zwar bis Prerau per Schnellzug. Erst von Magdeburg können Sie Vierter Klasse fahren. Wenn Sie vor Krakau nach Ihrem Reiseziel befragt werden, geben Sie Krakau an, hinter Krakau sagen Sie, Sie gehen verdiensthalber nach Prag. Hinter Prag können Sie vollkommen ruhig fahren und auf diese Weise den Pass ganz entbehren.«

Die Polizei klagt, sie habe zu wenig Personal, um dem ausufernden Agentenunwesen energisch Einhalt gebieten zu können. Polizeikommissar Władysław Swolkień aus Krakau, ein Experte im Kampf gegen die Schlepperei, kritisiert, manche Bahnhöfe in Galizien kämen durch ihre baulichen Gegebenheiten, die zahlreichen Ausgänge und Unterführungen, den dunklen Absichten der illegalen Agenten geradezu ideal entgegen. Um zum Beispiel den Bahnhof von Lemberg wirksam kontrollieren zu können, bräuchte man ein ganzes Regiment von Polizisten.

Nicht immer sind die Vereinigten Staaten das Ziel der Auswanderer. In ihrer Verzweiflung macht sich die Landbevölkerung in alle Richtungen auf, nur fort aus Galizien, fort aus den Hungerdörfern. Galiziendeutsche und Ruthenen entdecken in den neunziger Jahren Kanada als neues gelobtes Land, dessen menschenleere Weiten nur darauf warten, unter den Pflug genommen zu werden.

Vor 1895 sind es allerdings nur einzelne Ruthenen, die eher zufällig in Kanada landen. Bis zu diesem Zeitpunkt bevorzugt die kanadische Regierung Immigranten aus Westeuropa und den Vereinigten Staaten. Einwanderer aus Ost- und Zentraleuropa, also auch aus Österreich-Ungarn, gelten als *undesirable*, unerwünscht – sie werden zwar ins Land gelassen und können auch Grund und Boden erwerben, dürfen jedoch, anders als Immigranten aus westeuropäischen Ländern, mit keiner Unterstützung durch die Regierung rechnen. Die Abgeordneten im Parlament von Ottawa sprechen sich mehrheitlich dagegen aus, die Einwanderung für Menschen aus diesen Gebieten zu fördern. Vor allem Slawen gelten als unkultiviert, faul und schwierig zu assimilieren, sie würden, so die Befürchtung, dem Land mehr Probleme als Nutzen bescheren. Für Galiziendeutsche scheinen diese Vorbehalte nicht zu gelten, vielleicht ist man in

Kanada der Ansicht, Deutscher ist Deutscher, egal, woher er kommt.

Die ersten beiden Ukrainer kommen angeblich 1891 ins Land, sie stammen aus dem Dorf Nebyliv in der Nähe der ostgalizischen Bezirksstadt Kałusz und heißen Iwan Pillipiw und Wasyl Eleniak. Ein ukrainisch-kanadischer Historiker hat Pillipiw 1937 interviewt und seine Geschichte aufgeschrieben. Demnach erfuhr er zum ersten Mal in der Schule von Kanada und den Vereinigten Staaten, der Lehrer erzählte von den fernen Ländern; das nächste Mal hörte er bei der Arbeit als Holzflößer auf der Łomnica von Kanada. Ein mit ihm arbeitender Galiziendeutscher berichtete von riesigen Wäldern und unermesslichen Prärien, wie geschaffen für landhungrige Bauern. Der Deutsche hatte seine Kinder, einen Sohn und eine Tochter, in Kanada. Pillipiw ließ sich ihre Adresse geben und schrieb ihnen, ob in Kanada Platz für ihn sei.

»Ich bekam eine Antwort auf meinen Brief, in der es hieß: ›Verlasse diese Berge und Täler und komm herüber.‹

›Ja, ich komme‹, schrieb ich zurück.«

So einfach war das. Pillipiw, Jahrgang 1859, benötigt keine Agenten und keine Schlepper, die ihn zur Auswanderung überreden und nach Hamburg begleiten. Er ist unternehmungslustig, mutig, arbeitsam, intelligent – und mit seinem gegenwärtigen Schicksal unzufrieden. Er hat in die kleine Wirtschaft der Schwiegereltern eingeheiratet, kann lesen und schreiben und etwas Deutsch, doch er weiß, dass er es in Nebyliv nie zu etwas bringen wird. Er wird immer ein armer Häusler bleiben, dazu verurteilt, sich neben der Arbeit in der eigenen Wirtschaft als Holzfäller, Flößer oder Saisonarbeiter zu verdingen, um seine Familie durchbringen zu können.

Er verkauft ein Paar Pferde und ein Joch Ochsen, und als das nicht reicht, noch ein Stück Land, damit er die Passage bezahlen kann. Mit der Ausstellung des Reisepasses machen die Behörden in Kałusz anfangs Probleme, doch nach langem Bitten und Betteln (und vermutlich der Zahlung von Schmiergeld) erhält Pillipiw das erforderliche Dokument. Auf Anraten des Vaters beschließt er, die Reise ins Ungewisse zunächst ohne seine Frau und die drei Kinder anzutreten, um sich erst einmal im neuen Land umzuschauen und herauszufinden, wie er dort zurechtkommen würde.

Sie machen sich zu dritt auf den Weg. Iwan Pillipiw, Wasyl Eleniak und Jurko Panischak, Iwans Schwager. Mit der Eisenbahn fahren sie von Kałusz über Stryj und Przemyśl nach Oświęcim, wo sie von den Behörden überprüft werden, ob die Papiere in Ordnung sind und wie viel Geld sie mitführen. Pillipiw hat etwas über 140 Kronen, doch an der Grenze muss er 150 vorweisen, also borgt er sich den Rest von Eleniak. Panischak hat zu wenig Geld, er wird in Oświęcim abgewiesen und in den nächsten Zug nach Hause gesetzt.

In Hamburg gehen die beiden am 26. September an Bord des Dampfers »Stubbenhuk« der Dampfschiffs-Rhederei (sic!) Hansa, der sie nach Montreal bringen soll, natürlich reisen sie im Zwischendeck. Die Überfahrt dauert 22 Tage. Die Dampfschiffs-Rhederei Hansa wird ein Jahr später an die von Albert Ballin geleitete Hamburg-Amerika Linie (Hapag) verkauft, der Name wird jedoch für den Linienverkehr nach Kanada beibehalten.

Mit demselben Transport fährt eine ganze Familie Galiziendeutscher aus der evangelischen Gemeinde Landestreu, im Bezirk Kałusz gelegen, nach Montreal: Johann und Marie Schapert, 38 beziehungsweise 32 Jahre alt, mit vier klei-

nen Kindern, die älteste Tochter ist fünf. Vielleicht hat Johann Schapert mit Iwan Pillipiw zusammen auf der reißenden Łomnica Holz geflößt?

Am Tag ihrer Ankunft setzen sich Pillipiw und Eleniak in Montreal in die Eisenbahn und fahren quer durch Kanada, zweieinhalb Tage lang, bis Winnipeg. Wie Pillipiw das später schildert, war die Reise für sie nichts Außergewöhnliches – vielleicht beschönigt er das rückblickend, oder es liegt daran, dass er als Flößer verhältnismäßig weit herumgekommen ist, manchmal bis nach Odessa. In Winnipeg schauen sie sich um und erwerben jeder ein Stück Land, doch Pillipiw gefällt es dort nicht, deshalb fahren sie weiter. Kanada ist riesig und er will schauen, wie es anderswo aussieht, ob es dort bessere Böden gibt. Ihr nächstes Ziel ist Alberta.

»Dort trafen wir Juden aus Russland, die uns sagten: ›Geht nach Gretna, Manitoba, nicht weit von dort findet ihr gutes Land‹«, erzählt Pillipiw Jahrzehnte später.

Also brechen sie auf nach Manitoba, wo sie Galiziendeutsche treffen, die sprechen ein wenig Ukrainisch; bei einem von ihnen finden sie Arbeit. Pillipiw ist begeistert von den sich bietenden Möglichkeiten, von den Ackerböden, den Wäldern, weshalb er beschließt, nach Galizien zurückzukehren, um seine Frau und die vier Kinder zu holen. Anfang 1892 ist er wieder in Nebyliv.

»Die Leute fragten mich, wo ich war und was ich gesehen habe. Ich erzählte ihnen von Kanada und sagte: ›Lauft. Lauft fort von hier, hier habt ihr nichts, aber dort gibt es genug freies Land. Hier werdet ihr herumgeschubst, dort aber seid ihr eure eigenen Herren.‹ Aber die Leute waren dumm. ›Das ist so weit über dem Meer‹, sagten sie. Eine Mutter lamentierte. Obwohl sie neun Kinder hatte, wollte sie nicht gehen. Sie würde sie lieber verhungern lassen. Leute kamen zu mir nach Hause, es war ständig voller Menschen, und jeder fragte mich unablässig: ›Wo warst du?‹ Die Leute konnten nicht begreifen, wie es möglich ist, dass es über dem Meer freies Land gibt, ohne große Grundbesitzer, Land, das man beinahe umsonst bekommen kann.«

Auf der Rückreise ist Pillipiw in Hamburg mit einem Expedienten namens Wolff übereingekommen, ihm Auswanderer aus Nebyliv und den umliegenden Dörfern zu liefern, fünf Gulden hat ihm Wolff für jede Familie versprochen. Auf diese Weise wird Iwan Pillipiw, ohne sich dessen bewusst zu sein, zum Winkelagenten. Wenn er in der Schenke beim Bier sitzt, fragen ihn die Leute, wie es in dem fernen Land aussieht, das er Kanada nennt.

»Ich erzählte ihnen, was sie wissen wollten. Ich sagte ihnen: ›Lauft, lauft weg von hier, hier habt ihr kein Land, dort drüben aber gibt es genug davon.‹«

Allein in Nebyliv entschließen sich zwölf Familien, seinem Ruf zu folgen. Sie verkaufen ihr Land und besorgen sich Pässe, dann machen sie sich auf den Weg. Pillipiw hilft ihnen bei den Vorbereitungen und lässt sich dafür bezahlen; in Kanada hat er gelernt, dass Zeit Geld ist, schließlich nehmen die Leute seine Zeit in Anspruch. Und sie sind ihm noch dankbar für seine Dienste. Die Angelegenheit kommt den Behörden zu Ohren, der Statthalter in Lemberg hat sie wiederholt ermahnt, auf solche Umtriebe zu achten und rechtzeitig und mit aller Härte dagegen einzuschreiten.

Pillipiw wird von einem Gendarmen nach Kałusz gebracht, dort zeigt er unschuldig einen Brief des Hamburger Agenten vor, in dem ihm dieser fünf Gulden pro Familie verspricht. Von Kałusz wird Pillipiw nach Stanislau gebracht, wo man ihn vor Gericht stellt. In seinen Erinnerungen schildert er die Verhandlung, sie dauert nur drei Stunden.

»Der Richter sagte zu mir: ›Wozu brauchst du Land? Hast du nicht genug?‹

Ich sagte: ›Wir haben nicht genug Land.‹

Der Richter sagte: ›Du forderst die Leute auf, von hier wegzugehen.‹

Ich sagte: ›Nein, die wollen von selber weg von hier.‹

Der Richter sagte zu mir: ›Warum hältst du nicht den Mund? Du solltest allein gehen und nicht andere mitschleppen. Du hast die Leute an einen Agenten verkauft. Unser erhabenster Kaiser hat soeben dreißig Familien aus eigenen Mitteln geholfen, aus Argentinien zurückzukehren, und du möchtest haben, dass der Kaiser noch einmal in seine Tasche greifen muss, wenn etwas schiefgeht.‹«

Iwan Pillipiw wird wegen unbefugter Auswanderungspropaganda zu einem Monat Haft verurteilt. Nach Verbüßen der Strafe hat er nicht genug Geld, um mit der Familie nach Kanada zu fahren, also schließt er mit einem Holzhändler einen Vertrag, Blochholz nach Odessa zu liefern. Mit Helfern schlägt er die Bäume, bringt sie mit Pferden zur Łomnica und flößt sie auf der Łomnica zum Dnjestr und dann nach Odessa.

Ein unternehmerischer, mutiger Mann. 1893 macht er sich erneut auf die Reise nach Kanada, diesmal mit Frau und vier Kindern, das jüngste ist sechs Monate alt. Sie werden begleitet von zwei weiteren Familien, auch die haben Kinder dabei. Sie sind keine Amerikagänger, die ein paar Jahre in der Fremde arbeiten und dann wieder zurückkehren wollen, sie möchten für immer bleiben. Sie wollen Kanada zu ihrer neuen Heimat machen. In Kanada reist Pillipiw zunächst wieder herum, auf der Suche nach gutem Ackerland und günstigen klimatischen Bedingungen. Er arbeitet hier und dort, schaut sich um, immer auf der Suche nach dem idealen Platz. In Winnipeg kauft er zwei Ochsen, eine Kuh, einen Pflug, Säcke mit Mehl, Zucker und Salz, und mit dieser Farm en miniature fährt er per Eisenbahn durchs Land, das ist in Kanada so üblich. Für den Transport der Tiere und der Ausrüstung bezahlt Pillipiw vierzig Dollar, er selber fährt gratis. Endlich findet er in einer Ortschaft namens Star in Alberta einen Flecken, der ihm zusagt. Er steckt eine Farm ab, baut ein Haus mit den nötigen Nebengebäuden, alles aus Holz, mit eigenen Händen. In Galizien war er Bauer, Holzfäller und Flößer, er versteht es, mit Axt und Säge umzugehen, und Bauholz gibt es in Hülle und Fülle, man muss es nur schlagen und zurichten.

Pillipiw vergrößert im Verlauf der Jahre seine Farm, daneben kauft und verkauft er Land, in Edmonton, in Winnipeg, und er beteiligt sich mit Landsleuten an einem ukrainischen Laden, mit dem sie allerdings Verluste machen; er ist rastlos, voller Einfälle. Eine erfolgreiche Pioniersgeschichte.

In seinen Erinnerungen lobt Pillipiw die Freiheit, die Ukrainer in Kanada genießen, wirtschaftlich, aber auch politisch, im heimatlichen Galizien hingegen werden sie unterdrückt. Er hält sich auf dem laufenden, was in der alten Heimat geschieht, er liest Zeitungen, schreibt Briefe nach Hause, er weiß, wie es in Galizien zugeht. Nach dem Ersten Weltkrieg wird es von den Landkarten getilgt und dem neu erstandenen Polen einverleibt; die Hoffnungen der Ruthenen, sie nennen sich jetzt Ukrainer, auf einen eigenen Staat werden von polnischen Truppen zunichte gemacht.

»Es schaut nicht gut aus in der alten Heimat. Und es wird immer schlimmer für unsere Leute. Die Menschen sagen und die Zeitungen schreiben, dass die Menschen dort geschlagen werden wie zu den Zeiten der Leibeigenschaft. Die Polen wollen, dass wir Analphabeten bleiben. Junge Leute, die hier geboren wurden, wissen das nicht, doch diejenigen, die aus der Alten Heimat gekommen sind, erinnern sich, wie es war, als die Polen uns herumkommandierten. Wie lange soll das noch so gehen?«

Fusgejer

Männer wie Iwan Pillipiw finden sich überall zurecht, sie wissen sich zu behaupten, können sich durchsetzen, kommen mit allen Widrigkeiten zurande. Doch viele Auswanderer lassen sich von gewissenlosen Individuen begaunern und ausnützen, für dumm verkaufen und aufs Glatteis führen. Und das keineswegs nur in Oświęcim.

In Kolomea wird ein gewisser Uszer Moszkowicz unter der Beschuldigung vor Gericht gestellt, eine Gruppe von sechzig ukrainischen Tagelöhnern aus Dörfern in der Umgebung von Kolomea nach Rumänien gelockt zu haben. Er versprach jedem zwölf Gulden pro Monat Entlohnung und einen Kontrakt für drei Monate. Als die Leute unter seiner Führung die rumänische Grenze überschreiten, werden sie bereits erwartet. Ein Dutzend Männer mit Flinten umstellen die eingeschüchterten Ukrainer und treiben sie in Eilmärschen ins Landesinnere, keiner vermag später zu sagen, wohin. Sie wissen nur, dass sie auf einem großen Gutshof landen, wo sie wie Sklaven gehalten werden und den ganzen Tag auf den Feldern schuften müssen; nachts werden sie in einen Schuppen gesperrt, vor dem eine bewaffnete Wache steht. Sie schlafen auf fauligem Stroh und bekommen bloß Maisbrei und manchmal eine wässrige Suppe zu essen. Dafür müssen sie umso härter arbeiten. Als die Feldarbeit beendet ist, werden die Galizianer nach Hause geschickt – ohne Bezahlung. Die hat angeblich bereits der Agent kassiert.

Nachdem sie ohne einen Groschen im Sack wieder zu Hause eingelangt sind, erstatten die betrogenen Erntearbeiter Anzeige gegen den Vermittler.

Uszer Moszkowicz wird zu drei Monaten Arrest verurteilt.

Im April 1890 schlagen Lemberger und Krakauer Zeitungen Alarm, weil Häusler und Landarbeiter aus Galizien massenweise die Dörfer und Gutshöfe verlassen und in geschlossenen Partien zu Fuß nach Russisch-Polen wandern, um in Warschau und anderen größeren Städten Arbeit zu suchen. Einige finden tatsächlich Beschäftigung in Warschauer Gärtnereien, wo man die billigen Arbeitskräfte aus Galizien willkommen heißt, andere ziehen weiter, bis nach Litauen und Weißrussland.

Dass Emigranten lange Fußmärsche auf sich nehmen, oft über viele Tage und Wochen, ist keine Seltenheit. Saisonarbeiter ziehen jedes Jahr, gewöhnlich zu Fuß, aus ihren Dörfern nach Deutschland, Rumänien oder auch Dänemark, um vom Frühjahr bis Herbst auf großen Gütern zu fronen und dann mit dem Ersparten nach Hause zurückzukehren. Wenn die Kinder groß genug sind, so dass sie arbeiten und ein paar Groschen verdienen können, werden sie mitgenommen oder als Verdingkinder zu reichen Bauern in Dienst gegeben. Der jüngere Nachwuchs hingegen erhält bei Verwandten oder Bekannten Kost und Quartier, was naturgemäß den ohnehin geringen Verdienst schmälert.

In Rumänien entwickelt sich um die Jahrhundertwende eine organisierte Form der jüdischen Auswanderung *per pedes*. 1899 kommt es in weiten Landstrichen zu einer Hungersnot, für die die lokalen Behörden in gewohnter Manier die »jüdischen Blutsauger« verantwortlich machen. Die

Folge sind blutige Ausschreitungen gegen die Juden. 1899 erlebt die Stadt Jassy, die die größte jüdische Gemeinde in der Moldau beherbergt, einen regelrechten Pogrom. Aus ganzen Bezirken werden alle Juden vertrieben. Der Pogrom von Jassy und die antijüdischen Verordnungen lösen eine spontane Auswanderungswelle aus, bekannt als »rumänischer Exodus«. Angeführt wird dieser von den so genannten »Fusgejern«, jungen Juden, zumeist Handwerkern und Arbeitern, unter ihnen auch Frauen, die sich spontan zu Gruppen von manchmal über hundert Personen zusammenschließen und zu Fuß in Richtung Hamburg aufbrechen. Sie legen dabei Entfernungen von tausend Kilometern und mehr zurück. Auf den einige Monate dauernden Märschen verteilen die »Fusgejer« provisorisch hergestellte »Zeitungen«, singen Lieder und führen kleine, selbstgeschriebene Theaterstücke auf, um ihre Marschkassa aufzubessern.

»Die Fußwanderer von 1899 unterschieden sich von früheren Emigranten«, schreibt Joseph Kissman, ein Historiker des rumänischen Judentums. »Das Menschenmaterial bestand nicht aus den armen, ausgelaugten und erschöpften Wanderhändlern, sondern es handelte sich um junge, gesunde Menschen, meist Handwerker und Arbeiter … Die Art, wie sich diese Gruppen organisierten, zeugte von Idealismus und jugendlicher Romantik.«

Mit Idealismus und Romantik hat die Auswanderung aus Galizien wenig zu tun. Sie wird genährt von Elend und Not und dem Glauben, das Leben müsse überall besser sein als zu Hause. In Amerika ist die Nacht besser als der Tag in Galizien, so heißt es.

Aus Odessa wird gemeldet, dass dort Hunderte Arbeiter aus Galizien und Ungarn eintreffen. Angeblich sucht die russische Staatswerft von Nikolajew am Schwarzen Meer

Arbeiter, dort wird gerade der Panzerkreuzer »Zwölf Apostel«, ein Schwesterschiff des später zu Berühmtheit gelangten Panzerkreuzers »Potemkin«, auf Kiel gelegt. Die meisten der hoffnungsfroh nach Odessa strömenden Galizianer und aus Oberungarn stammenden Slowaken werden allerdings mit leeren Händen wieder nach Hause geschickt – an unqualifizierten Arbeitskräften herrscht auch im Zarenreich kein Mangel.

So mancher Großgrundbesitzer entdeckt eines Morgens entsetzt, dass sich sämtliche Landarbeiter aus den Dörfern der Umgebung davongemacht haben, nach Amerika, nach Brasilien, nach Russland, nach Russisch-Polen, nach Rumänien, irgendwohin. Die Erntezeit steht vor der Tür, und die emsigen »Hände«, die Knechte und Mägde, die Tagelöhner und die landlosen Bauern, unentbehrliche, wenn auch elend bezahlte Helfer, sind spurlos verschwunden. Wer soll nun das Korn schneiden, die Kartoffeln ausbuddeln, das Heu machen, die Ernte einbringen, dreschen, das Vieh füttern und tränken?

Die großen Herren schreien Zeter und Mordio, sie rufen nach den Behörden, nach den Gendarmen, nach den Soldaten, die sollen die Leute mit Gewalt, mit aufgepflanzten Bajonetten in den Dörfern festhalten, sie sollen die Grenzen bewachen, die löbliche Statthalterschaft in Lemberg soll die Auswanderung gefälligst per Erlass verbieten. Umgekehrt kommen Scharen mittelloser, erbärmlich gekleideter Bauern aus der russischen Grenzregion Wolhynien nach Galizien, nach Brody und Tarnopol. Sie sind von Schmugglern über die Grenze geführt worden. Als Ziel nennen sie Hamburg. Und dann natürlich Amerika. Von Amerika haben sie bloß ungefähre Vorstellungen, die meisten wissen nur, dass es jenseits des Meeres liegt. Der Grund für die einer Flucht gleichenden Emigration der wolhynischen Landbevölkerung ist angeblich darin zu suchen, dass vermehrt deutsche Kolonisten in die russische Provinz strömen, wo sie die einheimischen Bauern »von ihrem Boden verdrängen und ihnen die Arbeit wegnehmen«, wie eine in Lemberg erscheinende polnische Zeitung warnend schreibt. Auch in Galizien betrachten gewisse Kreise die deutschen Kolonisten als Bedrohung des wahren Polentums, obwohl die Deutschen schon seit über hundert Jahren hier siedeln.

»Der wolhynische Landmann, durch den Zustrom der Deutschen seines Bodens und Verdienstes beraubt und wirtschaftlich unter Druck gesetzt, leiht in dieser Situation nur zu gern den trügerischen Erzählungen des Agenten über Amerika sein Ohr, wo es jede Menge Land, großen Verdienst und so weiter geben soll. Von diesen Aussichten gelockt, verlässt der Landmann die heimatliche Scholle, wobei er zahlreiche Entbehrungen erfährt, bis es ihm endlich gelingt, ein Stückchen Brot zu finden. Viele kehren am Ende, von den Agenten restlos ausgeplündert, als Bettler in ihre Heimat zurück.«

Die Amerikaauswanderung über Oświęcim geht ebenfalls munter weiter, die legale wie die illegale. Nach offiziellen Angaben passieren im November 1890 231 Personen die Grenzstation Oświęcim mit der Absicht, sich nach Amerika zu begeben. 168 stammen aus Galizien, 58 aus Ungarn, fünf aus der Bukowina. Im selben Zeitraum hindert die Polizei in Oświęcim 38 Personen an der Weiterreise, da sie ohne die erforderlichen finanziellen Mittel und die nötigen Papiere unterwegs sind. Sie werden in ihre Dörfer zurückgeschickt. Neun werden angezeigt, sie wollten sich durch Auswanderung dem Militärdienst entziehen. Wie viele Auswanderer es im selben Zeitraum schaffen, in und um Oświęcim ungesehen die Grenze zu passieren, auf eigene Faust oder geführt von ortskundigen Schleppern, die sich dafür teuer bezahlen lassen, wird von keiner Statistik erfasst. Ebenso wenig, wie viel von den 231 Auswanderern Polen, Ukrainer, Slowaken oder Juden sind. Auch werden von der Statistik bloß die österreichisch-ungarischen Staatsbürger registriert, nicht aber die Russen und die russischen Juden, von denen ebenfalls viele die Route über Oświęcim nach Hamburg oder Bremen wählen.

Die jüdischen Emigranten aus Russland bieten ein Bild des Jammers. Viele sind auf der Flucht vor immer neuen Pogromen, sie kommen auf Wagen, gezogen von halbverhungerten Kleppern, bepackt mit den schäbigen Resten ihrer Habe, obenauf Kinder und Alte, andere schleppen sich zu Fuß über die Grenze. Russischen Zeitungsberichten zufolge schenken auch die armen, unwissenden Juden, ähnlich wie Bauern und Landarbeiter, nur zu willig allen möglichen Gerüchten und Versprechungen Glauben. Dazu kommt bei ihnen noch die Angst um Leib und Leben; die Pogrome werden zunehmend brutaler, fordern immer mehr Opfer. Als Arnold White, ein englischer Abgesandter des jüdischen Philanthropen Baron Hirsch, durch Russland reist, um die Verhältnisse unter den jüdischen Massen und die Möglichkeiten ihrer Ansiedlung in Argentinien zu erkunden, löst allein die Nachricht von seiner Reise phantastische Erwartungen aus. Angeblich erwarten die jüdischen Auswanderer aus Russland in den Hafenstädten Europas ganze Flotten von Dampfschiffen, ausgelegt mit weichen Daunenbetten, und auf diesen Schiffen werden ihnen die herrlichsten Speisen gereicht, fette Hühnerbrühe, gebratene Karpfen und faschierter Hecht, ein Leckerbissen, den die meisten nur vom Hörensagen kennen. Die Wirklichkeit ist weniger rosig. In

Wahrheit begegnet die jüdische Emigration nach Argentinien großen Schwierigkeiten. Die Organisatoren haben mit jüdischen Landwirten gerechnet, doch solche sind in Russland rar. Viele russisch-jüdische Emigranten sind gezwungen, in Galizien wochenlang auf die Weiterreise zu warten. Die armseligen Flüchtlinge wecken Ängste und Vorurteile, antijüdische Ressentiments, die Behörden werden von verschiedenen Seiten aufgefordert, die missliebigen Fremden möglichst rasch abzuschieben, damit sie gar nicht erst in Berührung mit der heimischen Bevölkerung kommen können, zurück nach Russland oder nach Deutschland, wohin auch immer, nur über die Grenze.

Die Polizei am Bahnhof von Krakau hält nun auch nach mittellosen jüdischen Auswanderern aus Russland Ausschau. Sie hat keine Schwierigkeiten, sie aus der Masse der gewöhnlichen Reisenden herauszufinden, sie sind abgerissen und verängstigt, viele haben Schreckliches durchgemacht. Wer ohne die nötigen Papiere oder die Mittel für die Weiterreise aufgegriffen wird, läuft Gefahr, über die russische Grenze abgeschoben zu werden. Die Vertreter der jüdischen Hilfskomitees versuchen das Schlimmste zu verhindern. Im Juli 1891 kommt der aus dem ostgalizischen Czortków stammende deutsche Schriftsteller Karl Emil Franzos nach Krakau, um sich vor Ort ein Bild von der Notlage der russischen Juden zu machen.

Im Juni 1891 ruft der Rabbiner Abraham Schnur aus Oświęcim im Auftrag des »Central-Comités zur Unterstützung armer russischer Juden in Berlin« in der Grenzstadt ein Hilfskomitee ins Leben, »um diejenigen armen russischen Emigranten, welche die hiesige Grenze passieren, vor etwaigen Ausbeutungen und Übervorteilungen gewissenloser Schiffsagenten zu schützen«.

Immer wieder landen in Oświęcim Partien russischer Juden, die von den preußischen Behörden zurückgeschickt werden, weil sie nicht die erforderlichen Mittel für die Weiterreise besitzen. Der Statthalter in Lemberg äußert in Schreiben an die Bezirkshauptmannschaft von Biała die Befürchtung, dass diese Flüchtlinge, die meisten völlig mittellos und ohne Papiere, im Land bleiben und in der Folge den Gemeinden und der öffentlichen Wohltätigkeit zur Last fallen könnten. Das müsse unter allen Umständen verhindert werden. Flüchtlinge ohne Dokumente und Mittel für ihren Unterhalt seien unverzüglich aus dem Land zu schaffen. Tatsächlich meldet der Bezirkshauptmann von Biała nach Lemberg, bei einer Inspektionsreise nach Oświęcim habe er dort »zirka fünfhundert russische Juden aus den ärmsten Gesellschaftsschichten angetroffen, untergebracht neben dem Bahnhof der Nordbahn in Baracken und Scheunen. Und die Zahl dieser Israeliten wird vermutlich von Tag zu Tag wachsen.«

Die jüdischen Hilfskomitees haben alle Hände voll zu tun, die Flüchtlinge vor den galizischen Behörden zu schützen, die sie am liebsten gleich wieder nach Russland abschieben würden. Sie sind damit beschäftigt, die Flüchtlinge zu registrieren, notdürftig zu versorgen und möglichst rasch aus dem Land zu schaffen. Die Vertreter der Hilfskomitees haben seit den ersten Flüchtlingsströmen, die 1881 in Brody einlangten, viel gelernt, sie machen ihre Sache, gemessen an den zahlreichen Schwierigkeiten, hervorragend, was auch in Galizien Anerkennung findet.

Lemberger und Krakauer Zeitungen notieren zufrieden, dass die russischen Juden durchwegs auf Kosten jüdischer Hilfsorganisationen durch Galizien geschleust werden: »Bisher haben die Organisationen ihre Aufgabe vorbildlich erfüllt, alle Befürchtungen, dass die jüdischen Flüchtlinge, bei denen es sich um russische Untertanen handelt, bei uns bleiben könnten, erwiesen sich als unbegründet.«

Die jüdischen Flüchtlinge aus Russland werden in Galizien einer genauen Prüfung unterzogen: War ihr Leben zu Hause tatsächlich gefährdet, oder sind sie aus wirtschaftlichen Erwägungen geflohen, weil sie sich in Amerika ein besseres Leben versprechen? Wie soll man beweisen, dass einem betrunkene »Chuligans« die Scheiben einschmissen, den Laden ausräumten und drohten, das Haus überm Kopf anzustecken? Wie soll man jemandem, der selber in Sicherheit lebt, klarmachen, dass die Frau und die Kinder vor Angst nicht mehr schlafen konnten und ständig weinten?

Nur wer das Glück hat, von einer Hilfsorganisation betreut zu werden, darf auf die Weiterreise nach Deutschland und schließlich Amerika hoffen; viele werden erbarmungslos über die russische Grenze zurückgeschickt.

Brasilianisches Fieber

Bei manchen Menschen erregen die jüdischen Flüchtlinge aus Russland Mitleid, bei den meisten jedoch Abneigung und dumpfe Ängste. Weil sie Fremde sind, obendrein Juden, und weil sie lumpig und bedürftig daherkommen. Was, wenn sie hier bleiben wollen, hier in Galizien, wo wir selber so viel Elend und Not haben, sollen wir diese Hungerleider etwa mitfüttern? Werden sie uns nicht die ohnehin rare Arbeit wegnehmen, weil sie sich mit noch kärglicherem Lohn begnügen als unsere Leute?

Dasselbe hören Auswanderer aus Galizien, wenn sie nach Deutschland kommen. Auch sie werden nur in wenigen Fällen mit offenen Armen empfangen. Viele leben buchstäblich von der Hand in den Mund, sie haben ihr ganzes Geld für die Reise ausgegeben und sind gezwungen, zu betteln oder sogar zu stehlen, wollen sie nicht verhungern. Gruppen seltsam gekleideter Menschen ziehen durch die Straßen, sammeln sich um die Bahnhöfe, die Männer in streng riechenden Schafspelzen, das zottige Fell nach außen gewendet, die Frauen in große Tücher gehüllt. Sie können sich mit den Deutschen kaum verständigen, verstehen nicht, was auf den überall angebrachten Hinweis- und Verbotsschildern steht: »Nicht ausspucken!«, »Kein Trinkwasser!«, »Kein offenes Feuer entzünden!« Sie verstoßen gegen die guten Sitten und Gebräuche, allein durch die Masse, in der sie auftreten, das macht sie den Deutschen suspekt.

Um 1890 kommt ein neues Reiseziel auf, wo unermessliche Reichtümer locken: Brasilien. Wieder setzen sich ganze Dörfer in Bewegung, zunächst nach Deutschland, wo viele stranden. In Hamburg und Bremen kommen Zugladungen von »Brasilianern aus Polen« an, wie die Deutschen die Auswanderer sarkastisch nennen. Manche müssen tagelang, wochenlang auf den Weitertransport über den Atlantik warten, die Eisenbahn- und Schifffahrtslinien sind auf einen derartigen Ansturm nicht vorbereitet.

Die Krakauer Zeitschrift *Nowa Reforma* (Neue Reform) entsendet einen Korrespondenten nach Berlin, um von dort zu berichten.

»Auf dem Berliner Lehrter Bahnhof spielen sich wahrhaft Danteske Szenen ab, eine Hölle menschlichen Elends. Der Transport der Auswanderer gleicht einem einzigen Viehtransport. Ohne das Ziel der Fahrt, das Schicksal, das sie jenseits des Meeres erwartet, oder die Länder, in die sie gebracht werden, zu kennen, geben sich diese Menschen blindlings in die Hände der übelsten Ausbeuter, die sie wie Ware verladen und die Ärmsten, hungrig und frierend, in Waggons der Vierten Klasse stopfen. Ein Viehwaggon wirkt wie ein Salonwagen im Vergleich zu so einem Wagen Vierter Klasse, voll beladen, man könnte sagen, voll geschlichtet von oben bis unten mit Menschen, Bündeln und Säcken mit verschiedenstem Plunder. Die Menschen sitzen einer auf dem anderen, auf Pyramiden von Bündeln und Körben liegen Säuglinge, hier sind ein paar Kinder in eine Ecke gezwängt und weinen lauthals, weil sie frieren und hungern, dort liegen geschwächte und kranke Frauen auf dem nackten, schmutzigen Boden, Kinder sitzen auf den liegenden Müttern. Das Gedränge ist unbeschreiblich, man kann nicht sagen, welche Hände und Beine wem gehören. Und erst der schreckliche Gestank! Und so fahren sie, wie die Sardinen verpackt, Tag und Nacht, ohne Pause und Erholung: wohin? Das wissen sie selber nicht. Warum? Das können sie selber nicht sagen – sie fahren, um das schrecklichste Elend jenseits des Meeres zu finden …«

Die »amerikanische Pest«, vor der die Gegner der Auswanderung so eindringlich warnen, hat ihren Höhepunkt noch nicht erreicht, da zieht eine neue Seuche ins Land: das »brasilianische Fieber«.

Und erneut sind es Agenten, die das Auswanderungsfieber anheizen. Die wichtigsten stehen im Dienst der brasilianischen Regierung. Brasilien braucht Einwanderer aus Europa, um die weiten, menschenleeren Gebiete zu besiedeln und den Urwald zu roden, um Sümpfe trocken zu legen. Anfangs ist es die brasilianische Zentralregierung, die Verträge mit großen Agenten abschließt. Einer der bekanntesten ist der Brasilianer Antonio da Silva-Prado, ein ehemaliger Landwirtschaftsminister, er residiert in Paris. Oder der Portugiese Jose Antunes dos Santos, er besitzt Büros in Lissabon und Madrid, von denen aus er in ganz Europa Emigranten anwirbt, in Italien und Portugal, aber auch in Osteuropa, voran in Russisch-Polen und Galizien.

Die meisten Osteuropäer werden über Bremen und Hamburg nach Brasilien verschifft, andere Routen führen über Triest oder Genua. Ein berüchtigter Agent ist der Italiener Silvio Nodari aus Udine. Er zieht mit seinem Bruder Ludovico in Galizien und Ungarn, nach bewährter Manier, ein dichtes Netz von Zuträgern auf, denen er eine Provision von fünf Gulden für jeden Auswanderer verspricht, für Minderjährige bezahlt er die Hälfte. Die Gebrüder Nodari werben für Kanada, Argentinien und Texas, später auch für Brasilien Auswanderer an. Sie verfrachten im Auftrag der brasilianischen Regierung galizische Bauern in Gebiete, die wegen ihres mörderischen Klimas, des dort grassierenden Gelbfiebers und anderer Plagen normalerweise von Europäern gemieden werden.

Dos Santos, Nodari und Konsorten verlassen sich auf die Dienste zungenfertiger Zutreiber, deren Aufgabe darin besteht, Dorfbewohner zur Auswanderung zu überreden: Gemeindeschreiber erhalten eine silberne Uhr mit Kette und einem Anhänger der wundertätigen Muttergottes von Częstochowa, wenn sie die Lockbriefe im Dorf unter die Leute bringen. Die Schreiben, versehen mit Illustrationen des »brasilianischen Paradieses«, beginnen stets mit frommen Worten: »Brüder in Christo!« oder »Gelobt sei der Herr Jesus Christus, der die Hungrigen mit Gütern gesättigt!«, um von vornherein jeden Verdacht zu zerstreuen, es könne sich um Betrug handeln.

Im Juli 1891 werden in Piotrków in Russisch-Polen drei für Dos Santos tätige Agenten wegen unbefugter Auswanderungspropaganda und Betrug vor Gericht gestellt und verurteilt. Sie zogen von Dorf zu Dorf und boten den Bauern an, sich gegen eine geringe Gebühr als Auswanderer »einschreiben« zu lassen, um kostenlos nach Brasilien gebracht zu werden, wo jede Familie eine große Farm bekommen sollte. Um den Menschen die Angst vor dem fernen Land zu nehmen, von dem sie zuvor noch nie gehört hatten, verteilten die Agenten Medaillons mit einem Bild der Jungfrau Maria und der Inschrift: *Opiekunka Brazylji*, Beschützerin Brasiliens. Immerhin ist die Mutter Gottes auch Königin von Polen. Nach ihrer Ankunft werden die Emigranten, statt die versprochenen Farmen zu bekommen, als wohlfeile Arbeitskräfte zu brasilianischen Großgrundbesitzern geschickt.

Später werben einzelne brasilianische Bundesstaaten Einwanderer an, je nach Bedarf. Den Neuankömmlingen werden großartige Vergünstigungen in Aussicht gestellt: Sie bräuchten für den Transport nichts zu bezahlen, würden auf Staatskosten verköstigt, erhielten ein großzügiges Handgeld und obendrein ein schönes Stück Land mit lebendem Inventar für den Anfang. In der Praxis erweisen sich die Versprechen als Schall und Rauch; die Einwanderer werden provisorisch in elenden Hütten untergebracht und müssen monatelang auf die Zuteilung des versprochenen Landes warten. In der Zwischenzeit werden sie genötigt, für einheimische Plantagenbesitzer oder den Staat zu arbeiten, beim Bau von Straßen, Kanälen, Eisenbahnen. Oft werden sie nicht besser als Sklaven behandelt, kein Wunder, in Brasilien ist die Sklaverei erst 1888 abgeschafft worden. Die Arbeit ist hart und ungesund, die Menschen sterben im ungewohnten Klima wie die Fliegen. Gelbfieber und andere tropische Krankheiten raffen viele Einwanderer dahin.

Die Agenten sind nur daran interessiert, möglichst viele Menschen anzuwerben und die Schiffe zu füllen. Sie wissen genau, wie sie die Bauern fangen können. Jede Gruppe wird mit eigenen Methoden angelockt, Polen, Ukrainer und Juden, alle bekommen für sie gleichsam maßgeschneiderte Geschichten aufgetischt. In polnischen Dörfern erzählen die Agenten, der Heilige Vater habe den wahren Katholiken bei Strafe befohlen, ihr Land zu verlassen und nach Brasilien aufzubrechen; die polnischen Lande würden in naher Zukunft von Katastrophen heimgesucht, der Boden werde keine Früchte mehr tragen, so dass alle Menschen, die ihm nicht folgten und in ihren Dörfern blieben, jämmerlich verhungern müssten.

In Krakau hindert die Polizei eine ganze Gruppe von

Bauern aus Russisch-Polen an der Weiterreise, weil sie völlig mittellos unterwegs sind. Sie erklären, sie wollten nach Brasilien fahren, zu Hause habe man ihnen gesagt, es sei ihre Pflicht als Christenmenschen, dorthin zu reisen, um unter den Wilden den wahren Glauben zu verbreiten. Der russische Zar habe aus Rom den Befehl erhalten, seine Polen zu diesem Zweck übers Meer zu schicken. In Bremen, so habe man ihnen gesagt, würden sie vom Zaren alle Reisekosten ersetzt bekommen und außerdem noch eine Anweisung auf ein großes Stück Land in Brasilien.

Wer ihnen das erzählt hat?

Das wissen sie nicht so genau, die Kunde ging wie ein Lauffeuer durch die Dörfer.

In Galizien ziehen Agenten durch die ruthenischen Dörfer und erzählen die herzzerreißende Geschichte vom geliebten Kronprinzen Rudolf. Der sei gar nicht in Mayerling mit der schönen Mary Vetsera ums Leben gekommen, sondern nach Brasilien gefahren, um dort ein großes Reich zu gründen, das er mit seinen geliebten Ruthenen besiedeln wolle. Auf nach Brasilien! Der neue brasilianische Kaiser Rudolf werde sie mit offenen Armen empfangen, um sich für die ihm erwiesene Treue erkenntlich zu zeigen. (Kronprinz Rudolf hielt sich oft in Galizien auf und war hier vor allem bei den Ukrainern sehr beliebt.) Sein Vater, der Kaiser in Wien, habe dem Sohn versprochen, ihm zu helfen, die neuen Untertanen übers Meer zu schaffen.

Darauf pilgern Scharen armer Häusler und Tagelöhner zu den Bezirkshauptmannschaften, um ihre Reisebereitschaft zu bekunden. »Gott im Himmel sei gelobt, dass er die armen Menschen nicht vergessen hat! Hier sind wir, bringt uns nach Brasilien!«

Manche Agenten legen eine amtliche Uniform an und

gehen in Begleitung eines Trommlers durch die Dörfer, um den Bewohnern den Befehl des Kronprinzen Rudolf zu verlesen, demzufolge sie unverzüglich alles liegen und stehen lassen und nach Brasilien fahren sollen, wo sie das Paradies auf Erden erwarte. Dann wieder heißt es, in Brasilien gebe es so genannte Milchbäume, die brauche man nur anzuschneiden, und schon fließe frische Milch heraus, daher benötige man dort keine Kühe und könne sich das lästige Ausmisten und Melken sparen; beschwerliche Hausarbeiten, wie Aufräumen, Kochen und Abwaschen, verrichteten Affen, die naturgemäß keinen Lohn verlangten, bloß ein paar frische Früchte, die man vor der Haustür pflücken könne. In Brasilien brauche man nicht zu säen, dort könne man gleich ernten. Gold finde man allerorten, man müsse nur ein wenig graben. Die Agenten zeigen den staunenden Leuten goldene Münzen und sagen, die hätten sie von »Herren aus Brasilien« geschenkt bekommen, die hätten die Taschen voll davon.

Ein regelrechter Auswanderungswahnsinn greift um sich. Auch Argentinien benötigt Siedler und lockt Auswanderer aus Galizien ins Land. Ganze Dörfer machen sich auf die Reise. Aus Olesko im Bezirk Złoczów wird gemeldet, dass faktisch alle Bewohner der Dörfer Sokołówka und Przewłoczna nach Brasilien aufgebrochen sind. Die Bauern verkaufen die Wirtschaften, die Felder und das Vieh, manche lassen die erbärmlichen Hütten einfach stehen, packen die bewegliche Habe und die Kinder auf die Wagen und machen sich auf den Weg zum nächsten Bahnhof. Nur ein paar alte Leute und die *matołki*, die Dorftrottel, bleiben zurück. Anführer der Brasilienfahrer ist ein gewisser Moskalewski, der die Schiffskarten für die Dörfler besorgt hat.

Das Beispiel macht Schule. Aus anderen Gegenden werden ähnliche Ereignisse gemeldet. Alle wollen nach Bronzylja, Bryzolja oder Arantyna beziehungsweise Agrypyna – die Landleute haben keine Ahnung, wie die Länder heißen, wohin sie fahren.

Abermals geht das Gespenst der Leutenot um. Die Gutsbesitzer schlagen Alarm, sie befürchten, über Nacht die billigen Arbeitskräfte zu verlieren; sie rennen den Bezirksbehörden die Türen ein und verlangen, die leichtgläubigen Bauern und Tagelöhner wenn nötig mit Gewalt vom »brasilianischen Fieber« zu kurieren. Tatsächlich verweigern die lokalen Behörden vielen bettelarmen Auswanderungswilligen die für die Reise nötigen Papiere, worauf sich diese an Agenten wenden. Die wissen, wie immer, Abhilfe. Es werden massenweise gefälschte Pässe in Umlauf gebracht oder auch von korrupten Beamten echte Passformulare gekauft, in die geschickte Winkelschreiber die gewünschten Namen eintragen, auch ein Stempel ist schnell zur Hand. Diese Praxis greift so um sich, dass sich Statthalter Graf Badeni schließlich genötigt sieht, die Bezirkshauptmannschaften in einem Rundschreiben aufzufordern, nach Lemberg zu melden, wie viele Pässe sie vom 1. Jänner 1890 bis 31. Mai 1892 ausgestellt hätten und über wie viele Blankoformulare sie noch vorfügten. Die Beamten werden von höchster Stelle gerügt, weil sie schlampig oder gar nicht Evidenz führen, und angewiesen, künftig »streng die Ausgabe von Pässen zu überwachen« und jährlich nach Lemberg Meldung zu erstatten.

Auch für Häusler und Landarbeiter, die nicht das Geld haben, um sich Reisepapiere auf illegalem Weg zu besorgen, haben schlaue Ratgeber einen Ausweg parat. Sie führen die Leute über die russische Grenze, wobei sie ihnen einreden, von dort sei es ein Kinderspiel, nach »Rozalja«, wie Brasilien im Volksmund auch genannt wird, zu gelangen. Wer einen guten Stern hat, kehrt nach einiger Zeit wieder zurück ins heimatliche Dorf, völlig verarmt und von den Daheimgebliebenen verlacht, viele gehen unter in den Weiten Russlands, nach Brasilien gelangt keiner auf diesem Weg. Trotzdem grassiert das Auswanderungsfieber in den Dörfern unvermindert.

Im Kreis Kamionka reden die Menschen über nichts anderes mehr als über die unermesslichen Ländereien jenseits des Ozeans, die der junge Kaiser Rudolf von Brasilien ihnen versprochen hat. Jeder soll das erforderliche Reisegeld und vier Morgen Ackerland, Wiesen und ein Stück Wald sowie zwei Stück Hornvieh und ein Pferd bekommen. Die ärmeren Dorfbewohner, und zu denen gehören die meisten, laufen zum nächsten Amt nach Dmytrów, um sich vom Winkelschreiber eintragen zu lassen, er führt angeblich die Liste der Ausreisenden. Auf die Frage, warum er nach Brasilien fahren wolle, weiß ein Bauer mit einer sechsköpfigen Familie keine konkrete Antwort und sagt bloß: »Andere Leute fahren, da wollen wir auch nicht zurückbleiben, schlimmer als hier kann die Armut drüben nicht sein.«

Ein Irrtum. In Brasilien erwartet viele Einwanderer ein Elend, das jenes in Galizien weit übertrifft. Verzweifelte Auswanderer schreiben über die unsäglichen Zustände in der neuen Heimat. »Wenn jemand wissen möchte, wie Christus der Herr am Kreuz gelitten hat, dann soll er nach Brasilien kommen, hier wird er es hautnah erfahren.«

Die alarmierenden Nachrichten aus Südamerika erregen in polnischen Landen wachsende Sorge. Zeitungen publizieren Briefe von betrogenen Auswanderern, Pfarrer bezeichnen es in Predigten als eine schwere Sünde, die Heimat aufzugeben, doch der Strom reißt nicht ab. Im November 1890 macht sich der polnische Autor Adolf Dygasiński, bekannt für seine einfühlsamen Schilderungen des Dorflebens, im Auftrag der Warschauer Tageszeitung *Kurier Warszawski* auf den Weg nach Brasilien, um herauszufinden, was an den alarmierenden Berichten dran ist. Von unterwegs schickt er Reiseaufzeichnungen an die Zeitung, die auch in Galizien abgedruckt werden. Dygasiński reist wie ein gewöhnlicher Emigrant, zunächst mit der Eisenbahn Vierter Klasse nach Berlin und von dort weiter nach Bremen.

In Bremen kann man in der Gegend um den Bahnhof zu jeder Tageszeit Gruppen polnischer Bauern antreffen, »mit Weibern und Kindern«, auf der Suche nach einem Nachtquartier oder einer billigen Mahlzeit. Überall gibt es Läden mit der Aufschrift »Blechwaren für Auswanderer«, wo man den Landleuten Becher, Besteck und Töpfe, angeblich unbedingt nötig für die Schiffsreise, zu überteuerten Preisen verkauft. Dygasiński inspiziert überwiegend von Polen frequentierte Auswandererherbergen, »Zum Emigranten«, »Stadt Minden«, »Stadt Warschau«, schmutzige Massenquartiere, erbarmungslos vollgestopft, drei, vier Leute pro Bett, und noch auf dem Boden schlafen die Menschen dicht geschlichtet wie die Sardinen. Die meisten Auswanderer biwakieren jedoch am alten, seit Jahren leer stehenden Bahnhof von Bremen, dort können sie gratis übernachten. Ein Heer wandernder Obdachloser.

»Ein trauriger, sehr trauriger Anblick! Ein paar Hundert Menschen liegen in einem Schmutz, in den man kaum zu treten wagt. Überall herrscht eine jede Vorstellung übersteigende Unordnung. Im gesamten halbverfallenen Gebäude wimmelt es von Polnisch sprechenden Menschen. Alles ist überfüllt, nicht nur die Säle, sondern auch die Korridore und alle Winkel und Ecken, weil jeden Tag mit den Zügen neue Menschen eintreffen.«

Dygasiński ist entsetzt über die Zustände, findet jedoch lobende Worte für die Hilfsorganisationen: Sie versorgen die Ärmsten mit Essen und Kleidung. Am 5. November 1890 schifft er sich mit der »München«, einem Auswandererdampfer des Norddeutschen Lloyd, nach Brasilien ein, zusammen mit 2500 Zwischendeckpassagieren, Polen, Ukrainern und Juden. Schon auf der Überfahrt sterben die Schwächsten, vor allem Kinder. Arzt ist keiner an Bord. In den ersten sieben Tagen werden sechs Kinder und eine Frau dem Meer übergeben. Die Reise dauert zwanzig Tage.

In Brasilien findet Dygasiński die schlimmsten Erwartungen bestätigt. Die meisten Einwanderer haben keine Ahnung, wohin sie geschickt werden, keiner fragt sie bei der Ankunft nach ihren Wünschen, meist werden sie, gegen ihren Willen, nicht in die Ackerbaustaaten gebracht, sondern in die sogenannten Kaffeestaaten. Wenn Fazendeiros, Großgrundbesitzer, in Rio Grande do Sul Arbeitskräfte benötigen, wird ein Transport polnischer Familien dorthin abgefertigt. Vor Ort werden sie in elende Hütten gesteckt und angehalten, auf den Plantagen zu arbeiten, im Urwald Bäume zu fällen und Sumpfgebiete urbar zu machen. Sie flehen den Boten aus der Heimat an, sie zu befreien, sie um jeden Preis zurückzubringen, nach Russisch-Polen, nach Galizien, zumindest soll er die Daheimgebliebenen davor warnen, sich leichtsinnig in das brasilianische Abenteuer zu stürzen.

»Kein Mensch auf der Welt kann es schlimmer haben als wir: Wir leben hier im tiefsten Elend, der Herrgott hat uns für unsere Sünden mit unnachsichtiger Härte bestraft!«, klagt ein polnischer Auswanderer dem Schriftsteller sein Leid.

Ebenfalls 1891 reist der katholische Priester und Journalist Zygmunt Chełmicki, Redakteur einer Warschauer Tageszeitung, nach Brasilien, um über die Not der Auswanderer zu berichten. Chełmicki bemüht sich mit Hilfe von Spenden, in Brasilien gestrandete Familien in die Heimat zurückzubringen. Auch in Galizien drucken Zeitungen die Berichte von den herzergreifenden Szenen, die sich dem Vernehmen nach bei der Rückkehr der Unglücklichen abspielen. Hier wirft sich ein ausgemergelter junger Mann einem weißhaarigen Alten zu Füßen, umfängt seine Knie und berichtet dem Vater unter Tränen, Marychna kehre nicht wieder, sie habe bereits auf der Überfahrt den Tod gefunden, dort kniet eine Schar erbärmlich gekleideter Bauern betend und singend vor einem Wegkreuz mit der Muttergottes, ein junger Mann küsst den Boden und dankt ihr überschwenglich, dass sie ihnen erlaubt hat, die Heimat wiederzusehen. »Jetzt werden wir dich nie mehr verlassen, wir werden ehrlich und im Schweiß unseres Angesichts arbeiten und an den Wegen Kreuze errichten, zur Erinnerung daran, dass du uns aus der brasilianischen Gefangenschaft geführt hast!«

Polacas

Mit den Auswandererschiffen werden auch Mädchen aus Galizien nach Brasilien und Argentinien gebracht. Im Gegensatz zu ihren ins Zwischendeck gepferchten Landsleuten reisen die meisten komfortabel Erster oder Zweiter Klasse, in Begleitung elegant gekleideter Herren mit seidenen Westen, teurem Schuhwerk, blitzenden Krawattennadeln und dicken goldenen Ringen. Mädchenhändler mit frischer Ware. Sie fahren zwei- bis dreimal im Jahr nach Europa, unter verschiedenen Namen, ausgestattet mit falschen Pässen, um keinen unliebsamen Verdacht zu erregen – viele übten in früheren Jahren auf dem alten Kontinent dasselbe Gewerbe aus, die Verbindungen dorthin sind nie abgerissen. Auf der Rückreise haben sie junge Mädchen dabei, in der Passagierliste als ihre Ehefrauen oder Töchter eingetragen. Oft erfahren die Mädchen erst während der Überfahrt oder gar erst nach der Ankunft, welches Schicksal ihnen blüht. Ohne Geld und Papiere, der Sprache nicht mächtig, mutterseelenallein sind sie dem Zuhälter auf Gedeih und Verderb ausgeliefert.

Prostituierte aus polnischen Ländern werden in Brasilien und Argentinien *polacas*, Polinnen, genannt, auch wenn sie aus Russland, Rumänien oder Ungarn stammen. Die Frauen sind gewöhnlich jüdischer Herkunft und kommen aus kleinen Schtetln in Galizien und Russland, aus den Elendsvierteln von Lemberg, Odessa, Warschau, Łódź, Krakau … Das erste Schiff mit galizischen Mädchen legt der Überlieferung nach bereits 1867 in Brasilien an, mit 69 jungen Jüdinnen an Bord; sie werden alle der Prostitution zugeführt, europäische Frauen sind sehr gefragt.

Auch die Händler, Zuhälter und Bordellbesitzer stammen mehrheitlich aus Osteuropa. Wird einmal einer verhaftet, was selten geschieht, versucht er sich herauszureden, die Mädchen hätten ihn gedauert, er habe sie bloß aus ihrer Not und Armut befreien und ihnen den Weg in eine bessere Zukunft weisen wollen. Die Polizeibehörden in Brasilien und Argentinien, den beiden wichtigsten lateinamerikanischen Ländern für den Mädchenhandel, sind nicht streng, viele Beamte sind empfänglich für finanzielle Zuwendungen und nicht abgeneigt, die Dienste der Mädchen gratis in Anspruch zu nehmen.

Im Jahre 1892 lernt der Mitbegründer der Polnischen Sozialdemokratischen Partei Galiziens und Schlesiens, Ignacy Daszyński, von den österreichischen Behörden wegen eines aufrührerischen Zeitungsartikels hinter Gitter gebracht, im Gefängnis in Krakau einen Mädchenhändler namens Friedmann kennen, die beiden teilen eine Zeitlang dieselbe Zelle. Friedmann ist empört über die behördliche Schikane gegen den Sozialdemokraten und macht sich erbötig, die Tochter des Staatsanwalts entführen und an ein Freudenhaus in Buenos Aires verkaufen zu lassen, was Daszyński höflich ablehnt. Er weiß nicht einmal, ob der Staatsanwalt überhaupt verheiratet ist und eine Tochter hat.

Ein paar Jahre später kommt es zu einer erneuten Begegnung zwischen Daszyński, mittlerweile Abgeordneter zum Wiener Reichsrat, und Friedmann, der nach wie vor seinem Beruf nachgeht. Eine österreichische Frauenrechtlerin wendet sich an den polnischen Sozialisten mit der Bitte, für einen Kongress in Manchester ein Memorandum über den schändlichen Mädchenhandel in Galizien zu verfassen. Daszyński erinnert sich an den einstigen Zellengenossen und nimmt mit ihm Kontakt auf. Tatsächlich erscheint Friedmann, begleitet von drei Gentlemen in schwarzen Gehröcken, schneeweißen Hemdbrüsten und steifen Krägen. Sie erklären Daszyński die Theorie, Ethik und Praxis ihres Tuns, das sie als menschliche Wohltat bezeichnen, für die ihnen eigentlich der Dank der Gesellschaft gebühre.

»Herr Abgeordneter«, sagt Friedmann, »bei uns in Galizien bekommt so ein dummes Mädel oft nicht einmal ein Stück Schwarzbrot zwischen die Zähne und ist gezwungen, in schmutzigen Lumpen zu gehen. Wenn ich sie aber ordentlich wasche und bade, in Brillanten und Seide kleide und nach Buenos Aires schaffe, kann sie dort Champagner schlürfen, so viel sie will, und sich sogar an seinem Dunst berauschen.«

Wie er das mit dem Champagnerdunst meine, will Daszyński wissen.

Friedmann erklärt es: Die argentinische Regierung hat für viel Geld englische Ingenieure angeworben, um in den Bergen eine Eisenbahnlinie zu bauen, und diese Ingenieure kommen von Zeit zu Zeit nach Buenos Aires, wo sie sich von den Strapazen erholen und vergnügen wollen, was in der Regel mit dem Besuch eines teuren Bordells endet. Dort lassen sie eine große Wanne mit französischem Champagner füllen und schauen dann zu, wie die Mädchen darin planschen und sich nicht am Schaumwein selber, sondern an seinem Dunst beduseln.

Wenige Tage nach dem Besuch bei Ignacy Daszyński stirbt der stadtbekannte Mädchenhändler unerwartet. Im

Nachruf heißt es, er habe seine Karriere in jugendlichen Jahren als kleiner Taschendieb begonnen.

Ein Samuel Friedman, dieser mit einem n geschrieben, ist im April 1889 in Krakau als Chef einer in Russisch-Polen und Galizien tätigen Bande von Mädchenhändlern verhaftet worden, deren Opfer, so melden Krakauer Gazetten, nach Amerika gebracht wurden. Zusammen mit Friedman wurde eine Komplizin namens Anna Künstlich festgenommen. Friedman war zuvor jahrelang von verschiedenen Polizeibehörden in Österreich-Ungarn und Russland wegen Diebstahls, Kuppelei und Mädchenhandels gesucht worden.

Es ist anzunehmen, dass es sich bei Friedmann und Samuel Friedman um ein und dieselbe Person handelt, sicher ist es allerdings nicht.

In Wahrheit landen die nach Brasilien und Argentinien gebrachten galizischen Mädchen natürlich nur in den seltensten Fällen in mit Champagner gefüllten Wannen. Die Wirklichkeit ist prosaischer. Weigern sich die armen Dinger, den Anordnungen ihrer Zuhälter Folge zu leisten, werden sie vergewaltigt und malträtiert, um sie gefügig zu machen. Nach der Ankunft in Brasilien werden sie im Bordell wie Sklavinnen gehalten; für Essen und eine schäbige Unterkunft berechnet der Bordellwirt so viel, dass sie nie aus der Schuldenfalle herauskommen.

Selten gelingt es einem Mädchen, sich loszukaufen und tatsächlich zu Wohlstand zu gelangen. Von einem solchen Fall berichtet der *Kurjer Lwowski* im Juni 1890. Aus dem Weiler Lubkowce in der Nähe von Zabłotów, im Bezirk Śniatyn in Ostgalizien, ist Jelena ihren Eltern, Stepan und Marja Makowtschuk, armen ukrainischen Häuslern, davongelaufen. In Kolomea gelangt sie in ein Bordell, von dort wird sie weitergereicht nach Lemberg, um am Ende im fernen Havanna in Kuba zu landen. Wieder in einem Freudenhaus. Wie Jelena es angestellt hat, sich aus den Klauen der Mädchenhändler zu befreien, wissen wir nicht, jedenfalls bringt sie es in Havanna zur Bordellwirtin – und zu einem ansehnlichen Vermögen. Bei ihrem frühen Tod hinterlässt die geschäftstüchtige Dame 158 000 Gulden, die ihrem inzwischen verwitweten Vater zufallen, da Jelena kinderlos gestorben ist.

Die Nachricht vom märchenhaften Erbe zeitigt überraschende Folgen. Aus dem Bezirk Śniatyn verschwinden in den Wochen und Monaten darauf zahlreiche junge Mädchen, von denen es heißt, sie hätten sich aufgemacht nach Amerika, um dort, dem Vorbild Jelenas folgend, auf leichte Art zu Reichtum zu gelangen.

Dem Vater bringt das Vermögen der verlorenen Tochter allerdings keinen Segen. Er verschleudert das Geld innerhalb weniger Jahre und endet, bis über beide Ohren verschuldet, ärmer als vorher.

Der Mädchenhandel nimmt solche Ausmaße an, dass 1890 Händler und Bordellbesitzer in Argentinien und Brasilien es für nötig erachten, eine Organisation ins Leben zu rufen, um Streitigkeiten zwischen einzelnen Händlern zu schlichten und die erforderlichen Kontakte zu den Behörden zu pflegen. Die Organisation nennt sich ursprünglich *Warszawskie Towarzystwo Wzajemnej Pomocy* (Warschauer Gesellschaft für gegenseitige Hilfe), obwohl viele Mitglieder aus Galizien stammen. Sie ist aufgebaut nach dem Vorbild jüdischer Selbsthilfeorganisationen, sogenannter Bruderladen, die wie private Versicherungen für den Fall von Krankheit, Arbeitslosigkeit, den Verlust des Vermögens beziehungsweise des Betriebes oder für den Todesfall (Erstattung von Begräbniskosten und so weiter) funktionieren.

Ruthenische
auernhof.

Später ändert die Organisation mit Sitz in Buenos Aires und Zweigstellen in Brasilien, den Vereinigten Staaten, Südafrika, Indien, China und Polen ihren Namen auf Zwi Migdal. Allein in Argentinien besitzt Zwi Migdal, polizeilichen Angaben zufolge, über vierhundert Mitglieder, die mehr als 3000 Bordelle unterhalten.

Auch die Bordellwirte in Istanbul verfügen über eine eigene Organisation. Die Türkei ist neben Südamerika einer der wichtigsten Märkte für das internationale Geschäft mit »delikatem Fleisch«.

Die Vorgangsweise ist immer dieselbe. Den Mädchen werden lukrative Anstellungen im Ausland als Köchinnen, Kellnerinnen, Bonnen, Gesellschafterinnen und so weiter in Aussicht gestellt. In größeren Städten läuft das Geschäft zunehmend über Vermittlungsagenturen und Inserate: »Gesucht zu sogleich ein hübsches, junges Morgenmädchen.« Um dem Händler die Auswahl zu erleichtern, werden die Mädchen aufgefordert, nach Möglichkeit eine Fotografie einzusenden. Viele werden weiterhin auf bewährte Weise direkt, auf der Straße, rekrutiert.

Perla Salwer zum Beispiel. Sie wird am Ringplatz von Przemyśl von einem Fremden angesprochen. Der höfliche, auffallend gut gekleidete Herr stellt sich als Chune Silber vor, Geschäftsmann auf Reisen. Er suche eine Küchenhilfe für seine in Istanbul lebende Mutter. Perla will zunächst davon nichts wissen, doch der Fremde lässt nicht locker, er versteht es zu schmeicheln, und als er ihr, als Anzahlung auf künftige Dienste, einen Louisdor überreicht, ist ihr Widerstand gebrochen. Einen Louisdor hat das Mädchen noch nie in der Hand gehabt, geschweige besessen. Der Mann schärft Perla ein, der Familie nichts vom Goldstück und dem Dienst in Istanbul zu erzählen.

Ahnt Perla Salwer, wer der vornehme Herr in Wirklichkeit ist und welche Absichten er verfolgt? Das ist nicht auszuschließen, viele Mädchen haben zumindest eine Vorstellung, was sie erwartet, wenn sie sich von einem Unbekannten für eine Stelle im Ausland anwerben lassen.

Am nächsten Tag reist das Paar mit der Eisenbahn ab, in einem Abteil Zweiter Klasse, diese Passagiere werden an den Grenzen weniger streng kontrolliert. In der Stadt am Goldenen Horn angekommen, bringt Chune Silber das Mädchen tatsächlich zu seiner Mutter, einer gewissen Madame Goldenberg. Wie sich herausstellt, führt sie ein bekanntes Freudenhaus, in dem das Mädchen aus Przemyśl arbeiten soll. Da helfen alle Proteste nichts, Perla Salwer hat kein Geld, keine Papiere, sogar die Kleider, mit denen sie auf Reisen ging, hat man ihr weggenommen, sie besitzt nur das rüschenbesetzte Seidenfähnchen, in das man sie gleich nach der Ankunft gesteckt hat. Sie bleibt einige Zeit im Haus von Madame Goldenberg, dann wird sie von Chune Silber an ein anderes Bordell in Galata verkauft. 1892 wird das Mädchen aus Przemyśl von der Polizei in Galata aufgegriffen. Auf Ersuchen des österreichisch-ungarischen Konsuls führen die türkischen Behörden einen großangelegten Schlag gegen Mädchenhändler: Im Rahmen dieser Aktion werden sechzig österreichische Mädchen, die meisten aus Galizien stammend, aus Bordellen befreit und der Botschaft übergeben.

Perla Salwer und ihre Kolleginnen werden nach Lemberg gebracht, um von der Polizei über die galizischen Mädchenhändler und ihre dunklen Geschäfte in der Türkei befragt zu werden. Die Untersuchungen leitet Adam Krzywanowski, er ist zu diesem Zweck von Czernowitz nach Lemberg gereist, denn er gilt als Spezialist für den internationalen Mädchenhandel. Krzywanowski hat eine ruhige, angenehme Art und versteht es, geduldig zuzuhören, er lässt die eingeschüchterten Frauen erzählen und macht ihnen keine Vorwürfe, es geht ihm darum, an die Hintermänner zu gelangen. Auch Perla Salwer fasst zu ihm Vertrauen und berichtet ihr Schicksal, wobei sie immer wieder in Tränen ausbricht. Sie beteuert, nicht gewusst zu haben, welche Absichten Chune Silber verfolgte, als er sie in Przemyśl als Dienstmädchen anwarb. Solche Versicherungen bekommt der Beamte ständig zu hören, er misst ihnen wenig Bedeutung bei, vielleicht stimmen sie, vielleicht nicht. Die Mädchen denken daran, was sie zu Hause, in Przemyśl, Śniatyn oder Kolomea, den Eltern und Bekannten erzählen sollen. Das ist nicht Krzywanowskis Problem, er trägt bloß geduldig Aussage um Aussage, Detail um Detail, Name um Name zusammen, um am Ende dem einen oder anderen Mädchenhändler das Handwerk legen zu können.

Die Aktion der türkischen Polizei bildet den Auftakt für einen der größten Mädchenhändlerprozesse in Galizien vor der Jahrhundertwende. Insgesamt werden 27 Personen angeklagt, unter ihnen auch Chune Silber. In Wahrheit ist er kein Geschäftsmann, sondern ein kleiner Schneider, der seinen Lebensunterhalt seit Jahren auf anrüchige Weise verdient.

Als Kopf der Bande steht ein gewisser Izaak Schäfferstein, auch bekannt unter den Namen Scheffelstein, Jankiel Klein, Izaak Siller, Icek Weintraub oder Weingarten vor Gericht. Zu jedem Namen besitzt er gefälschte Papiere. Die braucht er für seine vielen Reisen, durch Galizien, Russisch-Polen, Ungarn, in die Türkei. Schäfferstein ist 61 Jahre alt, aus Lemberg gebürtig und von Beruf Schmuckhändler. Er wird beschuldigt, zahlreiche Mädchen, darunter viele minderjährige, mit Hilfe zahlreicher Komplizen in die Türkei gelockt zu haben, um sie dort entweder selber der Prostitution zuzuführen oder an andere Händler zu verkaufen. Wie zum Beispiel Estera Holz, genannt Lorcia, und Chana Beutel, beide sechzehn Jahre alt, die eine aus Lemberg, die andere aus Stryj stammend, oder Marja Mojsówna aus Czortków. Marja war in Czernowitz als Dienstmädchen beschäftigt und geriet nach dem Tod ihrer Herrschaft in die Fänge eines Zuhälters namens Schmil Markmann, der sie überredete, eine Stellung in Istanbul anzunehmen; den Transport übernahm Izaak Schäfferstein. Sie reisten in der Zweiten Klasse von Czernowitz nach Galata und von dort weiter nach Istanbul, wo Marja im Hafen von Wolf Bedner und seiner Frau übernommen wurde. Bedner gab dem Mädchen als Anzahlung auf seine Dienste vierzig türkische Lira, die ihm allerdings auf der Stelle von Schäfferstein für die Reisekosten wieder abgeknöpft wurden. Dann wurde es von Bedner in seinem Bordell untergebracht, wo schon sechs andere Mädchen, alle aus Galizien, tätig waren. Als ihr Beschützer kassierte Bedner von jedem Mädchen die Hälfte des Verdienstes, noch einmal so viel berechnete er für Kost und Quartier, so dass den Mädchen am Ende gar nichts blieb. Vor dem Richter versucht Bedner, zur allgemeinen Empörung, sogar den Nachweis zu führen, dass ihm die Mojsówna noch dreihundert Gulden schulde.

Die Liste der in Lemberg vor Gericht gestellten Händler ist lang, die ihrer Opfer noch länger. Perla Salwer, Marja Mojsówna, Blima Zinader, Chawa Hermanówna, Elka Janner, Betta Kieslerówna, Chana Tenner, Mindla Bass et cetera ... Die Mädchen stammen durchwegs aus Galizien und der Bukowina, viele sind minderjährig, bis auf wenige Ausnahmen sind sie jüdischer Herkunft. So wie die Händler.

Auf der Anklagebank sitzen auch Frauen: Rojza Ehrensdorfowa, Frajda Elmerowa, Ruchla Wandel und andere. Das Geschäft mit dem »delikaten Fleisch« ist hervorragend organisiert. Die Händler teilen sich in drei Kategorien: die sogenannten »Geber«, deren Aufgabe darin besteht, die Mädchen anzusprechen und zur Reise zu überreden, die »Fahrer«, zuständig für den Transport der frischen Ware von Galizien durch halb Europa, und schließlich die »Herren«, in Istanbul oder Galata residierende Bordellwirte und Händler. Die besitzen in der Stadt am Goldenen Horn eine eigene Organisation, »Bund« genannt, um Zwistigkeiten beizulegen und die Preise zu kontrollieren. Der »Bund« sorgt auch dafür, dass die türkischen Behörden mit reichlich Bakschisch günstig gestimmt werden und darauf verzichten, den nicht abreißenden Zustrom junger Frauenspersonen aus Galizien allzu genau unter die Lupe zu nehmen.

Im November 1892 reisen in Galizien und Russisch-Polen Agenten durch Städte und Dörfer, um Mädchen für die Weltausstellung 1893 in Chicago anzuwerben, als Buffetfräulein, Serviererin, Dienstmädchen. Die *World's Columbian Exposition*, zum vierhundertjährigen Jubiläum der Entdeckung Amerikas durch Christoph Columbus vom Mai bis Oktober 1893 veranstaltet, verfügt, als besondere Attraktion, über einen eigenen Vergnügungspark mit dem ersten von George Ferris erbauten *Ferris Wheel*, Vorbild für das Wiener Riesenrad. Insgesamt wird die Weltausstellung von 27 Millionen Menschen besucht, das entspricht ungefähr der Hälfte der damaligen Bevölkerung der USA – eine Goldgrube für leichte Mädchen und Zuhälter. Und um solche scheint es sich, laut zeitgenössischen Zeitungsberichten, bei den freundlichen, sich überall nach dienstbaren Mädchen erkundigenden Herren zu handeln. Einige werden von der Polizei festgenommen und des Landes verwiesen, die meisten kommen ungeschoren davon, weil man ihnen nichts nachweisen kann. Wie viele Mädchen ihrem Ruf nach Chicago folgen, ist nicht überliefert.

Auch in Russisch-Polen, in Warschau, Łódź und Białystok, und in Russland sind es vorwiegend jüdische Mädchen, die sich von fragwürdigen Individuen anwerben lassen; viele wissen zweifellos, wohin die Reise geht, sie willigen in ihr Schicksal ein, Hauptsache, sie entkommen dem Elend und Hunger, der Arbeitslosigkeit und Verfolgung. Die Angst vor antijüdischen Exzessen, vor den Pogrombanden sitzt tief, viele Menschen sind auf der Flucht vor immer neuen Ausschreitungen, vor der brutalen Willkür der Behörden. Die Flüchtlinge sind verschüchtert und verzweifelt; Mädchenhändler und Zuhälter wissen diese Situation skrupellos für ihre Zwecke zu nützen.

Schädliche Elemente

Pogrome gibt es in Galizien keine, doch wie in den meisten Ländern der Habsburgermonarchie einen tiefverwurzelten Antisemitismus, der von unterschiedlichen Lagern bedient wird, von katholischen und unierten Geistlichen ebenso wie von polnischen und ukrainischen Nationalisten, christlichen Kaufleuten und Gutspächtern, Vertretern der jungen Bauernbewegung und nicht zuletzt Arbeitern, die sich angeblich von der »jüdischen Konkurrenz« in ihrer Existenz bedroht fühlen.

Anfang März 1891 kommt es in der Ortschaft Słoboda Rungurska zu gewalttätigen Ausschreitungen gegen Juden. Es fließt Blut, und es gibt sogar ein Todesopfer. Das Karpatendorf in der Nähe von Peczeniżyn, im Herzen des Huzulenlandes, wird in den achtziger Jahren vom Petroleumfieber erfasst. Spekulanten kaufen Wiesen und Felder der Bauern auf, auswärtige Arbeiter errichten hölzerne Bohrtürme und legen Leitungen für das aus dem Boden gepumpte Petroleum. Wo noch wenige Jahre zuvor Vieh weidete, erstrecken sich nun Ölfelder. Alles ist ungeheuer primitiv, fast vorsintflutlich, die Arbeitsbedingungen in der jungen galizischen Petroleumindustrie sind miserabel, die Löhne niedrig, die Arbeitstage lang. Sicherheitsvorkehrungen gibt es keine, schwere, oft tödliche Unfälle sind an der Tagesordnung.

Seitdem im Dorf Erdöl gefördert wird, besteht es aus

zwei Orten: Słoboda Rungurska Wieś (Dorf) und Słoboda Rungurska Kopalnia (Grube). Eine Lokalbahn verbindet die Ölfelder mit der Bezirkshauptstadt Kolomea. Für die 26 Kilometer benötigt der eher einer Straßenbahn gleichende Zug drei Stunden. Auf halber Strecke liegt Peczeniżyn Szczepanowski, wo der bekannte Pionier der galizischen Petroleumindustrie, Stanisław Szczepanowski, Autor des grundlegenden Werks über das galizische Elend, bereits im Jahre 1882 eine Raffinerie errichten ließ, eine der größten des Landes.

Stanisław Antoni Prus Szczepanowski, wie der Industrielle mit vollem Namen heißt, stammt aus dem Herzogtum Posen und ist nach technischen und ökonomischen Studien in Wien, Paris und London durch Europa gereist, um seine Ausbildung als Textil- und Agraringenieur zu vervollkommnen. Von 1870 bis 1879 ist er für das India Office in England tätig, dann geht er nach Galizien, wo er sich für die damals noch mit den einfachsten Mitteln betriebene Rohölgewinnung zu interessieren beginnt. Szczepanowski sieht im Erdöl den möglichen Katalysator für die überfällige Transformation nicht nur der galizischen Wirtschaft, sondern der Gesellschaft im Allgemeinen, und er investiert in großem Stil, davon überzeugt, das arme Kronland könne nur aus eigener Kraft und mit eigenen Mitteln den Weg aus der Rückständigkeit und wirtschaftlichen Misere finden.

»Für Nationen, die nicht auf einen Erlöser der Vorsehung warten, sondern sich durch eigene Anstrengung aus ihrem Elend hocharbeiten wollen, gibt es nur einen Weg – den Weg einer gleichzeitigen ökonomischen, sozialen und geistigen Transformation«, schreibt Szczepanowski im Vorwort von »Das galizische Elend in Ziffern und ein Programm für die energische Entwicklung der Wirtschaft des Landes«.

Das reichlich mit statistischem Zahlenmaterial versehene Werk, 1888 im Eigenverlag in Lemberg publiziert, löst in Galizien eine lebhafte Diskussion aus.

Am Höhepunkt der Petroleumgewinnung finden in Słoboda Rungurska bis zu fünfhundert Arbeiter Beschäftigung. Ein unstetes, unbeständiges Element, leicht beeinflussbar und aufzuwiegeln.

Die Erdölarbeiter sind es auch, die im März 1891 aus scheinbar nichtigem Anlass die Krawalle anzetteln. Bei den Wahlen zum Wiener Reichsrat wird Joseph Samuel Bloch, Rabbiner von Floridsdorf, einer Arbeitervorstadt von Wien, als Kandidat des Wahlkreises Kolomea-Śniatyn-Buczacz gewählt. Bloch stammt aus Galizien, sein Vater war ein jüdischer Bäcker in Dukla, einem kleinen Ort in den südwestlichen Ausläufern der Karpaten. In jüdischen Kreisen genießt Bloch großes Ansehen, weil er es gewagt hat, offen gegen einen prominenten Verfechter der Ritualmordlüge aufzutreten, den Theologen August Rohling, Autor vielgelesener antisemitischer Schriften. Es kommt zu einem Prozess, in dem Bloch obsiegt; Professor Rohling muss klein beigeben und seine Anschuldigungen widerrufen. Das macht Bloch in den Augen vieler Juden zum Helden. Doch er hat auch einflussreiche Gegner. Vor allem den polnischen Kreisen in Ostgalizien ist der fortschrittliche Rabbiner ein Dorn im Auge. Um seine Wahl zu verhindern, bieten sie mit Emil Byk sogar einen jüdischen Gegenkandidaten auf. Gegen den populären Bloch ist der von den Polen forcierte Byk jedoch chancenlos; die Juden im Wahlkreis Kolomea, zu dem Słoboda Rungurska gehört, triumphieren.

Wie Gendarmeriewachtmeister Lamser später vor Gericht aussagt, sind nach Bekanntmachung der Wahlergebnisse »Scharen auswärtiger Israeliten« mit dem Zug nach

Słoboda Rungurska gekommen, um mit ihren Glaubensgenossen Blochs Sieg zu feiern. Sie versammeln sich, so Lamser, im Bethaus, schaffen ein Fass Bier hin und trinken und singen und verhöhnen lautstark den unterlegenen Gegenkandidaten. Das verursacht böses Blut unter den christlichen Arbeitern, Polen wie Ruthenen.

Die Stimmung wird angeheizt durch wilde Gerüchte. In Kolomea, so heißt es, hätten Juden die griechisch-katholische Kirche geschändet und Christen verprügelt. Wer diese Märchen ausgestreut hat, lässt sich im nachhinein nicht mehr eruieren. Zweifellos spielt der Alkohol eine wichtige Rolle. Angeblich haben einige Rädelsführer tagelang heftig gezecht. Nur, woher hatten sie das Geld für solche Gelage? Sind sie von einem großzügigen Spender ausgehalten worden? Auch das bleibt ungeklärt. Fest steht, dass am 8. März 1891, einem Sonntag, gegen neun Uhr abends christliche Arbeiter, bewaffnet mit Eisenstangen und derben Knüppeln, randalierend durch den Ort ziehen, jüdische Läden demolieren, die Fenster jüdischer Wohnungen einwerfen und Juden, die ihnen über den Weg laufen, brutal misshandeln. Ein gewisser Pinkas Klugman erliegt den Verletzungen, andere Opfer müssen ins Spital gebracht werden. Unter den Verwundeten befindet sich auch der Gendarm Filip Perich, der sich, obwohl außer Dienst, der aufgebrachten Menge in den Weg zu stellen versucht. Erst dem entschlossenen Auftreten von Wachtmeister Lamser gelingt es, dem Tumult ein Ende zu bereiten. Er jagt die Exzedenten auseinander und nimmt ein paar von ihnen fest. So stellt das jedenfalls der Wachtmeister selber vor Gericht dar.

Die blutigen Unruhen von Słoboda Rungurska bestärken viele Juden in ihrem Entschluss, Galizien zu verlassen und nach Amerika zu gehen. Seit den ersten Flüchtlingsströmen aus Russland als Folge der dortigen Hetze gegen Juden machen sich in Galizien, vor allem in den an Russland grenzenden östlichen Landesteilen, innerhalb der jüdischen Bevölkerung Unsicherheit und die Befürchtung breit, die russische Pogrombewegung könnte auf Galizien übergreifen.

Polnische Zeitungen behaupten später, die Juden seien nicht ganz unschuldig am Ausbruch des Volkszorns. Sie hätten die christlichen Erdölarbeiter in Słoboda Rungurska mit ihrem Gehabe gereizt, außerdem habe der Alkohol den einfachen Leuten die Köpfe vernebelt. Und wo haben sich die Arbeiter volllaufen lassen? Natürlich in jüdischen Schenken! Die Lemberger Tageszeitung *Kurjer Lwowski* rechnet vor, dass es in Słoboda Rungurska nicht weniger als 38 Branntweinschenken gibt, für vier- bis fünfhundert Arbeiter, die dort in normalen Zeiten einen Großteil ihres kargen Lohnes verzechen. Die Schenken befinden sich angeblich ausnahmslos in jüdischen Händen: »Das sind wirklich phänomenale Zustände, die den verehrten Besitzern des Propinationsrechtes in Słoboda eigentlich zu denken geben sollten.«

Die Propination ist eine ehrwürdige Einrichtung, noch aus der Zeit der Leibeigenschaft. Ursprünglich verband sie das Recht des Gutsbesitzers, Spiritus zu erzeugen und auszuschenken, mit der Verpflichtung der leibeigenen Bauern, dem Grundherrn ein bestimmtes Kontingent dieses Alkohols abzunehmen oder als Bezahlung für geleistete Arbeit auf dem Gutshof und den dazugehörigen Ländereien zu akzeptieren. Mit der Aufhebung der Leibeigenschaft 1848 wird auch diese Pflicht abgeschafft, doch die Güter behalten das ausschließliche Recht auf die Produktion und den Verschleiß von Spiritus, Branntwein, auf ihrem Gebiet. Für viele galizische Gutsbesitzer wird die Propination zur wichtigsten Einnahmequelle. Sie verpachten das Propinationsrecht zumeist an Juden, die den im Gutshof aus Getreide und Kartoffeln gebrannten hochprozentigen Alkohol in der Schenke verkaufen, oft auf Kredit, was die Schankwirte in den Augen zahlreicher Kritiker zu den Hauptverantwortlichen für die Verschuldung der Bauern und die daraus resultierende Verelendung macht.

Die Schenken in den Dörfern und überhaupt das jüdische Schankwesen, so schreibt eine ruthenische Bauernzeitung bereits im Jahre 1880, sind »wie eine eiternde Wunde, die unseren Körper vergiftet und zerstört«. Der ukrainische Dichter und griechisch-katholische Geistliche Rudolf Moch beklagt die Vielzahl von Schenken vor allem in Ostgalizien: »Man findet keine Wegkreuzung, keinen Weg, kein Dorf, nicht den entlegensten Winkel, wo es keine Schenke und in der keinen Wodka gäbe. Wenn man in so eine Gastwirtschaft kommt, wird man kein Brot, kein Salz, oft nicht einmal einen Tropfen Wasser finden, doch Wodka wird einem sofort unter die Nase gehalten.«

Es sind vor allem Geistliche, die gegen die Trunksucht in den Dörfern zu Felde ziehen. Bereits in den vierziger Jahren des 19. Jahrhunderts hat in Galizien, nach amerikanischem Vorbild, eine Abstinenzbewegung Fuß gefasst, zunächst in den westlichen Landesteilen. Von den Kanzeln werden die Bauern zu Frömmigkeit, Nüchternheit, Fleiß und Sparsamkeit aufgerufen. Tausende geloben bei im Freien abgehaltenen Massengottesdiensten, künftig jedem Alkoholgenuss zu entsagen. Zur Erinnerung an diese kollektiven Gelübde werden in den Dörfern sogenannte Nüchternheitskreuze errichtet, den durstigen Bauern und Landarbeitern zur immerwährenden Mahnung. Trotz der Kreuze ebbt die Abstinenzbewegung bald wieder ab, um in den siebziger Jahren einen neuen Aufschwung zu erfahren. Diesmal erfasst sie auch die von Ukrainern bewohnten östlichen Regionen. Wieder schwören ganze Dörfer, unter der Führung des unierten Pfarrers, dem Wodka ab:

»Ich lege vor Gott, der unbefleckten Jungfrau Maria und dem heiligen Schutzengel das feierliche Gelübde ab, mit Hilfe Gottes auf den Genuss alkoholischer Getränke sowie auf jedes Besäufnis zu verzichten und im Rahmen meiner Kräfte andere anzuhalten, dasselbe zu tun.«

In den Dörfern werden Bruderschaften der Heiligen Mäßigkeit ins Leben gerufen, um die Einhaltung der Gelöbnisse zu überwachen. Sie verschreiben sich nicht allein dem Kampf gegen den Wodka, sondern agitieren auch gegen die jüdischen Schankwirte, denen man die Hauptschuld am übermäßigen Alkoholkonsum zuschreibt. Für die meisten Dorfbewohner sind Schankwirt und Jude gleichzusetzen, so wie Händler und Jude. Die Abstinenzbewegung fördert die Tendenz, die Juden als »fremdes, schädliches Element« aus dem Dorf zu verdrängen. Eine Stärkung erfährt die Mäßigkeitsbewegung durch Rückkehrer aus Amerika. Von dort haben viele Bauern ein neues Arbeitsethos mitgebracht – und auch die Gewohnheit, maßvoll zu trinken, weil Trunkenheit dort, anders als in Galizien, häufig soziale Sanktionen nach sich zieht, etwa den Verlust des Arbeitsplatzes.

Der Schwung der Nüchternheitsbewegung lässt auch diesmal mit der Zeit wieder nach. Hochzeiten und Begräbnisse ohne Branntwein sind für viele unvorstellbar; manche umgehen ihr Gelübde, indem sie zwar keinen Wodka mehr trinken, dafür andere hochprozentige Sachen. Bier wird von vornherein nicht als alkoholisches Getränk angesehen. Die Schenke bleibt als eine wichtige Institution im Dorf erhalten.

Grine Kusine

Im Jahre 1891 werden in der Grenzstadt Oświęcim insgesamt 5998 Amerikaauswanderer registriert. 4769 stammen aus Galizien, 1132 aus Ungarn (mehrheitlich wohl Slowaken) und nur 97 aus der Bukowina – für den geringen Anteil der Emigranten aus dem Buchenland gibt es keine einleuchtende Erklärung.

Von den knapp 6000 Emigranten werden 813 von den Behörden wegen fehlender Dokumente oder Barmittel an der Weiterreise gehindert und zwangsweise an den Wohnort zurückgeschickt.

Im selben Zeitraum kommen 6286 Rückwanderer aus Amerika durch Oświęcim, 4849 aus Galizien, 1046 aus Ungarn und 391 aus der Bukowina. Das heißt, Aus- und Rückwanderung halten sich ungefähr die Waage, manchmal überwiegt sogar die Zahl der Rückkehrer, jedenfalls wenn man die offiziellen Ziffern der Berechnung zugrunde legt.

Über den Anteil von Jungen und Alten, Frauen und Männern, Juden, Polen, Ukrainern, Slowaken erteilt die Statistik keine Auskunft. Auch nicht über die Dunkelziffer der illegal über die Grenze gelangten Menschen, darüber existieren nicht einmal Schätzungen. Fest steht jedenfalls, dass es unter den Emigranten ungefähr doppelt so viele Männer wie Frauen gibt, die meisten entfallen auf die Altersgruppe von vierzehn bis 44 Jahren.

Mit den Galizianern, die sich 1891 über Oświęcim nach

Amerika aufmachen, fährt auch Mendel Becks Schwester Rifke, zehn Jahre jünger als er. Rifke reist im Dezember 1891 mit dem Dampfschiff »Bohemia« der Hamburg-Amerika-Linie nach New York, natürlich als Zwischendeckpassagier. Sie ist eines der Mädchen, um deren Wohlergehen sich Bertha Pappenheim und andere Aktivistinnen im Kampf gegen den Frauenhandel Sorgen machen. Rifke Beck ist achtzehn Jahre alt, unerfahren und ledig, und sie tritt die große Fahrt von Lisko nach New York ohne Begleitung an. Weshalb sie sich zur Auswanderung entschlossen hat, ist ungewiss; vermutlich konnte sie zu Hause keine geeignete Arbeit finden, vielleicht wurde sie auch durch das Beispiel ihres Bruders ermutigt? Wie viele jüdische Frauen der ärmeren Schichten kann Rifke weder lesen noch schreiben und hat keinen Beruf erlernt. Solche Auswanderinnen sind die ideale Beute für Mädchenhändler oder Zuhälter auf der Suche nach frischer »Ware«.

Sind Sie allein? Benötigen Sie Hilfe, mein Fräulein? Darf ich Ihnen meinen Schutz anbieten? Suchen Sie Arbeit? Eine Anstellung? Ich weiß da etwas, wie geschaffen für Sie, als Alleinmädchen, als Bonne, als Küchenhilfe, seriös und sehr gut bezahlt. Benötigen Sie ein Quartier in New York, für die ersten Tage?

Rifke Beck ist nicht gebildet, doch sie ist auf der Hut. Möglicherweise wurde sie von ihrem Bruder vor den jungen Männern in bunten seidenen Westen gewarnt, die sich während der Fahrt an allein fahrende Mädchen heranmachen, sie nach dem Reiseziel fragen, ihnen Arbeit versprechen, schöne Augen machen oder sogar eine Heirat in Aussicht stellen. Vielleicht hat Mendel seiner Schwester zur Warnung die Geschichte der hübschen Gitel erzählt, der vierzehnjährigen Tochter eines armen Häuteljuden in Widacz, einem Dorf in der Nähe von Krosno, an den westlichen Ausläufern der Karpaten. Gitel verließ an einem Montag um sechs Uhr abends das Elternhaus, sie sagte, sie wolle nur einen kurzen Spaziergang machen – seither ward sie nicht mehr gesehen. Die wenig später eingeleitete Suche war vergeblich, das Mädchen blieb verschwunden, als hätte es der Erdboden verschluckt. Die einzige Spur führte ins Dorf, wo Gitel von ein paar Augenzeugen in Begleitung einer fremden Dame, gekleidet in schwarze Seide, gesehen wurde. Weil das einfache Mädchen keinerlei Bekanntschaften hatte, auf die diese Beschreibung passte, lag der Verdacht nahe, dass es einer raffinierten Mädchenhändlerin ins Netz gegangen war.

Auch in Hamburg, wo Rifke Beck am 2. Dezember 1891 an Bord des Hapag-Dampfers »Bohemia« geht, drohen unerfahrenen jungen Mädchen allerlei Gefahren. Um 1891 steigt die Zahl der Prostituierten in der Alsterstadt sprunghaft an, die meisten kommen aus Galizien und Russland. Der Bahnhof und die Auswandererquartiere erweisen sich als ideales »Jagdrevier« für Bordellwirte auf der Suche nach »frischer Ware«. Ab und zu werden Hamburger Zuhälter auch im Auftrag ausländischer Kollegen tätig, indem sie Transporte galizischer Mädchen über Hamburg nach Russland schicken – der direkte Weg über Galizien wäre zu riskant, dort sind die Behörden seit einigen Vorfällen wachsam. Besonderer Wertschätzung erfreuen sich bei russischen Freiern junge Frauen jüdischer Herkunft, andererseits gilt im Zarenreich ein rigoroses Einwanderungsverbot für Juden. Um dieses zu umgehen, werden die für Russland bestimmten Freudenmädchen in Hamburg im Eilverfahren von einem willigen Pastor getauft.

Als der österreichisch-ungarische Generalkonsul erfährt,

dass auf diese Weise Woche für Woche zehn bis zwölf aus Österreich-Ungarn gebürtige Mädchen über Hamburg nach Russland geschleust und dort zu Preisen von 1500 bis 3000 Mark pro Kopf an Bordelle verschachert werden, ersucht er die zuständigen Behörden, diesem Menschenhandel Einhalt zu gebieten. Um Druck zu machen, erstattet er Anzeige gegen einen als Händler tätigen Bordellbetreiber. Der Vertreter der hamburgischen Staatsanwaltschaft lässt den Österreicher abblitzen:

»Auf Ihre Anzeige vom 31. d. M. gegen den Beherberger W. eröffne ich Ihnen, dass ich die Einleitung eines Strafverfahrens ablehne. Wenn das polizeilich beaufsichtigte Gewerbe eines Beherbergers bei der bestehenden Gesetzeslage nicht strafbar erscheint, so kann auch darin, dass ein solcher Beherberger die Uebersiedlung von Controllmädchen von einem Ort zum anderen befördert, eine Straftat nicht erblickt werden, sofern er sich dabei nur keiner an sich strafbaren, insbesondere keiner gewaltsamen Mittel bedient. Auch die in der Anzeige erwähnte Beförderung eines Religionswechsels stellt eine strafrechtlich zu verfolgende Handlung nicht dar. Der Staatsanwalt.«

Haben wir es hier mit der weitverbreiteten Säumigkeit von Polizei und Justiz bei der Verfolgung solcher Delikte zu tun, deren Opfer durchwegs Frauen sind, oder spiegelt sich in der Stellungnahme des Staatsanwalts einfach die Realität wider, dass nämlich die von den »Beherbergern« auf den Weg gebrachten »Controllmädchen« die Reise nach Russland, in Bordelle in Riga, Moskau und St. Petersburg, in der Regel freiwillig antreten?

Als jedoch publik wird, dass sich ausgerechnet im zentralen Gebäude der Hamburger Polizei eine inoffizielle »Huren-Börse« etabliert hat, werden die Ordnungshüter ohne zu zögern aktiv. Laut Zeitungsberichten lungern beständig Hamburger Zuhälter im Treppenhaus des Polizeigebäudes herum, um neue Mädchen anzuwerben, die sich bei der Sittenpolizei als Prostituierte registrieren lassen. In diesem Fall setzt die Polizei dem Treiben rasch ein Ende.

Allen diesen Gefahren ist Rifke Beck entronnen. Sie gelangt ungehindert nach New York, wo die *grine kusine*, wie frische Einwanderer in Anlehnung an das bekannte *greenhorn* jiddisch genannt werden, zunächst auf Arbeitssuche geht. Vermutlich findet sie bei Verwandten oder Bekannten aus Lisko Quartier. Vielleicht lernt sie über diese auch ihren Ehemann kennen, Elias Roth, nur ein Jahr älter als sie. Er ist 1892 nach Amerika gekommen. Roth stammt aus dem Städtchen Gorlice, nicht weit von Lisko entfernt. Ein Landsmann, er spricht dieselbe Sprache, kennt dieselben Geschichten, liebt dieselben Gerichte, seiner Kleidung scheint noch der heimelige Geruch der galizischen Kleinstadt anzuhaften – das bedeutet in der gigantischen, bedrückend fremden Stadt Sicherheit und Geborgenheit für das junge Mädchen. Wann die beiden heiraten, wissen wir nicht, auch nicht, womit sie ihren Lebensunterhalt verdienen. Im Gegensatz zu seiner Frau kann Elias Roth schreiben und lesen. Bei der Reise nach Amerika hat er als Beruf Arbeiter angegeben, was vielerlei bedeuten kann; möglicherweise war er in Gorlice Schuster wie sein späterer Schwager Mendel Beck? Oder Bäcker, oder Tischler? Für diese Berufe besteht wenig Bedarf in New York.

Unter dem Einfluss der Einwanderung aus Europa verändern viele amerikanische Städte innerhalb weniger Jahrzehnte ihr Gesicht. Ein eindrucksvolles Beispiel liefert die jüdische Bevölkerung New Yorks. Um 1870 leben schätzungsweise 60000 Juden in New York, um 1880 sind es rund 80000, 1910 zählt die Stadt bereits über eine Million Juden. Die jüdischen Immigranten aus Osteuropa, Russland, Rumänien, Ungarn, Österreich, voran Galizien, drängen sich in Manhattan zusammen, vorwiegend in der Lower East Side, dem südöstlichen Zipfel der Insel am East River. Dort sind die Wohnungen am billigsten, und die Einwanderer sind unter sich. Es ist eine eigene, nach außen weitgehend abgeschottete, fast ausschließlich Jiddisch sprechende und trotzig an ihrer Jiddischkeit festhaltende Welt. Orchard Street, Hester Street, Division Street, Bayard Street, Canal Street, Stanton Street, Allen Street …

Elias Roth wohnt mit seiner Frau Rifke in der Stanton Street.

Für Männer wie Elias ist die neue Umgebung mit ihrem Lärm, ihrer Hektik und ihrem Gedränge anziehend und abstoßend zugleich. Sie finden sich in einer grauen, rußigen Steinwüste wieder, hohe Zinshäuser, Straßen ohne jedes Grün, ärmliche Wohnungen, hoffnungslos überfüllt; zahlreiche Familien teilen die engen, dumpfen Räumlichkeiten mit Untermietern, Kostgängern und Bettgehern. In den meisten Häusern gibt es in jedem Stockwerk nur eine Toilette und eine Wasserstelle am Gang, für zehn, zwölf Wohnungen. Das sprichwörtliche galizische Elend, dem die Juden zu entkommen hofften, holt sie in New York wieder ein, die Verhältnisse sind keinen Deut besser als im Schtetl, nur dass es hier keine Verfolgungen gibt, hier dürfen sie sich sicher fühlen.

Zahlreiche Wohnungen dienen gleichzeitig als Werkstatt, gewöhnlich als Schneiderei. In der Lower East Side gibt es zahllose *sweatshops*, kleine Zulieferbetriebe, die für die Bekleidungsindustrie produzieren, oft nicht mehr als ein Raum, manchmal im Keller, vollgestopft mit Nähmaschinen und Bügelbrettern. Wenn das Wetter es erlaubt, sitzen Arbeiter auf den Balkonen der Feuerleitern und den Dächern und nähen und schneiden zu. Die Wohnungsbesitzer sind zugleich Unternehmer, und die Familienmitglieder, einschließlich Kinder, sobald sie einfache Handlangerdienste verrichten können, die Arbeitskräfte, elend bezahlt und erbarmungslos ausgebeutet. Ausbeutung und Selbstausbeutung gehen Hand in Hand. Achtzig und mehr Wochenstunden sind in der klein strukturierten Bekleidungsindustrie keine Seltenheit. Die zunehmende Masseneinwanderung und die rasant wachsende Zahl der *sweatshops* bringen einen rapiden Verfall der Löhne mit sich. Wer es in der stickigen Luft nicht aushält, versucht sich als *peddler*, als Hausierer, eine Tätigkeit, die viele von zu Hause kennen, nur dass sie dort als Dorfgeher von einem Ort zum anderen gewandert sind, hier schleppen sie ihr Warensortiment treppauf, treppab.

Mädchen steht noch eine andere Möglichkeit offen, die Prostitution, obwohl die in der Regel keinen Ausweg aus dem Elend bedeutet. In den dunklen, halbverfallenen Häusern wohnen kinderreiche fromme Juden oft Tür an Tür mit Prostituierten. Manche sind gezwungen, solche Mädchen als Untermieterinnen aufzunehmen, sie empfangen in ihrer Kammer Männerbesuche, während die Familie beim Abendbrot sitzt. Jüdische Zeitungen warnen ihre Leser davor, mit Frauen oder Kindern gewisse Gegenden aufzusuchen. In der Allen, Houston, Rivington, Delancey und in der Stanton Street, wo Rifke mit ihrem Mann Elias wohnt, bieten Prostituierte aufdringlich ihre Dienste an, ein »offizieller Handel mit Fleisch«, auch für den unschuldigsten Passanten nicht zu übersehen und zu überhören. Diese Mädchen, jiddisch *nafke* genannt, kommen ebenfalls aus Osteuropa, aus Russland und Galizien, aus jüdischen Familien. Die Zuhälter bezeichnet man als *cadets*, Kadetten.

Vielleicht sind es diese betrüblichen Zustände, die Mendel Beck bewogen haben, Amerika zu verlassen und wieder nach Galizien zurückzukehren, wo er im Februar 1890 am Bahnhof von Krakau in Begleitung von ukrainischen Bauern von der Polizei aufgegriffen wird? Jüdische Auswanderer gehen selten zurück, sie bleiben in den meisten Fällen beim ersten Mal in Amerika. Die Rückwanderungsrate ist relativ niedrig, anders als bei ukrainischen, polnischen oder slowakischen Bauern, die als Amerikageher oft mehrmals hin und her fahren, weil sie im Aufenthalt in Amerika primär eine Möglichkeit sehen, ihre Lebensumstände zu Hause zu verbessern. Sie wollen das in Amerika ersparte Geld in die bäuerliche Wirtschaft investieren, wollen Miterben auszahlen, ihren Grundbesitz vergrößern, Vieh kaufen, vielleicht ein neues Haus bauen, denn wirklich daheim fühlen sie sich nach wie vor im heimatlichen Dorf in den Beskiden, in den Karpaten, am Dnjestr. In Amerika geben sie diese Bindung nicht auf, sie betrachten sich nach wie vor als Mitglied der Dorfgemeinschaft und nehmen Anteil am Leben zu Hause, erteilen der Frau und den Kindern brieflich oder mündlich, über Rückkehrer, Anweisungen, was sie wann auf welchem Feld anbauen, ob sie die vierjährige Kuh verkaufen oder behalten sollen, und sie erwarten, detailliert über alle Vorgänge in der Wirtschaft informiert zu werden.

Die Häuser der Rückkehrer unterscheiden sich von denen der Zurückgebliebenen. Sie besitzen häufig einen gemauerten Kamin, größere Fenster, das Dach ist, im Gegensatz zum herkömmlichen Stroh, mit Ziegeln oder Blech gedeckt – das heimgebrachte Geld der Auswanderer bedeutet für das Dorf einen großen Schritt in die Neuzeit. Bei so manchem bäuerlichen Rückwanderer taucht im Haus ein bisher völlig unbekannter Einrichtungsgegenstand auf: ein Bücherbrett.

Wann Mendel Beck nach Galizien zurückgekehrt ist, geht aus den spärlichen Unterlagen nicht hervor. Jedenfalls hält es ihn dort nicht lange, 1899 macht er sich erneut auf nach Amerika. Vielleicht kann er in der alten Heimat nicht mehr Fuß fassen, ist es ihm in Lisko zu eng, findet er dort keine Arbeit, ist er auf Almosen angewiesen, auf Zuwendungen der Gemeinde, eine Schande für einen Amerikarückkehrer. Möglicherweise ist es auch der wachsende Antisemitismus, der Mendel Beck veranlasst, die kleine Stadt am San neuerlich zu verlassen.

Im Juni 1898 kommt es in zahlreichen westlichen Bezirken von Galizien, südlich und östlich von Krakau, zu antijüdischen Ausschreitungen. Die Unruhen nehmen ihren Ausgang in der Bezirksstadt Myslenice im Rabatal und greifen rasch über auf die Bezirke Jasło, Krosno, Sanok, Jarosław, Tarnów, auch Lisko bleibt nicht verschont. Kleinbauern, Häusler und Landarbeiter, aber auch unstete Elemente rotten sich zu Banden zusammen und ziehen plündernd durch die Gegend. Ihre Wut richtet sich vor allem gegen jüdische Schenken und Läden sowie gegen jüdische Grundpächter, deren Eigentum sie zerstören und niederbrennen. Die Juden flüchten in die größeren Orte, in den Schutz von Militär, Polizei und Gendarmerie. Die Unruhen konzentrieren sich auf kleine Städte und Dörfer, in größeren Städten ist davon wenig zu spüren. Eine der Ursachen ist in der Hungersnot zu suchen, die 1898 weite Teile des Landes erfasst. Sintflutartige Frühjahrsregen haben große Teile der Ernte vernichtet und die Wege unpassierbar gemacht, die Landbevölkerung steht wieder einmal mit leeren Händen da. Hilferufe an die Regierung bleiben ungehört. Bezeichnenderweise beginnen die Unruhen mit Plünderungen von Geschäften, Dorfschenken und Speichern, die Leute schleppen davon, was sie tragen können. Militär wird aufgeboten, die Soldaten machen von der Schusswaffe Gebrauch, um die Pogrombanden auseinanderzutreiben, es gibt Tote und über 3000 Verhaftungen. Die Gefängnisse sind überfüllt. Die kompromisslose Reaktion der Behörden wird von den polnischen Bauern und Tagelöhnern als Ausdruck der judenfreundlichen Einstellung der Zentralregierung interpretiert und heizt ihren Zorn noch weiter an.

Auch in dieser Situation spielen, so absurd das klingt, Gerüchte um den tragisch ums Leben gekommenen Kronprinzen Rudolf eine unheilvolle Rolle. Kronprinz Rudolf sei gar nicht tot, so geht die Fama, er habe persönlich vor einem bevorstehenden Angriff der Juden gegen die allerhöchste Person des Kaisers gewarnt und die Exzesse, sozusagen eine gerechte Strafmaßnahme, ausdrücklich gutgeheißen. Zwei Wochen lang dürften die Bauern straflos plündern und jüdisches Eigentum zerschlagen, habe der Kronprinz verfügt.

Zum ersten Mal erlebt Galizien regelrechte Pogrome, die sich allerdings, anders als in Russland, eher gegen Sachwerte als gegen Personen richten. Die Folge ist eine sprunghafte Zunahme der jüdischen Auswanderung. Auch Mendel Beck macht sich im Sommer 1899 erneut auf nach Amerika. Inzwischen ist er verheiratet, doch er reist ohne seine Frau; für Frauen ist es noch schwieriger als für Männer, in Amerika Arbeit zu finden. Inzwischen weiß er, dass ihn drüben kein sorgloses Leben, keine Bäche mit Milch und Honig, kein Überfluss erwarten, sondern erschöpfende Arbeit, eine zermürbende Jagd nach ein paar Dollars. Beck fährt wieder zu seinem Schwager Elias Roth, in der Passagierliste findet sich die Adresse, 210 Stanton Street, New York; er hat offenbar mit Mühe und Not genug Geld aufgetrieben, um die Passage aus eigener Tasche bezahlen zu können, bei der Einreise in die Vereinigten Staaten kann er gerade noch drei Dollar vorweisen. Vielleicht bürgt der Schwager für den armen Verwandten?

Und dann kehrt Mendel Beck noch einmal zurück nach Galizien. Warum kommt er nicht zur Ruhe? Sind es persönliche, familiäre Gründe, die ihn veranlassen, mehrmals zwischen Galizien und Amerika hin und her zu fahren? Den Unterlagen können wir nur entnehmen, dass er 1904 abermals ein Schiff nach Amerika nimmt, diesmal von Bremen aus, einen Dampfer des Norddeutschen Lloyd, die »Neckar«. Er fährt in Begleitung seines Sohnes Jossel, achtzehn Jahre alt. Mendels Frau ist auch diesmal zu Hause geblieben, sie soll vermutlich später nachkommen, wenn die beiden Männer die gröbsten Anfangsschwierigkeiten überwunden haben und auf eigenen Beinen stehen. Beide geben bei der Einreise als Adresse die Wohnung des Schwagers auf der Lower East Side an. Anscheinend ist es auch Elias Roth nicht gelungen, seine materielle Lage wesentlich zu verbessern, er wohnt nach wie vor in der Stanton Street, in der alten, engen Wohnung, zwei Zimmer, Küche, ohne Bad, Gemeinschaftstoilette am Gang.

Die Gegend hat seit Becks letztem Aufenthalt keinen Aufschwung erlebt, die Häuser sind dunkel und schmutzig wie eh und je, *nafke* fläzen auf Stühlen entlang dem Gehsteig, so dass die Passanten »über die Hürden der fleischigen Beine der Huren stolpern«, wie der in der Lower East Side aufgewachsene Autor Michael Gold in seinen Erinnerungen schreibt. Die Mädchen betrachten die Straße als Wohnzimmer, die Polizisten schauen geflissentlich weg.

Die Neuankömmlinge aus Galizien sind als zahlende Untermieter willkommen. Möglicherweise führen Elias Roth und seine Frau Rifke ein *sweatshop*, in dem auch Mendel Beck und Sohn Beschäftigung finden. Dazu könnte passen, dass Mendel bei der Einreise nicht mehr Schuster, sondern Schneider als Beruf angibt, ebenso sein Sohn Jossel. Die Überfahrt für die beiden hat diesmal, laut Passagierliste, der Schwager bezahlt.

Bade bei Ballin

Mendel Becks Schwager Elias Roth ist im Mai 1892 nach New York gekommen. Er wählt die Route über Hamburg, schifft sich jedoch nicht in der Hansestadt ein, sondern fährt mit der Eisenbahn nach Rotterdam, wo er ein niederländisches Schiff der Holland-Amerika-Linie nimmt. Das kommt billiger. In Ellis Island passiert er ungehindert die Einreiseformalitäten, er ist jung, gesund und kräftig. Elias Roth kann von Glück reden, denn schon wenige Wochen später sind Passagiere aus Europa, vor allem wenn sie über Hamburg reisen, in New York nicht mehr willkommen.

Mitte August bricht in der Hafenstadt die Cholera aus, nicht die relativ harmlose und auch in westlichen Ländern häufig auftretende *Cholera nostras*, verbunden mit Fieber und Brechdurchfall, sondern die ungleich gefährlichere, oftmals tödlich verlaufende *Cholera asiatica*. Anfangs wollen die Hamburger Behörden den Ausbruch nicht wahrhaben und schreiben die sich häufenden Todesfälle anderen Ursachen zu, obwohl sie bereits gewarnt sein sollten. Eine Choleraepidemie zieht, von Afghanistan kommend, durch Russland, im Juli erreicht sie Moskau, etwas später Kiew. Zur selben Zeit erlebt die jüdische Auswanderung aus Russland einen neuen Höhepunkt, ausgelöst durch Hungerkatastrophen in den Jahren 1891 und 1892 sowie die Vertreibung der Juden aus Moskau Anfang 1892.

Die wachsende Zahl der mittellos, abgerissen und abgezehrt in Hamburg eintreffenden Emigranten veranlasst die Hamburg-Amerika-Linie, auf Drängen der städtischen Verwaltung, die Reisenden direkt in den Hafen zu lenken, um sie nach Möglichkeit gar nicht erst in Kontakt mit der übrigen Bevölkerung kommen zu lassen. Die Stadt weist der Hapag ein Grundstück am Amerika-Kai im Hafengelände zu, auf dem die Reederei Auswandererbaracken errichtet. In denen sollen die Zwischendeckpassagiere bis zur Abfahrt der Schiffe untergebracht werden. Bis 1888 wurde der Dampferbetrieb der Hapag am Nordufer der Elbe abgewickelt, danach wird er an den am Südufer neu errichteten Amerika-Kai verlegt, wo sich auch die Auswandererbaracken befinden. Diese werden im Juli 1892 ihrer Bestimmung übergeben.

Nun werden die Auswanderer gleich am Bahnhof Veddel von Bediensteten der Reederei in Empfang genommen und zur Registrierung geleitet. Sie müssen ein Bad nehmen (nicht alle tun das freiwillig), Kleidung und Reisegepäck werden gründlich desinfiziert. Die Angst vor eingeschleppten Krankheitserregern und Ungeziefer, voran Wanzen, ist groß. Nach einer ärztlichen Kontrolle verlassen die Neuankömmlinge die sogenannte »unreine Seite« der Auswandererhallen, um die »reine Seite« zu betreten, wo sie bis zur Abfahrt untergebracht und verpflegt werden. Allerdings erweisen sich die Hallen schon zum Zeitpunkt der Fertigstellung als zu klein, in den Schlafsälen müssen sich zwei oder drei Personen eine schmale Pritsche teilen, viele finden nur auf dem feuchten Betonboden in den Gängen und Vorräumen Platz. Andere werden notgedrungen auf andere Quartiere verteilt, billige Logishäuser mit zehn und mehr Menschen in einer engen Kammer, die Betten und Strohsäcke unsäglich schmutzig, keine Waschgelegenheiten, keine ordentlichen Toiletten – ideale Brutstätten für Krankheiten aller Art.

Als kurz nach der Eröffnung der Auswandererhallen in der Alsterstadt die Cholera ausbricht, richtet sich der Verdacht sofort gegen die jüdischen Auswanderer aus Russland und Galizien. Die im Hafen auf ihr Schiff wartenden Passagiere werden unter Quarantäne gestellt und strengen ärztlichen Untersuchungen unterzogen. Auch Robert Koch, der Entdecker des Cholera-Erregers, schreibt den Ursprung der Epidemie den russischen Emigranten zu. Andere bestreiten das und weisen darauf hin, dass die ersten Krankheitsfälle in Hamburg nicht unter Auswanderern auftraten, sondern bei Hafenarbeitern. Die Seuche könnte auch über Le Havre eingeschleppt worden sein, wo die Cholera vor Hamburg registriert wurde. Koch eilt unverzüglich von Berlin nach Hamburg und ist schockiert vom Ausmaß, das die Epidemie innerhalb weniger Tage erreicht hat, aber auch von den Wohnverhältnissen in den Elendsvierteln der Hamburger Innenstadt. »Ich habe noch nie solche ungesunden Wohnungen, Pesthöhlen und Brutstätten für jeden Ansteckungskeim angetroffen wie in den sogenannten Gängevierteln, die man mir gezeigt hat, am Hafen, an der Steinstraße, in der Spitalerstraße oder an der Niedernstraße«, notiert Robert Koch.

Auf Ersuchen des Hamburger Senats wird die preußische Grenze zu Russland geschlossen – allerdings nur für arme Auswanderer, wohlhabende Reisende können die Grenze ungehindert passieren, als ließen sich die Cholerabazillen durch einen wohlgefüllten Geldbeutel und eine vornehme Herkunft abschrecken. Die Maßnahmen kommen auf jeden Fall zu spät, um die Epidemie abzuwenden. Die Seuche breitet sich rasch aus und fordert zahlreiche Opfer. Hamburg zählt damals 570000 Einwohner, rund 18000 von ihnen erkranken; von diesen sterben mehr als 8000, was einer Mortalität von 44 Prozent entspricht.

Obwohl die Behörden in Hamburg wissen, dass sie es mit einer brandgefährlichen Choleraepidemie zu tun haben, lassen sie nach wie vor Schiffe mit Zwischendeckern, wie man die in der billigsten Klasse reisenden Passagiere bei der Hapag salopp nennt, in Richtung Amerika auslaufen. Die Hamburger wollen die Auswanderer, in denen sie eine große Gefahr erblicken, möglichst rasch loswerden, außerdem wollen sie sich nicht das gute Geschäft kaputtmachen – und tragen auf diese Weise dazu bei, dass die Seuche auf Amerika übergreift. Ein Großteil der Zwischendeckpassagiere, die in diesen Wochen von Hamburg nach New York kommen, sind Juden aus Galizien und Russland.

1892 machen die russischen Juden bereits rund zehn Prozent der Immigranten in den Vereinigten Staaten aus. Grund genug für Gegner der Einwanderung aus den verschiedensten politischen und weltanschaulichen Lagern, von Nativisten bis zu radikalen Arbeitervertretern, die in den mittellosen Einwanderern potenzielle Lohndrücker und Streikbrecher sehen, Alarm zu schlagen. Die Grenzen sollen für solche Elemente dicht gemacht werden, fordern sie.

»Was die Gefahr der Cholera angeht, muss man ganz klar sehen, dass die Vereinigten Staaten besser dran wären, ungebildeten russischen Juden und Ungarn hier keinen Unterschlupf zu gewähren … Diese Menschen sind unter den besten Umständen abstoßend; unter den gegenwärtigen Bedingungen stellen sie eine unmittelbare Gefahr für die Gesundheit des Landes dar. Selbst wenn sie die Quarantänekontrolle passieren sollten, wird sie ihre Lebensart, nachdem sie sich einmal hier eingelebt haben, stets zu einer Gefahrenquelle machen. Man darf nicht vergessen, dass die Cholera in den Behausungen dieses menschlichen Abschaums ihren Ursprung hat«, schreibt die *New York Times* am 29. August 1892 im Leitartikel.

Die *schwarze immigrantka*, die schwarze Einwanderin, wie die todbringende Cholera von den Juden auf der Lower East Side genannt wird, löst in New York irrationale Ängste und Panikreaktionen, gerichtet gegen arme Einwanderer, aus. Das erste in der Stadt eintreffende Cholera-Schiff ist der Hapag-Dampfer »Moravia« – dasselbe Schiff, damals allerdings ohne die gefürchtete Krankheit an Bord, mit dem Gedalje Fuchs im Juni 1888 nach New York gekommen ist. Auf der zehn Tage dauernden Überfahrt von Hamburg nach New York sind 22 Passagiere an der Cholera gestorben, unter ihnen zwanzig jüdische Kinder aus Russland, alle jünger als zehn. Das Schiff wird unverzüglich unter Quarantäne gestellt, die Passagiere dürfen nicht von Bord gehen. Andere aus Hamburg einlaufende Schiffe folgen, die »Rugia«, ein schon in die Jahre gekommener Liniendampfer, und dann der moderne Zwei-Schrauben-Dampfer »Normannia« mit 482 Auswanderern im Zwischendeck und 573 Passagieren in der Ersten und Zweiten Klasse an Bord. Die »Normannia«, 8250 Bruttoregistertonnen, Spitzengeschwindigkeit 18,5 Knoten, ist der Stolz der Hamburg-Amerika-Linie. Davon ist in diesen Tagen allerdings nichts zu bemerken. Während der Überfahrt haben fünf Zwischendeckpassagiere und je ein Passagier der Ersten und Zweiten Klasse das Zeitliche gesegnet – wahrscheinlich wurden sie von der asiatischen Cholera dahingerafft. Obwohl die »Normannia« zahlreiche prominente Passagiere an Bord hat, unter ihnen amerikanische Bürger von Rang und Namen sowie eine beliebte englische Sängerin und Tänzerin namens Lottie Collins, Star der englischen Music Hall, wird auch der Luxusdampfer unnachsichtig aus dem New Yorker Hafen geschleppt, er muss vor Fire Island Anker werfen. Ein Versuch der betuchten Passagiere, auf der Insel zu landen, wird von einem bewaffneten Mob vereitelt.

Befürworter einer restriktiven Immigrationspolitik ergreifen die Gelegenheit und erheben die Forderung, keine weiteren Juden aus Russland und Galizien ins Land zu lassen. Es sei verantwortungslos, Menschen, die nie ihre Lumpen wechselten und sich nie wüschen, nach Amerika zu bringen, schreibt ein New Yorker Arzt in einem medizinischen Journal. Wenn schon ihre Häuser in Russland einen unbeschreiblichen Anblick böten, so gelte das noch mehr für das Zwischendeck der Überseedampfer, wo diese Menschen ohne die primitivsten sanitären Einrichtungen wie Vieh zusammengepfercht würden. Das seien geradezu ideale Bedingungen für die Ausbreitung der Cholera und anderer gefährlicher Krankheiten.

Die Sperre der Grenzen zu Russland und Galizien bedeutet einen empfindlichen Schlag für die Schifffahrtslinien und die großen Hafenstädte – aber auch eine rapide Zunahme der illegalen Grenzübertritte. Um das beinahe völlig zum Erliegen gekommene Auswanderergeschäft wieder anzukurbeln, werden an den Grenzübergängen im Osten, in Eydtkuhnen, Myslowitz und anderswo, Kontrollstationen eingerichtet, in denen die Emigranten ärztlich untersucht, gebadet und ihr Gepäck desinfiziert werden sollen. Die Stationen werden von den beiden großen deutschen Schifffahrtslinien errichtet und geführt. »Bade bei Ballin!« heißt es in bitterer Ironie für russische und galizische Juden, wenn sie zu einer dieser Kontrollstationen kommen. Die armen Auswanderer wissen nicht, wie ihnen geschieht, sie können nicht begreifen, dass die Deutschen solche Angst vor der Cholera haben. Bei ihnen zu Hause ist man daran gewöhnt, dass von Zeit zu Zeit eine Epidemie ausbricht, keiner gerät deshalb in Panik.

Wie russische Emigranten die Behandlung an der deutschen Grenze empfinden, schildert die aus Polozk in Weißrussland stammende Mary Antin, die 1894 mit ihren Eltern in die Vereinigten Staaten auswandert.

»In einem weiten, öden Feld, gegenüber dem Hofe eines einzelstehenden Hauses, hielt unser Zug endlich an, und der Schaffner befahl uns, eiligst auszusteigen. Diese Ermahnung war unnötig, denn wir waren mehr als froh, nach der langen Gefangenschaft wieder ins Freie zu kommen. Alle stürzten zur Tür. Wir atmeten auf in der frischen Luft, aber der Schaffner ließ uns nicht viel Zeit, unsere Freiheit zu genießen. Er trieb uns erst in den einzigen großen Raum, den das Haus besaß, und dann in den weiten Hof hinaus. Dort empfing uns eine große Schar weißgekleideter Männer und Frauen. Die Frauen wandten sich den Mädchen und Frauen zu, die Männer den Männern.

Und nun gab es eine neue Szene des krausesten Durcheinanders. Eltern verloren ihre Kinder, und die Kleinen schrien; das Gepäck wurde ungeachtet seines Inhalts in einer Ecke des Hofes zusammengeworfen. Die weißgekleideten Deutschen riefen Befehle, die stets von einem ›rasch, rasch!‹ begleitet waren. Die verwirrten Auswanderer gehorchten wie willenlose Kinder und wagten höchstens, dann und wann zu fragen, was man denn eigentlich mit ihnen vorhätte.

Kein Wunder, dass in der Erinnerung mancher dieser Leute Geschichten von Räubern, Mördern und dergleichen wieder auftauchten. Man hatte uns an den einsamsten Ort geschleppt, wo nur das eine Haus im Umkreis zu sehen war, hatte uns unsere Sachen weggenommen und uns dann von den wenigen Bekannten getrennt. Ein Mann kam, um uns zu untersuchen, als ob er uns abschätzen wollte. Ganz fremdartig aussehende Menschen stießen uns wie hilfloses, willenloses Herdenvieh hin und her. Kinder, die man nicht sehen konnte, schrien, als wenn Furchtbares mit ihnen geschähe. Wir selbst wurden in einen engen Raum getrieben, wo ein großer Kessel auf einem kleinen Herd stand. Wir wurden ausgezogen, unsere Körper mit einer glitschigen Substanz eingerieben, die irgend etwas Schlimmes sein konnte; eine warme Dusche ging ohne vorherige Ankündigung auf uns nieder. Dann ging es in ein zweites kleines Zimmer, wo wir in Wolldecken eingehüllt sitzen und warten mussten, bis große, grobe Säcke hereingebracht und ihres Inhalts entleert wurden. Wir sahen nichts als eine große Dampfwolke und hörten nichts als die Befehle der Frauen, uns wieder zu bekleiden. ›Rasch, rasch! Oder sonst kommen wir zu spät!‹ Mehr konnten wir nicht verstehen. Wir müssen uns unsere Kleider aus dem großen Haufen heraussuchen, halb blind vor Dampf. Wir ersticken fast, husten, flehen die Frauen an, uns doch Zeit zu lassen. Aber sie bestehen auf ihrem ›Rasch, rasch, sonst versäumen Sie den Zug!‹ – Ach, man wollte uns also doch nicht umbringen!«

Wenn in Polozk die Cholera ausbrach, was während eines Menschenalters ein- oder zweimal geschah, nahm man das gelassen hin, erinnert sich Antin. Wer starb, wurde begraben, und wer am Leben blieb, lief in die Synagoge, um seinem Schöpfer zu danken. Auch ihre Mutter wäre als Kind beinahe der Cholera zum Opfer gefallen, »aber man gab ihr einen neuen Namen, einen Glücksnamen, und der rettete sie«. Es ist bei Juden Brauch, Kranken einen neuen Namen zu geben, um den Malech Hamowes, den Todesengel, von ihnen abzulenken.

Bei den Grenzstationen müssen alle Reisenden aussteigen, um durch die ärztliche Untersuchung und Reinigung geschleust zu werden. Große Gepäckstücke bleiben im Wagen und werden dort desinfiziert. Eine radikale Prozedur. Soldaten der Grenzgarnison steigen, versehen mit primitiven Schutzanzügen, in die Waggons und versprühen dichte Wolken des starken Desinfektionsmittels, so dass man die Hand nicht mehr vor den Augen sieht. Im Oktober 1892 kommt es dabei in der Grenzstation Brest zu einem tragischen Zwischenfall. Ein junger jüdischer Auswanderer namens Schloma Bazan hat sich, weil er kein Geld für die Fahrkarte hat, im Gepäckwagen zwischen Kisten und Ballen versteckt – er erstickt jämmerlich an den desinfizierenden Gasen.

Ksenia Hatalewiczowa hat sich offenbar auf der Rückreise von Amerika angesteckt. Sie trifft am 3. September 1892 in Hamburg ein, wo sie, völlig erschöpft und unfähig, weiterzureisen, fünf Tage in einem Armenhaus zubringt. Wieder etwas zu Kräften gekommen, verlässt die junge Ruthenin am 8. September die Stadt und fährt weiter nach Krakau. Dort kommt sie am 10. September an. Ob sie unterwegs irgendwo Halt gemacht hat, ist nicht bekannt. In Krakau nimmt sie noch am Tag ihrer Ankunft einen Zug in die von zahlreichen Ölquellen und Raffinerien umgebene Bezirksstadt Gorlice, von wo sie sich zu Fuß nach Wołowiec aufmacht, etwa zehn Kilometer südlich von Gorlice in einem dünn besiedelten Tal der Beskiden gelegen. Wołowiec ist ein kleines Bergdorf nahe der ungarischen Grenze, bewohnt von Lemken, einem ruthenischen Volksstamm.

Am Morgen nach ihrer Heimkunft zeigt Ksenia Hatalewiczowa erste Symptome, plötzlich einsetzende heftige Bauchschmerzen, krampfartiges Erbrechen, dünnflüssiger Durchfall. Ihre Mutter, die 69jährige Anna Kołotyło, pflegt die aus Amerika zurückgekehrte Tochter. Wenig später erkrankt auch sie, einen Tag später stirbt die Mutter. Auch Ksenias im selben Haus wohnende Schwester Krystyna steckt sich an und stirbt. Erst jetzt werden die lokalen Behörden aufmerksam und ordnen die Isolierung und Desinfizierung des betroffenen Hauses an; es handelt sich um eine aus Holz erbaute Hütte mit einem Wohnraum, der gleichzeitig als Küche dient. Bezirksarzt Dr. Neumann eilt von Gorlice nach Wołowiec und veranlasst die nötigen Vorkehrungen, während sich die Dorfbewohner zu Gebeten und Gesängen in der kleinen Holzkirche am Dorfausgang versammeln. In der gesamten Region werden behördlich alle Märkte geschlossen und Versammlungen untersagt. In Gorlice findet an jedem Dienstag nach folgenden Festtagen ein »privilegierter Jahrmarkt« statt: Heilige Drei Könige, Mathias, Palmsonntag, Philipp und Jakob, Christi Himmelfahrt, Johannes der Täufer, Maria Magdalena, Mariä Himmelfahrt, Mariä Geburt, heiliger Martin sowie nach dem dritten Adventsonntag. Jahrmärkte sind für die galizische Landbevölkerung wichtige Ereignisse; auf die müssen die Bewohner der Gegend zu ihrem Leidwesen nun für einige Zeit verzichten.

Im Gegensatz zu Hamburg wird Bremen im Jahre 1892 von der Cholera weitgehend verschont, obwohl auch hier verschlossene Züge mit Emigranten eintreffen und es Wohnviertel gibt, die allen sanitären Anforderungen Hohn sprechen. Doch in Bremen werden die ersten Abwehrmaßnahmen ergriffen, noch bevor die Seuche Deutschland erreicht hat. In Bremerhaven werden ein Quarantänebüro und Isolationsbaracken für eventuelle Ansteckungsfälle vorbereitet, in Bremen selber wird ein Choleraspital eingerichtet. Jeder Verdacht muss unverzüglich den Behörden angezeigt werden. Die vereinzelt auftretenden Fälle werden tatsächlich sofort, ohne auf eine präzise ärztliche Diagnose zu warten, in die Isolationsbaracke gebracht, anders als in Hamburg, wo man lange vor der Gefahr die Augen verschließt. Vielleicht nicht zuletzt deshalb, weil die Ratschläge für prophylaktische Maßnahmen aus Berlin kommen, von Robert Koch und seinen Mitarbeitern. Die stolzen, traditionsbewussten Hamburger wollen sich von Berlin, von den Preußen, nichts sagen lassen, schon gar nicht, wenn sich diese Ratschläge negativ auf ihre Geschäfte auswirken könnten, wie das bei restriktiven Maßnahmen für Schiffsreisende nun einmal der Fall ist. Das kleinere, ärmere, weniger stolze und nicht so auf seine Tradition pochende Bremen hat damit keine Probleme. In Bremen sterben 1892 nur sechs Menschen an der asiatischen Cholera, von denen sich angeblich bloß zwei in der Stadt angesteckt haben; die anderen haben die Krankheit von auswärts mitgebracht.

Moskauer Paradies

Onufry Jurczyszyn aus dem Weiler Szyły im Bezirk Zbaraż, Kreis Tarnopol, nahe der russischen Grenze, hat sich seit Ausbruch des »brasilianischen Fiebers« mit dem Gedanken getragen, die Heimat zu verlassen, um dem galizischen Elend zu entfliehen. Vom Vater hat Onufry eine kleine Landwirtschaft geerbt, zweieinhalb Morgen, etwas mehr als ein Hektar, ein paar schmale Felder, auf denen er Kartoffeln, Gerste und Hafer anbaut; den Küchengarten mit Zwiebeln, Bohnen und anderem Gemüse besorgen die Frauen. Die aus einem Raum bestehende, aus Lehm gesetzte Hütte teilt Onufry mit der siebzigjährigen Mutter und zwei Schwestern sowie einer Handvoll Hühner, deren Eier die Mutter am samstäglichen Markt in Zbaraż verkauft. Weil er von der Landwirtschaft allein nicht überleben könnte, arbeitet Onufry daneben als Maurer, doch er findet nur selten Beschäftigung, weshalb er noch auf Hochzeiten und bei Volksfesten die Zymbal spielt.

Im Wunderland »Rozalja«, von dem so viel geredet wird, hofft Onufry ein schönes Stück Ackerland zu ergattern. Er träumt von weiten, ebenen Feldern, die er an einem Tag nicht abschreiten kann, von einem großen Hof und gehorsamen Affen, die für ihn die Hausarbeit erledigen. Zunächst wendet er sich an die Bezirkshauptmannschaft in Zbaraż, die es allerdings ablehnt, ihm die für die Reise erforderlichen Papiere auszustellen. Darauf richtet Onufry, selber des

Schreibens nicht mächtig, mit Hilfe eines Winkelschreibers eine Eingabe an die Statthalterschaft in Lemberg, in der er um einen Pass für die Auswanderung nach Brasilien ansucht. Die Antwort ist negativ, zuständig sei die Behörde in Zbaraż. Dem Vernehmen nach gibt der ruthenische Kleinbauer auch dann noch nicht auf und schickt einen Brief an den Kaiser in Wien, in dem er sich über die Willkür seiner galizischen Beamten beschwert – ob er aus der Haupt- und Residenzstadt eine Antwort erhält, ist nicht überliefert.

Da man ihn nicht nach Brasilien fahren lässt, entscheidet er sich für die entgegengesetzte Richtung. Im August 1892 bricht Onufry Jurczyszyn mit zwei Dutzend anderen Bewohnern von Szyły – Kleinhäuslern, Knechten, Mägden und Tagelöhnern, auch seine zwei Schwestern sind mit von der Partie – nach Russland auf. Die Gruppe überschreitet die »trockene Grenze«, so genannt, weil sie hier nicht von einem Flusslauf gebildet wird, in der Nähe der Ortschaft Bielozierka. Die Dorfleute werden von keinem angehalten, weder von österreichischen noch von russischen Grenzsoldaten. Beim Marktflecken Schybena begegnen sie einer russischen Patrouille, die sie freundlich in Empfang nimmt.

Das Beispiel Jurczyszyns findet rasch Nachahmung. In den folgenden Wochen und Monaten verlassen im Streifen entlang der Grenze Hunderte Menschen ihre Dörfer, Hnilice, Hniliczki, Koziary, Hołotki und wie sie alle heißen, um nach Russland zu wandern. Dort wollen sie bleiben, bessere Böden, größere Felder, eine neue Heimat finden. Schon früher hatten sich galizische Bauern, auch Polen, im russischen Teil Podoliens oder in Wolhynien angesiedelt, weil jenseits der Grenze die Ackerflächen um die Hälfte billiger waren, doch dabei hatte es sich stets um einzelne Fälle gehandelt, eine Familie, vielleicht zwei. Jetzt machen sich Massen auf den Weg. Die Auswanderungsbewegung ist spontan und kommt für die galizischen Behörden überraschend, sie wissen nicht, wie sie darauf reagieren sollen. Zunächst tun sie nichts und lassen die Leute unbehelligt ziehen.

Ausgelöst wird die plötzliche Russlandwanderung, wie so oft, durch Gerede, das sich von einem Dorf zum nächsten fortpflanzt, keiner vermag zu sagen, wer es ausgestreut hat. Russische Grenzoffiziere oder jüdische Emigrationsagenten, vielleicht auch reiche Bauern, die den Auswanderern ihr Ackerland billig abkaufen wollen, da gehen die Meinungen auseinander, in einem stimmen sie überein: Die russische Regierung habe den Beschluss gefasst, so glauben alle zu wissen, an Ruthenen aus dem benachbarten Galizien großzügig Grund und Boden zu verteilen, zwanzig bis vierzig Morgen soll jeder erhalten, dazu ein gemauertes Haus samt der nötigen Gerätschaft. Einwanderer sind uns willkommen!

Die seltsamsten Gerüchte beginnen zu wuchern. Einmal heißt es, die Zuwanderer bekämen die Höfe deutscher Kolonisten zugewiesen, die seien in andere, fruchtbarere Gebiete des großen russischen Reiches abgewandert; dann wieder setzen sich ganze Dörfer in Bewegung, weil irgendjemand (wer, lässt sich später nicht mehr feststellen) die Nachricht verbreitet, die Ruthenen sollen das Eigentum der Juden erhalten, die vor den Pogromen geflohen sind, Wohngebäude und Werkstätten, mit Inventar und Einrichtung, inklusive der Federbetten, soweit die Juden die nicht mitgenommen haben. Es wird gemunkelt, der russische Zar habe sich mit dem österreichischen Kaiser auf einen Tauschhandel geeinigt, er trete Franz Joseph seine Juden ab, dafür übernehme er dessen Ruthenen. Ein anderes Gerücht besagt, die galizischen Dörfler sollen in den von der Cholera entvölkerten Regionen angesiedelt werden, im Kaukasus und auf der Krim. Der gütige Zar habe verfügt, die neuen Siedler von allen Steuern und vom Militärdienst zu befreien.

Auch diesmal bekommt der verblichene Kronprinz Rudolf wieder eine Rolle zugewiesen: Die Auswanderung nach Russland, so wird behauptet, finde die wohlwollende Zustimmung des Kaisers in Wien. Der gräme sich über die drückende Not seines treuen ruthenischen Volkes und begrüße es freudig, wenn die Ruthenen nach Russland gingen, »um sich dort in Gebieten anzusiedeln, die sein Sohn, Erzherzog Rudolf, zuvor dem Zaren abgekauft hat«.

Die Gerüchtemacherei kennt keine Grenzen und bringt die absurdesten Mutmaßungen hervor. Die Moskalen, wie man die Russen in Galizien nennt, seien zur Überzeugung gelangt, dass ihre Bauern nichts taugten, weshalb sie diese kurzerhand alle erschlagen hätten – und nun seien sie bestrebt, die leer stehenden Häuser und brach liegenden Felder mit den als fleißig bekannten galizischen Ruthenen zu besetzen.

Angeblich gibt es für die Zuwanderer nur eine Bedingung: Jeder Mann muss beweibt über die Grenze kommen, egal ob mit der angetrauten Frau, der Geliebten, der Schwester oder einer anderen Frauensperson. Wer ledig ist, heiratet daher rasch, um Aufnahme im Zarenreich zu finden. Wenn eine Gattin sich weigert, ihrem Mann dorthin zu folgen, nimmt sich der eine andere, eine Magd zum Beispiel, die die Nase voll hat vom beschwerlichen Dienst beim Gutsherrn.

»Es ist nun so weit gekommen, dass nicht nur aus Szyły, sondern auch aus vielen anderen Dörfern die Menschen in Massen emigrieren«, schreibt der polnische Gutsbesitzer Włodzimierz Garapich aus Szyły in einem Brief an die

Tageszeitung *Kurjer Lwowski* erbittert. »Und unsere Behörden schauen tatenlos zu. Die Knechte und das Hausgesinde, die ich hatte, haben mich alle an einem Tag verlassen und sind auf und davon nach Russland – jetzt stehe ich ohne ›Hände‹ da und zermartere mir das Hirn, wie ich die Aussaat bewerkstelligen soll.«

Die Verantwortlichen in Galizien legen die Hände in den Schoß – und die russischen Grenzsoldaten lassen die Menschen ungehindert passieren. Allein aus Szyły sind im August hundert Menschen nach Russland gegangen, aus dem ganzen Bezirk Zbaraż über 3000. In den folgenden Wochen und Monaten greift die Auswanderungsbewegung auf andere Regionen Podoliens über, auf die Bezirke Tarnopol, Husiatyn, Borszczów, Zaleszczyki und Skałat. Auch die Bukowina wird vom Auswanderungswahnsinn erfasst, wie polnische Gazetten die Russlandwanderung der ruthenischen Bauern nennen.

Mancherorts wird die Emigration von russischer Seite offenbar tatsächlich gefördert, ja angeheizt. Allerdings scheinen die Russen nicht recht zu wissen, was sie mit den Neuankömmlingen anfangen sollen – die versprochenen Wirtschaften und Felder bekommen diese jedenfalls nicht, die bleiben fromme Wünsche.

Es sind vor allem Angehörige des ländlichen Proletariats, die sich vom wunderlichsten Gerede den Kopf verdrehen lassen, das Haus- und Hofgesinde der Großgrundbesitzer, Diener, Kutscher, Knechte und Mägde, Häusler, die bloß eine Hütte und einen kleinen Garten haben, Tagelöhner, die oft nicht einmal eine Hütte ihr eigen nennen, aber auch Kleinbauern wie Onufry Jurczyszyn. Vielen von ihnen wurden in den Jahren zuvor von den Behörden Pässe für die Auswanderung nach Brasilien verweigert. Für Russland brauchen sie keine Papiere, die Grenze ist nah, und selbst wenn sie vom Sbrutsch, einem Zufluss des Dnjestr, gebildet wird, lässt sie sich gefahrlos überschreiten. Berichten zufolge setzen russische Reiter Fähnchen in den Fluss, um leicht passierbare Furten zu markieren.

Das nährt in Lemberg den Verdacht, hinter der Auswanderungsbewegung steckten Moskauer Agenten; nur welche Ziele der mächtige Nachbar damit verfolgt, bleibt rätselhaft. Geht es darum, in Galizien Verwirrung zu stiften, um auf diese Weise den österreichischen Rivalen zu schwächen? Ruthenische Blätter äußern hingegen die Vermutung, das Ganze sei eine polnische Intrige; die Polen ließen nichts unversucht, um die Ruthenen in den Augen der Wiener Zentralregierung als Moskalophile, servile Moskaufreunde, zu kompromittieren.

In Wahrheit sind die Ursachen für die plötzliche Auswanderung am ehesten in der verzweifelten wirtschaftlichen Lage der Landbevölkerung zu suchen. Podolien zählt zu den ärmsten, rückständigsten Regionen im armen, rückständigen Galizien. Außer Tarnopol gibt es keine größeren Städte, in denen die verarmten Dorfleute Arbeit finden könnten, es existiert keine nennenswerte Industrie, mit Ausnahme von Spiritusbrennereien und Mühlen. Die Zersplitterung des Grundbesitzes schreitet in Podolien noch rascher voran als anderswo: Im Jahre 1852 werden rund 80 000 bäuerliche Wirtschaften mit durchschnittlich neun Morgen gezählt, 1892 sind es bereits mehr als doppelt so viele mit durchschnittlich nur mehr 3,6 Morgen, wobei ein Drittel der Bauern bloß einen Morgen und weniger besitzt. Das reicht nicht einmal aus, um eine Milchkuh zu halten, weil es für die nicht genug Futter gibt, um sie durch den Winter zu bringen.

Trotzdem betrachten es die meisten Kleinstbauern als Erniedrigung, einer anderen Beschäftigung als der Tätigkeit auf den eigenen Feldern nachzugehen, auch wenn das bedeutet, dass sie und die Ihren beinahe verhungern. Dazu kommen die vielen Markttage und kirchlichen Feste, an denen es als Schande oder sogar Sünde gilt, zu arbeiten.

Die Emigrationsbewegung nach Russland stellt eine kurze, bizarre Episode dar. Die ersten Auswanderer kehren schon nach wenigen Wochen zurück, enttäuscht von dem, was sie im zaristischen Reich vorgefunden haben. Statt der versprochenen (oder jedenfalls erwarteten) Felder und Höfe gab es bürokratische Schikanen und ein heilloses Durcheinander. Sie wurden von einem Ort zum anderen, von einem Amt zum nächsten geschickt; anfangs bekamen sie noch ein Tagegeld, zehn Kopeken pro Kopf, doch offenbar hatte keiner der offiziellen Russen eine klare Vorstellung, was man mit den »wie Schneewasser« ins Land strömenden Menschen anfangen solle. Bald änderte sich der Ton, und die galizischen Ruthenen wurden von den russischen Beamten, Ordnungshütern und Soldaten wie unerwünschte Eindringlinge behandelt.

Ein Bauer aus Hnilice erzählt nach seiner Rückkehr, sie seien in Kremenez, polnisch Krzemieniec, von Soldaten mit aufgepflanzten Bajonetten wie Schafe zusammengetrieben worden, ein *Natschalnik* habe sie angeschnauzt, was sie in Russland zu suchen hätten, keiner habe sie eingeladen, über die Grenze zu kommen. »Verschwindet, ihr Gesindel, macht euch davon!«

Die Rückkehrer, halb verhungert und der wenigen mitgeführten Habseligkeiten beraubt, danken ihrem Herrgott, wieder nach Hause zu kommen. Von manchen Auswanderern allerdings hört man nie wieder, sie sind spurlos in den unermesslichen russischen Weiten verschwunden, vielleicht sind sie umgekommen, verhungert, vielleicht wurden sie nach Sibirien geschafft, dort braucht man Menschen. Auch von Onufry Jurczyszyn aus Szyły weiß keiner, was aus ihm geworden ist, wohin es ihn verschlagen hat. Er und seine Schwestern bleiben verschollen.

Im März 1893 werden in Nowoselyzja, etwa 25 Kilometer östlich von Czernowitz, sechzig Bukowiner Bauern, zerlumpt und völlig entkräftet, von russischen Soldaten den österreichischen Grenzbehörden übergeben. Sie werfen sich auf die Erde und küssen den heimatlichen Boden, die Frauen stimmen Gebete und fromme Lieder an. Während die ausgehungerten Heimkehrer vor dem Transport in ihre Dörfer mit Brot und heißem Tee gelabt werden, berichten sie unter Tränen, einige Alte und Kinder seien den Strapazen in Russland erlegen, sie hätten ihnen nicht einmal ein ordentliches christliches Begräbnis geben können.

»So endete also das versprochene Moskauer Paradies«, schreibt die Czernowitzer *Gazeta Polska* über die zerplatzten Hoffnungen der enttäuschten Ruthenen.

Ein Kreuz in Brutovce

Der Kleinbauer, Maurer und Musiker Onufry Jurczyszyn aus dem Weiler Szyły taucht nicht wieder auf, er ist im Russischen Reich geblieben, ob aus eigenen Stücken oder gezwungen, ist ungewiss. Möglicherweise ist er als Ansiedler in den Kaukasus geschickt worden, wo die Cholera gewütet hat, oder in den fernen Osten, in die Eiswüste Sibiriens, wo man immer Menschenmaterial braucht. Vielleicht ist er auch ums Leben gekommen, von Räubern erschlagen oder auf einer morastigen Landstraße elend verreckt, keiner vermag das zu sagen. Wie nicht anders zu erwarten, entstehen Gerüchte und machen die Runde, laufen tuschelnd durch die Dörfer, irgendwer habe ihn irgendwo gesehen, in einer kleinen Ortschaft an der Grenze, in Stojanów, Szczurowice, Chorostków, er gehe gebeugt wie ein alter Mann und verdiene sich den Lebensunterhalt als Schankwirt, als Fuhrmann, als Pferdeschmuggler, er habe eine Jüdin zur Frau genommen; andere wollen wissen, dass er selber zum Judentum übergetreten ist und nur mehr die heiligen Bücher liest. Die Gerüchte bleiben, was sie immer waren, leeres Gerede, eitles Geschwätz, Onufry Jurczyszyn bleibt unauffindbar, und nach einiger Zeit beginnt sogar im heimatlichen Szyły die Erinnerung an den kleinen ruthenischen Bauern und Zymbalspieler zu verblassen, der es gewagt hat, sich gegen die Behörden aufzulehnen und sogar einen Brief an den Kaiser in Wien zu schreiben, um sein

Recht zu fordern, und der dann im heißen, trockenen Sommer des Jahres 1892 die Bewohner des kleines Dorfes in flammenden Worten dazu aufrief, ihm nach Russland zu folgen, wo sie vom Zaren Land, Vieh und Häuser sowie Gerätschaften erhalten würden – was sich freilich als Trug herausstellen sollte. Die Geschichte wird immer wieder erzählt, bis sie langsam aus dem Gedächtnis schwindet und schließlich völlig in Vergessenheit gerät – und mit ihr Onufry Jurczyszyn.

Die Auswanderung nach Russland bleibt ein so abstruses wie kurzzeitiges Intermezzo in der ereignisreichen Emigrationsgeschichte, während die Amerikawanderung unvermindert fortdauert. Sie nimmt weiter zu und erreicht ihren Höhepunkt zwischen 1900 und 1910, wobei es manchmal auch Rückschläge gibt, ein Nachlassen, bewirkt durch negative Faktoren in den Vereinigten Staaten.

1893 erlebt die amerikanische Wirtschaft eine tiefe Rezession, ausgelöst durch ein unerwartetes Schrumpfen der staatlichen Goldreserven, das zu einer landesweiten Finanzkrise führt. Diese geht als *Panic of 1893* in die Geschichte ein. Insgesamt brechen in diesem Jahr in den USA 642 Banken zusammen, Tausende Firmen gehen bankrott. In der Folge werden Hunderttausende Arbeiter auf die Straße gesetzt; »bevor das Jahr zu Ende ging, war die Hälfte aller blue collar workers arbeitslos, und Millionen riefen nach Unterstützung«, beschreibt der amerikanische Sozialhistoriker Sidney Lens die alarmierende Lage. Die Rezession dauert ein paar Jahre. Stahlstädte wie Bethlehem, Homestead, Youngstown oder Johnstown werden besonders hart getroffen, weil die Investitionen in den Ausbau der Eisenbahnen und in die Bauwirtschaft drastisch zurückgehen, was sich in einem Rückgang der Produktion und der Beschäftigung niederschlägt.

Die Folge sind zahllose Streiks in den Industrieregionen, die von beiden Seiten unglaublich erbittert geführt werden. Die Unternehmer rufen Gerichte, Polizei, Nationalgarde und Militär, was immer sie aufbieten können, zu Hilfe. Besonders hitzig ist der Pullman-Streik 1894 in Chicago und anderen Orten, es kommt zu Zusammenstößen, zu Blutvergießen, es gibt Tote und Massenverhaftungen. Auf dem Gelände der World's Columbian Exposition im Jackson Park, wohin ein Jahr zuvor redegewandte Zuhälter galizische Mädchen locken wollten, legen Unbekannte Feuer, die Rauchwolke ist über der ganzen Stadt zu sehen.

Die Arbeitslosigkeit und die dadurch ausgelösten *labor wars*, die Arbeiterkriege, wie die Ereignisse in der amerikanischen Geschichtsschreibung genannt werden, bleiben nicht ohne Auswirkung auf die Einwanderung: Während in den achtziger Jahren durchschnittlich eine halbe Million Immigranten pro Jahr ins Land kamen, halbiert sich ihre Zahl im Zeitraum von 1894 bis 1898. Aber auch Immigranten, die bereits im Land sind, bekommen die verheerenden Folgen der Rezession zu spüren, viele verlieren ihre Arbeit, kehren entmutigt heim.

Mihály Popovic ist schon früher nach Brutovce zurückgegangen, im Jahre 1890, und es gibt keinen Hinweis, dass er sich später noch einmal aufgemacht hat, im Gegensatz zu vielen anderen Amerikagängern, auch aus seinem Heimatdorf, die mehrmals die Reise über den Ozean und wieder zurück antreten. 1891 kommt in Brutovce sein Sohn Philippus, Filip, zur Welt, zwei Jahre später Silverius und 1895 schließlich Mihály. Vielleicht unterlässt er es auf Bitten seiner Frau Anna, noch einmal nach Amerika zu gehen, schließ-

lich wird er zu Hause gebraucht, in der Wirtschaft. Möglicherweise verspürt er selber keine Sehnsucht nach Johnstown und den Cambria Iron Works, nach den langen, beschwerlichen Stunden am glühenden Hochofen, nach dem Qualm und Schmutz, dem durchdringenden Gestank, der in den Sommermonaten über dem das Werk von Cambria City trennenden Conemaugh River liegt. Die Abwässer der Betriebe und Wohnviertel werden ungereinigt in den Fluss geleitet, so dass er in der warmen Jahreszeit, bei niedrigem Wasserstand, oft einem Sumpf von stinkendem Schlick gleicht. Natürlich verfügt auch Brutovce über keine Kanalisation – aber trotzdem, was für ein Unterschied!

Mihály Popovic bleibt zu Hause, doch Amerika ist mehr als flüchtiger Traum, es ist zur Realität geworden, die den Alltag in der kleinen Ortschaft in der Zips wesentlich beeinflusst. Von den vier Kindern, die Mihály mit seiner ersten Frau, Maria Korhnyak, hatte, wandern mindestens drei nach Amerika aus, Thomas, Balsius und Ianasius; ob auch die 1880 geborene Tochter Teresa hinübergeht, erschließt sich aus den Quellen nicht. Thomas macht sich zusammen mit seiner Frau Listina auf die Reise. Sie fahren alle zunächst nach Johnstown, wo sie bei Cambria Iron, später Cambria Steel und noch später Bethlehem Steel Arbeit finden. Im Werk kennt man die Männer aus Brutovce, ob sie Popovic, Komara, Korhnyak oder Hockicko heißen, sie genießen bei den Vorarbeitern einen guten Ruf, sie sind kräftig, willig und zuverlässig und alles andere als revolutionäre Aufwiegler. Balsius kehrt wieder zurück nach Brutovce, Thomas und Ianasius bleiben in den Vereinigten Staaten; einer Familienüberlieferung zufolge kommen beide, in verschiedenen Jahren, bei Unfällen bei Bethlehem Steel ums Leben. Die Arbeit im Stahlwerk ist immer noch gefährlich.

Auch Pavel Popovic, der als achtzehnjähriger Emigrant im März 1888 in der kleinen Ortschaft Stare Stawy in der Nähe von Oświęcim mit seinen drei Reisegefährten von den k. k. Gendarmen aufgegriffen wurde, ist in Johnstown gelandet, auch er in den Cambria Iron Works. Doch irgendwann in den neunziger Jahren fährt er wieder zurück nach Brutovce, möglicherweise mit demselben Schiff wie sein Verwandter Mihály. 1897 heiratet Pavel Popovic in Brutovce Anna Pavliková, die ihm als siebenjähriges Mädchen bei der Abreise zugewinkt hat. Anna hat den hübschen, ein wenig schmächtigen Burschen die ganzen Jahre über nicht vergessen. Als sie heiratet, ist sie gerade sechzehn. Ein Jahr später bricht das junge Brautpaar nach Amerika auf, sein Ziel ist natürlich Johnstown, wo es Freunde und Verwandte hat; in Cambria City fühlen sich die Leute aus der Zips wie zu Hause. In Johnstown kommen zwei Kinder zur Welt, die jedoch beide früh sterben. Die Kindersterblichkeit in den Arbeitervierteln von Pennsylvania ist nach wie vor alarmierend hoch.

Pavel Popovic ist selber nicht der Gesündeste, er ist der kräftezehrenden Arbeit im Stahlwerk nicht gewachsen, weshalb er mit seiner Anna wieder nach Hause zurückkehrt. In Brutovce kommen fünf Kinder zur Welt, von denen wieder welche nach Amerika gehen; Johnstown ist längst ein zweites Zuhause. Pavel Popovic hat auch in der alten Heimat kein Glück: Bei einem Kaminbrand in seinem Haus, die einen sagen, das war in Brutovce, andere meinen, er lebt zu der Zeit in Spišské Vlachy, erleidet er eine Rauchgasvergiftung, von der er sich nicht mehr erholt. Er stirbt am 3. Jänner 1912, mit 43 Jahren. Seine Frau Anna heiratet später den Totengräber, er heißt Feček.

Das Leben ist für Auswanderer und Rückkehrer eine Bürde. Auch in Brutovce gibt es genug Plagen und Unglücksfälle, Hagelschlag, späten Frost, Feuersbrünste, Dürren, verheerende Regenfälle, Überschwemmungen, Ungeziefer. Mihály Popovic dankt jedes Jahr dem heiligen Vavrinec, dem Patron der Dorfkirche, wenn er die Ernte sicher in die Scheune gebracht hat. 1904 kommt es in der Gegend zu einer verheerenden Missernte, die Bewohner der Zipser Dörfer leiden Hunger, wieder ziehen viele nach Amerika. Als die Hungersnot endlich glücklich vorbei ist, errichtet Mihály Popovic zusammen mit einem Freund außerhalb des Dorfes ein steinernes Kreuz mit einem Christus darauf. Auf dessen Sockel steht:

Zu Lob und Ehren Gottes, errichtet von Bartolom Kiczko und Mikuš Popovic.

Auf die Frage, wer das Kreuz errichtet habe, sagt man in Brutovce:

Amerikaner.

Völlig zum Erliegen kommt die Auswanderung von Galizien nach Amerika mit Ausbruch des Krieges 1914. Mehr noch, manche Amerikawanderer, die sich bereitmachen, wieder in die Heimat zurückzukehren, um das verdiente Geld dort anzulegen, sind gezwungen, in den Vereinigten Staaten zu bleiben. Umgekehrt können viele, die sich gerade auf Besuch in der alten Heimat befinden, plötzlich nicht mehr zurück und bleiben, durch die Kriegsereignisse festgehalten, dort. In vielen Fällen für immer, denn nach 1918 fehlt es häufig an den finanziellen Mitteln für eine neuerliche Reise, der Krieg hat das Geld aufgefressen, wertlos gemacht, außerdem sind die USA nun ehemaliges Feindesland – vielleicht sind sie dort nicht mehr willkommen?

Mit der Donaumonarchie geht 1918 auch das Kronland Galizien unter.

Noch eine Folge des Ersten Weltkrieges: Er bringt das Werk des Strategen der großen Überseewanderung, Albert Ballin, zum Einsturz. »Des Kaisers Reeder«, wie Ballin genannt wird, verdankt der Auswanderung eine Karriere, wie sie viele Amerikafahrer erträumen: vom Sohn eines kleinen jüdischen Auswanderungsagenten in Hamburg zum Herrscher über die größte Reederei der Welt. Der aufgeschlossene Kosmopolit Ballin hat sich stets bemüht, den Krieg zu verhindern, trotzdem stellt er die Schiffe seiner Hamburg-Amerika-Linie gehorsam in den Dienst der deutschen Flotte. Als der Krieg verloren geht, scheint auch die Zerstörung seines Lebenswerkes, der Hamburgisch-Amerikanischen Packetfahrt Actien-Gesellschaft, kurz Hapag genannt, besiegelt. Ballin wird von revolutionären Matrosen aus dem Hapag-Haus gewiesen. Er zieht die Konsequenz und nimmt sich das Leben. Albert Ballin stirbt, 61jährig, am 9. November 1918, am selben Tag, an dem in Deutschland die Republik ausgerufen wird.

Nachbemerkung

Die Idee zu diesem Buch kam mir vor ein paar Jahren während der Lektüre alter Zeitungen und Zeitschriften in der Jagiellonischen Bibliothek in Krakau. Bei meinen Aufenthalten in Krakau genieße ich stets die Gastfreundschaft der Villa Decius, deren Mitarbeitern ich an dieser Stelle danken möchte. Reiches Material zum Thema fand ich im Staatsarchiv in Krakau, dessen Mitarbeiterinnen mir mit Ratschlägen zur Seite standen. Wichtige Hinweise lieferte mir auch Grzegorz Maria Kowalski von der Rechtswissenschaftlichen Fakultät der Jagiellonischen Universität. Sein Buch über die Emigrationsverbrechen in Galizien 1897 bis 1918 ist ein Standardwerk, auf das ich oft zurückgriff.

Besonders hervorheben möchte ich Francesca Hendrickson und Patricia Popovich Basic in den USA: Sie waren so großzügig, mich an der Geschichte ihrer Vorfahren teilhaben zu lassen. Francesca Hendrickson hat eine unglaubliche Fülle von Informationen über ihre weitverzweigte Familie zusammengetragen, die sie mir jederzeit zugänglich machte.

Den Mitarbeitern des Verlags danke ich für die Zusammenarbeit und die Bereitschaft, auf meine Wünsche, ja Marotten einzugehen. Ihre Geduld scheint grenzenlos zu sein. Das gilt auch für Brigitte Hilzensauer – eine bessere und einfühlsamere Lektorin kann sich ein Autor nicht wünschen.

Die erste Leserin und gleichzeitig Kritikerin der verschiedenen Fassungen des Manuskripts war, wie immer, meine Frau. Sie macht das wunderbar.

Inhalt

Joseph Roth im dtv

Radetzkymarsch
ISBN 978-3-423-**12477**-5 und
ISBN 978-3-423-**19101**-2

Im Aufstieg und Untergang der Familie Trotta spiegelt sich der letzte Glanz der Donaumonarchie.

Die Kapuzinergruft
ISBN 978-3-423-**13100**-1

Wie im ›Radetzkymarsch‹ wird das Schicksal der Familie Trotta beleuchtet.

Das Spinnennetz
ISBN 978-3-423-**13171**-1

Am Beispiel des jungen Leutnant Lohse wird vorgeführt, wie eine ganze Generation von Mitläufern entsteht. Enttäuscht und führungslos werden sie zu Helfern des Rechtsradikalismus.

Die Legende vom heiligen Trinker
ISBN 978-3-423-**13237**-4

Der Pariser Clochard Andreas erhält unerwartet 200 Francs und bekommt so die Möglichkeit, seinen letzten Lebenstag in Würde zu begehen.

Hiob
ISBN 978-3-423-**13020**-2

Wie in der alttestamentarischen Geschichte des von Gott geprüften Dulders, erleidet der gläubige Jude Mendel Singer zahlreiche Schicksalsschläge.

Hotel Savoy
ISBN 978-3-423-**13060**-8

Ein Hotel wird zur Metapher für die aus den Fugen geratene Welt nach dem I. Weltkrieg.

Juden auf Wanderschaft
ISBN 978-3-423-**13430**-9

Eine liebevolle Zeichnung der ostjüdischen Kultur und des Lebens in der neuen Heimat.

Das falsche Gewicht
Roman
ISBN 978-3-423-**13853**-6

Der redliche Eichmeister Anselm Eibenschütz wird aus Liebe schuldig und verliert bald sein Verständnis von Recht und Moral.

Beichte eines Mörders, erzählt in einer Nacht
Roman
ISBN 978-3-423-**13967**-0

Die Lebensbeichte des Semjon Golubtschik ist eine Parabel auf die Macht des Bösen – und eine Geschichte von Leidenschaft, Rache und Mord.

Die großen Erzählungen
ISBN 978-3-423-**14297**-7

Bitte besuchen Sie uns im Internet: www.dtv.de